北京科技大学『钢铁摇篮』系列丛书

人梯

——寻访北京科技大学老教授

主编　于成文　孙景宏

北　京
冶　金　工　业　出　版　社
2024

内 容 提 要

为深入学习贯彻习近平新时代中国特色社会主义思想和党的二十大精神，深刻领会习近平总书记给学校老教授的重要回信精神的丰富内涵，本书收录了35位北京科技大学老教授在满井热土求学从教、扎根育人一线无私奉献的奋进故事，展现了老一辈钢院人“严谨治学、甘为人梯”的精神，激励更多北科大学子传承“求实鼎新”的校训精神和“追求卓越，勇于争先”的时代特质。

本书可作为广大科研工作者和在校学生思想教育的辅导读物。

图书在版编目(CIP)数据

人梯：寻访北京科技大学老教授/于成文，孙景宏主编.—北京：冶金工业出版社,2023.12（2024.8 重印）

ISBN 978-7-5024-9699-9

Ⅰ.①人…　Ⅱ.①于…　②孙…　Ⅲ.①北京科技大学—教授—事迹　Ⅳ.①K825.46

中国国家版本馆 CIP 数据核字(2023)第 238446 号

人梯——寻访北京科技大学老教授

出版发行	冶金工业出版社	**电　　话**	(010)64027926
地　　址	北京市东城区嵩祝院北巷 39 号	**邮　　编**	100009
网　　址	www.mip1953.com	**电子信箱**	service@mip1953.com

责任编辑　刘小峰　赵缘园　美术编辑　彭子赫　版式设计　郑小利　孙跃红
责任校对　葛新霞　责任印制　窦　唯
北京博海升彩色印刷有限公司印刷
2023 年 12 月第 1 版，2024 年 8 月第 2 次印刷
710mm×1000mm　1/16；15.75 印张；239 千字；242 页
定价 90.00 元

投稿电话　(010)64027932　投稿信箱　tougao@cnmip.com.cn
营销中心电话　(010)64044283
冶金工业出版社天猫旗舰店　yjgycbs.tmall.com
（本书如有印装质量问题，本社营销中心负责退换）

编 委 会

主　编　于成文　孙景宏

副主编　彭庆红　尹兆华　史立伟

编　委　（以姓氏笔画为序）

王丽红　王海波　牛思亚　孔德雨　邓　波

刘　震　杨志伟　高　龑　韩泓冰　薛　浪

序

2022年4月21日，在北京科技大学建校70周年之际，中共中央总书记、国家主席、中央军委主席习近平同志给北京科技大学的老教授回信，对北京科技大学70年的办学成就给予了充分肯定，向全校师生员工、广大校友表示热烈的祝贺和诚挚的问候，希望老教授们继续发扬严谨治学、甘为人梯的精神，坚持特色、争创一流，培养更多听党话、跟党走、有理想、有本领、具有为国奉献钢筋铁骨的高素质人才，促进钢铁产业创新发展、绿色低碳发展，为铸就科技强国、制造强国的钢铁脊梁作出新的更大的贡献。习近平总书记给学校老教授的回信情真意切、催人奋进，充分体现了以习近平同志为核心的党中央对高等教育、对北京科技大学发展的高度重视和殷切期望，令全校师生员工备受鼓舞、倍感振奋，为学校开启百年建设新征程、实现“世界一流”的北科梦指明了前进方向，擘画了宏伟蓝图，提供了根本遵循。

作为新中国成立后建立的第一所钢铁工业高等学府，北京科技大学始终与国家发展同频、与人民呼唤同心、与教育改革同向，在中华民族从站起来、富起来到强起来的伟大飞跃历史进程中，走过了求实奋进的七十余载光阴，涌现了一大批“严谨治学、甘为人梯”的高水平教师，培养了三十余万同心向党、为国奉献的“钢小伙”“铁姑娘”，奏响了“为中华之崛起”的北科华章。新时代新征程，北京科技大学坚持以习近平新时代中国特色社会主义思想为指导，深入学习贯彻党的二十大精神，贯彻落实习近平总书记给学校老教授的重要回信精神，坚持特色、争创一流，统筹推进教育、科技、人才一体化发展，向建成特色鲜明、有重要影响的世界一流大学的目标不断迈进！

为深入学习贯彻习近平新时代中国特色社会主义思想和党的二十大精神，深刻领会习近平总书记给学校老教授的重要回信精神的丰富内涵，充分挖掘老一辈钢院人“严谨治学、甘为人梯”的感人事迹，准确把握“钢筋铁骨”的时代意义，更加系统、科学、深刻地明晰“培养什么人、怎样培养人、为谁培养人”这一教育根本问题，激励北科大学子为铸就科技强国、制造强国的钢铁脊梁作出新的更大贡献，学校党委开展“人梯——北京科技大学老教授寻访活动”，挖掘整理学校35位老教授在满井热土从教育人的奋进故事、扎根育人一线无私奉献的高尚品格、对学校七十余年发展变革的切身感受，以及对新时代北科大学子成长成才的关怀与期望。

求实奋进七十载，鼎新未来向百年！七十余载光阴，勾勒出北科大“因钢而生”的波澜历史，更镌刻下北科大“依钢而兴”的奋斗足迹。在“两个一百年”奋斗目标的历史交汇点上，在学校奋进百年新征程的历史新起点，学校党委编辑出版《人梯——寻访北京科技大学老教授》一书，正当其时、意义重大。这是学校党委深入学习贯彻习近平总书记给学校老教授的重要回信精神、深入开展学习贯彻习近平新时代中国特色社会主义思想主题教育的创新成果，是贯彻落实习近平总书记关于教育的重要论述的鲜明体现，也是学校纵深推进“三全育人”综合改革、实施“时代新人铸魂工程”、落实“立德树人”根本任务的生动实践。希望此书能够激励更多北科大学子传承“求实鼎新”的校训精神和“追求卓越，勇于争先”的时代特质，争做听党话、跟党走、有理想、有本领、具有为国奉献钢筋铁骨的高素质人才；能够激励北科大教师队伍牢记为党育人、为国育才初心使命，为铸就科技强国、制造强国的钢铁脊梁注入强大力量，为加快建设教育强国，全面建设社会主义现代化国家、实现中华民族伟大复兴的中国梦作出新的更大的贡献！

2023年12月

目　录

曲折中诞生的巨匠

——记“冶金和材料物理化学”领域专家 中国科学院院士　周国治

周国治，广东潮阳人，生于1937年3月，冶金和材料物理化学领域专家、中国科学院院士。1955年考入北京钢铁工业学院（现北京科技大学），1959年提前毕业留校，任教于物理化学教研室，1978年破格晋升为副教授，1979年赴美国麻省理工学院进修，1982年学成回国，1984年破格提升为教授、博士生导师，并获首批“国家有突出贡献中青年专家”称号。现任中国金属学会理事，国际矿业冶金杂志编委，上海大学、上海交通大学、安徽工业大学、重庆大学等多所大学兼职教授。曾任第七届中国金属学会常务理事，第十三届中国科学院技术科学部常委，第十届全国政协委员。研究成果被国内外专家学者称为“周模型”或“周方法”，曾获国家自然科学奖三等奖、国家教委科技进步奖一等奖、冶金工业部科技进步奖一等奖、国家教委科技进步奖二等奖（3次）、北京市教学名师奖等。先后发表论文250多篇（其中SCI收录190多篇，EI收录160多篇），获得20多项中国专利，3项美国专利。1995年当选为中国科学院院士。2017年获得“魏寿昆科技奖”和“日本铁钢协会荣誉会员”称号。

求学路漫道阻且长，坚韧不拔持守初心

周国治出生在一个知识分子家庭。父亲周修齐早年留学德国，曾在上海同济大学、香港西门子等单位工作。幼时周国治不爱读书，每次作业都得靠姐姐帮助才能完成。初二那年，为一桩小事，周国治和姐姐“斗嘴”，激怒了姐姐。做作业时，有道几何题做不出来，他只好厚着脸皮向姐姐求助。姐姐却不依不饶，连讽刺带挖苦。他的自尊心倍受伤害，冥思苦想了两个多小时，终于靠自己的力量解开了这道题。周国治兴高采烈，他认识到，只要坚持，没有什么问题解决不了，命运可以掌握在自己手里。这件看似微不足道的小事对周国治一生产生了巨大的影响，激发了他的学习热情。从此他像换了个人，认真刻苦学习，成绩扶摇直上。初中毕业后，周国治的成绩可以考取当地的所有名牌中学，他选择了离家较近的上海市市西中学[1]。1955年，在父亲和他的同事周志宏教授的建议下，18岁的周国治以优异的成绩考入北京钢铁工业学院钢铁冶金专业。

当时，最热门的专业是核物理、原子物理等。周国治成绩非常优异，学校的老师也都建议他选择这些学科。所以起初周国治并没有考虑北京钢铁工业学院，而是更倾向于上海交通大学。然而，父辈的影响和学术偶像的感召促使他最终选择了北京钢铁工业学院。他的父亲周修齐当时在上海交通大学

---

[1] 一所新中国成立前由外国人创办的名校。

担任焊接教研组主任，焊接在当时也叫“小冶金”，时任上海交通大学校长周志宏得知他的情况后，基于对冶金学科发展前景的判断，也极力推荐周国治选择北京钢铁工业学院，同时又得知柯俊、肖纪美等留学生将要回国到北京钢铁工业学院任教，这些原因促使周国治选择进入北京钢铁工业学院电冶金专业学习。

刻苦钻研学无止境，淡泊功名潜心治学

“人的生理变化是一个自然界无法抗拒的客观规律：人总是要老的，智力也会衰退。但是，只要能淡泊名利，保持永恒的进取心和无止境的创新欲，总会有所斩获，生活永远是充实的、美好的！”

刚进入大学时的周国治极为刻苦，每天在教室、图书馆间奔走，如饥似渴地学习着专业知识。但是“大跃进”中断了正常的教学秩序，周国治仅上了一年半的基础课便被迫中止学习。1958 年，学校急需一批年轻教师留校任教。周国治在此机遇下被学院抽调为助教，开始从事教学工作，负责讲授物理化学方面的知识。任教初期，周国治仅仅负责编撰习题集。偶然的一次机会，他认识了学校里从莫斯科钢铁学院进修回来的教授，从他手里获得了一本习题集，册子里都是莫斯科钢铁学院学生公认很难、鲜有人做出来的题目。周国治拿到习题集当天便认真研究起来，最终解出了“公认为最难”的题目，由此赢得了这位知名教授的青睐。为了讲好课，他在繁重的教学任务中自学了一门又一门课程，在学与教的结合中，他摸索到了学生学习的规律。同时因为成绩优异，他也获得了与柯俊等人一同科研的机会。

1979 年，已是副教授的周国治想抓住机会出国留学，但身边的人都劝他不要参加选拔考试，因为当时他已经是学校出名的副教授了，万一失败可能会“丢人现眼”。出于对知识的渴望和向往，周国治毅然参加了考试并且获得了留学资格。到达麻省理工学院后，他因为副教授的身份很受学校青睐，并作为访问学者进修冶金专业。从美国归国后，他继续潜心科研并发表了大量论文，晋升为教授和博士生导师。

在知识的海洋中，周国治如饥似渴地汲取一切专业知识，不分昼夜地勤

奋工作，逐步将科研成果转向实践应用。他将几何模型应用于各类物理化学性质的预报中，以解决生产和科研对数据的需求。他提出“氧位递增原理”为氧化物提供生成自由能数据，还提出“可控氧流冶金”的新思想并应用到炼钢的脱氧中。他的不懈努力带来了一系列荣誉——国家自然科学奖三等奖、国家教委科技进步奖一等奖、冶金工业部科技进步奖一等奖、三次国家教委科技进步奖二等奖以及上海市科技发明奖一等奖。1995 年，周国治当选中国科学院院士。

传道授业尽心尽责，诲人不倦为国育才

刚被抽调担任老师时，周国治非常刻苦努力，为了讲好课，他在繁重的教学任务中自学了一门又一门的课程。三个月后，因试讲效果好，周国治便成为了物理化学课主讲台的任课教师。面对只比自己低两届的学生，他毫不怯场，把物理化学课讲得有声有色，不仅讲清楚定理、公式的证明方法，而且特意说明采用相应方法的原因以及为什么会想到这种方法。他喜欢把自学的心得在课堂上分享给学生，这个习惯不仅丰富了他的教学经验，更为他日后的科研成就打下了坚实的基础。

教研组见他的课堂效果好，便让仅大四年级的他主讲 11 个班 300 多名学生的大课，后来甚至把大部分老师都头疼的“干部班”也交给了他。“干部班”里大部分都是从战争年代中走过来的革命功臣，打仗是把好手，文化基础却较为薄弱，加上已步入中年，接受能力大打折扣。如何让老干部在晦涩的大学课程里听得进去、听得明白，对周国治来说是个新课题。他用通俗易懂的语言向老干部们传授一个个知识点，还不时穿插生活当中的例子，降低理解难度。老干部们都听得津津有味，竖起拇指夸赞这个年轻的“小老师”。

自此，周国治开始了教学和科研“双管齐下”的道路。彼时，高校教师被分为两类：偏重基础课老师和偏重专业课老师。前者基本概念清楚，教学技巧突出，但对科学研究经常无暇顾及；后者侧重搞课题、找经费、发论文，但对课堂的教学无法兼顾。周国治喜欢将两者结合在一起，上讲台后不久就发表了专业论文；进入专业组后，又深入思考怎样把前沿成果融入课堂教学。

在他的思维中，这两者是相统一、互促进的。从表面上看，“教书”是一种耗时的“输出”，“科研”是得益的“收入”。但在讲课的过程中，周国治逐步掌握了人的认识规律，反过来促进了自己快速获取知识，提升了工作效率，节省了科研的时间。

“一枝独秀不成景，万紫千红才是春。”要国家富强，要站立在世界之林，靠少数人的力量是不够的，中国需要千百万世界一流的专家、学者。为此，周国治院士尽心尽责，一直将培养年轻一代科研力量为己任。多年后，周国治院士已经桃李满天下，看着学生们在各自的领域中、各自的岗位上发光发热，他倍感欣慰。

“我最大的愿望，是为国家和人民多做一些事。”周国治在冶金科学领域功勋卓著，其丰富曲折的人生事迹对莘莘学子也是宝贵的财富。初入学堂，周国治追随大师，谦逊好学，自强不息，淡泊名利，走过不计其数的曲折路，步步迈向学科前沿，最终实现了科研报国的凌云壮志。风筝之所以能飞得高，是因逆风而上，乘风而起，犹如人生，越是能面对困境享受波折就能飞得更高。作为学校的老教授，周国治严谨治学，潜心育人，求真务实，用实际行动诠释了有理想信念、有道德情操、有扎实学识、有仁爱之心的“四有”好老师，展现了“传道，道行高；授业，业绩广；解惑，惑无也”的大师风采。

编辑　王斌、李忆妍、白佳鑫、杨志伟

"材"学等身，壮心不已

——记粉末冶金与先进陶瓷领域专家 中国科学院院士 葛昌纯

葛昌纯，浙江平湖人，中共党员，生于1934年。中国科学院院士、粉末冶金和先进陶瓷专家、北京科技大学教授。1952年毕业于唐山交通大学[1]冶金工程系物理冶金专业。葛昌纯自1952年起长期在一线从事材料科学研究，在粉末冶金、先进陶瓷、浓缩铀235复合分离膜和核反应堆关键材料领域作出了重大的创造性贡献。1952—1985年先后在冶金工业部钢铁研究总院的冶金室、压力加工室、粉末冶金室担任专题负责人、

---

[1] 交通大学唐山工学院，本文中所述唐山交通大学、唐山交大均是1952年全国高校院系调整前的旧时称谓。

高级工程师、研究室副主任。1960—1985 年负责研制用于生产浓缩铀 235 的孔径为纳米量级的复合分离膜，创建起中国第一个纳米材料实验室，是国家一等发明奖“乙种分离膜的制造技术”的第一发明人，为我国“两弹一星”事业作出了历史性、开创性的贡献。1980 年 10 月—1983 年 4 月，作为德国洪堡基金会研究员先后在 Max-Planck 材料科学研究所粉末冶金实验室和柏林工业大学非金属材料研究所从事粉末冶金和先进陶瓷研究，获德累斯顿工业大学工学博士学位。1986 年起作为引进人才在北京钢铁学院（现北京科技大学）从事研究和教学工作。他与赖和怡教授创建起我国第一个粉末冶金博士点，与钟香崇院士等创建起无机非金属材料博士点。2013 年他创建起国际上第一个“粉末冶金与先进陶瓷研究所”。他培养出博士 40 余名，硕士 70 余名，发表论文 500 余篇，专利 55 项。1988 年被人事部评定为“国家有突出贡献中青年专家”。1990 年被国家教委和国家科委评定为“全国高校先进科技工作者”。2001 年当选为中国科学院院士。2004 年当选为世界陶瓷科学院院士。2016 年获中国金属学会“冶金科技终身成就奖”。2020 年获中国核工业集团有限公司（下简称“中核公司”）授予的“核工业功勋奖章”和“核工业功勋人物”荣誉证书，荣登“核工业功勋榜”。

唐山交大年龄最小的学生

1949 年 5 月，上海解放，短短几个月上海发生的翻天覆地的变化使葛昌纯看到了中国共产党的伟大和新中国的希望。仅 15 岁的葛昌纯考入了唐山交通大学冶金工程系，是全校年龄最小的学生。当时的冶金工程系云集了一批国内冶金界的著名学者，包括英国皇家学会会员、系主任张文奇，留美回国的吴自良、林宗彩、章守华、朱觉和自学成才的徐祖耀教授等。张文奇、林宗彩和朱觉教授讲课深入浅出，他们讲授的“有色金属合金”“高炉炼铁”“平炉炼钢”“电炉炼钢”等课程使葛昌纯至今不忘。1952 年，由于第一个五年计划急需人才，国家要求大三在读的学生提前毕业。为了将四年的课程在三年内上完，章守华教授承担了最重的教学任务——教授两门主课“钢铁合金及热处理”“压力加工”，他勇挑重担和严谨治学的精神深深地影响了葛昌纯，成为葛昌纯一生学习的楷模。在这些名师的教诲和熏陶下，葛昌纯在大学时期打下了较为坚实的物理冶金和化学冶金基础，不仅学到了如何从冶金学、材料学的角度分析处理技术问题，更领悟到了为人、治学、做事的人生哲理。

葛昌纯感慨：“唐山交大是我念过的学校里对我影响最深远的，使我永难忘怀的不仅是唐山交大严谨的学风和其培育出了茅以升、竺可桢、黄万里等杰出的科学家，还有唐山交大浓厚的政治气氛。它对学生的爱国主义教育的深度，在那时全国高校里是数一数二的。”葛昌纯在政治上成长得很快，在唐山交大不仅受到了系统的马克思列宁主义、毛泽东思想和中国革命史的教育，从思想上真正认识到只有中国共产党才能救中国的道理，还通过抗美援朝和两次参军参干（指军事干部学校）运动，从思想上摆脱了“独善其身”的旧人生观的束缚，初步确立了革命的人生观。1950 年底，葛昌纯加入了中国新民主主义青年团❶，他的思想水平在这所共产主义大学里得到了进一步提升。

临危受命——负责研制成功和大批量生产出用于浓缩铀 235 的乙种复合分离膜，打破了超级大国的核垄断

在葛昌纯的前半生中，最令他难忘的便是 1960—1985 年期间临危受命，要提前完成中央下达的一项紧急任务。1960 年，苏联领导人赫鲁晓夫单方面撕毁了《中苏国防新技术协定》，断绝了对我国的分离膜供应，撤走了所有专家，带走了关于制备分离膜的一切技术保密资料，企图使我国刚刚起步的核工业夭折。危急形势下，党中央于 1960 年 6 月通过冶金工业部分别向中国科学院冶金研究所等单位和冶金工业部钢铁研究总院等单位下达了研制用于气体扩散机组粗料端的甲种分离膜和精料端的乙种分离膜的紧急任务，葛昌纯

❶ 中国共产主义青年团的前身。

作为钢铁研究总院粉末冶金室（即四室）五人核心组成员和复合分离膜专题负责人，承担起这项艰巨而重大的任务。

分离膜是以气体扩散法浓缩铀235的核心元件。铀235在天然铀中含量只有0.7%，要制造原子弹、氢弹，就必须把铀235的浓度提高到90%以上。这就必须采用当时核大国唯一工业化的气体扩散法，而此法的核心元件就是分离膜。当时只有英、美、苏三国掌握了该技术，被列为重大国防机密。为了完成研制乙种分离膜任务，葛昌纯从调查研究文献着手。首先去国家专利局、北京图书馆、二机部情报所和专门卖外文影印书的龙门书店。他在找资料的日子里总是带点干粮很早就出发，书店一开门就进去，坐在顾客爬高找书用的梯子上，一坐就是一整天。有一天葛昌纯去火车站接爱人回家，由于火车晚点了，他便利用火车晚点的时间去附近的书店看书，结果沉浸在钻研知识的汪洋大海之中的葛昌纯，把接爱人的事情忘得一干二净。在面对困难时，葛昌纯选择的就是用这种废寝忘食、物我两忘的刻苦钻研来应对。

当时他找到的包括第二届国际和平利用原子能会议论文集、英国Carman的著作《气体流经多孔介质的流动》，一本讲基本概念的书和三份分属于法国、德国和日本的发明专利。为了看懂这三份专利和法文、德文和日文的文献，他逼着自己学起了法文、德文和日文。他把麻将牌大小的外文字典塞在口袋内，以便在排队等车时利用空余时间随时拿出来背诵，“见缝插针”地利用起一切“碎片化”的时间。

在国家最需要的时候，葛昌纯挺身而出，在以书记兼院长陆达同志为首的院党委和以研究室书记兼主任蒋伯范同志为首的核心组领导下，与全室的同志（包括二机部原子能院615所和部分从中南矿冶学院来钢铁研究总院参加会战的同志）在基本没有资料和设备以及国家物质基础十分薄弱的条件下，在钱皋韵研究员（1994年当选为中国工程院院士）为首的615所的密切合作下，不怕剧毒，不怕苦、脏、累，刻苦钻研，不分昼夜地为分离膜研制而拼搏，为振兴中华贡献着自己的力量。经过无数次的推导、计算、实验、总结，他们攻克了一系列技术难关，终于在1964年研制成功我国第一种浓缩铀用分离膜——乙种片状复合分离膜。

在1965—1967年期间，葛昌纯还担任乙种分离膜生产总指挥，负责完成全部生产量的任务，满足了制造原子弹、氢弹、核潜艇和核反应堆的迫切需要。在1967—1985年期间，他作为复合分离膜专题负责人带领专题组陆续研制成功丁种、戊种和己种分离膜。国务院国防工业办公室和中共中央国防工业政治部先后于1963年和1967年发来的贺信指出：“实验证明乙种分离膜性能良好，能够满足生产使用需要。这就为我国自力更生地发展原子能事业作出了重要贡献”“这一任务的完成是你们所取得的巨大成果，是对我国国防工业建设作出的重要贡献。”中核公司和核工业理化工程研究院的“应用证明”指出：“葛昌纯同志……负责研制的乙种、丁种、戊种和己种分离膜，解决了我国铀浓缩扩散机的关键元件生产问题，所制成的复合分离膜的综合物理性能超过了苏联同类元件的水平，为我国的‘两弹一艇’事业作出了重大贡献。”1985年“乙种分离膜的制造技术”获国家发明奖一等奖（葛昌纯为第一发明人）。2020年，他获得中核公司授予的“核工业功勋奖章”和“核工业功勋人物”荣誉证书，荣登“核工业功勋榜”。

葛昌纯在国际上首次提出和系统建立了“反映分离膜结构参数与性能参数关系”的数学模型和“反映复合分离膜性能参数与结构参数和各层性能参数与结构参数关系”的数学模型，为研制成功乙种、丁种、戊种和己种复合分离膜奠定了坚实的理论基础。他首次提出和实现了由20道粉末冶金新技术工序组合而成的制造复合分离膜的技术路线，奠定了我国制造复合分离膜坚实的技术基础。

从任务带学科的角度看，乙种分离膜是我国研制成功的第一种纳米多孔薄膜材料和器件，为我国纳米多孔功能材料的研究奠定了理论和技术基础。在完成这项任务中，葛昌纯和四室的同志们研究开发和创造了一系列制备纳米金属、合金和陶瓷粉末的先进工艺、成型与烧结技术和纳米粉末与材料的检验方法，其中不少工艺、成型与烧结技术和检测方法至今仍具有先进性和应用价值。在完成乙种分离膜的研究和生产任务中，葛昌纯和四室同志们曾多次得到院、部和国家的奖励。1962年因乙种分离膜工作，葛昌纯被评为全院先进工作者，1965年被评为全院先进个人，被院党委树为全院标兵。1966年国庆节，应国务院邀请葛昌纯作为对社会主义建设作出重要贡献的科技工作者，登上了天安门城楼观礼，见到了毛主席、周总理等党和国家领导人。

在观礼前，张爱萍上将为在分离膜事业上作出重要贡献的葛昌纯和王承书拍摄了珍贵的照片。

1985 年在乙种分离膜正常运行 20 年之后，国防科工委和国家科委批准这个项目为国家发明一等奖，发明者包括葛昌纯、王恩珂、赵施格、钱皋韵、蒋伯范、赵维橙等 28 位，葛昌纯是第一发明人。1978 年葛昌纯作为第一完成人负责完成的“戊种分离膜的制造技术”获得冶金部科技成果奖二等奖，出席“全国冶金工业学大庆会议”，受到党和国家领导人的接见。

心系核能——先进水堆敢当先

葛昌纯不仅为国防现代化作出了重要贡献，他也为我国的工业现代化呕心沥血。在分离膜任务完成以后，他的目光从“两弹一星”转向了核能的和平利用。随着我国国民经济的高速增长，我国对能源的需求日益增加，长期形成的以煤为主的能源结构的弊端也日益凸显，成为经济发展的制约因素。近年来，我国积极宣传节能减排，提倡低碳经济已经取得了很多成效。但要想彻底解决我国的能源问题，改变能源结构势在必行。核能以其清洁、安全、高效的特征在世界能源日益紧张的今天引起了各国的重视，很多核电项目应运而生。核电在全球范围内的发电比重已达到 16%，成为全球电力供应的重要组成部分。从核电站堆型来看，水冷堆是核电站的主要堆型，它占所有核电站的 90%左右。目前核电技术已经发展到了第三代，与早期核电站相比，第三代核能系统在安全性等方面有了很大的提高，但从长期发展的需求来看，第三代核能系统在安全性和经济性方面还有待提高，各国开始对六种第四代先进反应堆进行研究开发，其中超临界水堆是唯一的水堆。

为了推进我国核电的发展进程，欧阳予院士和葛昌纯院士向科技部提出建议：建立一个以上海交通大学程旭教授为项目负责人的“973 计划”项目“超临界水堆的应用基础研究”。研究和开发超临界水堆有利于我国核电设计和建造领域经验延续性和技术成熟性的发挥。超临界水为一种可与氧任意比例混合、高溶解性的非极性气体，对材料的氧化性极强。虽然现有超临界火电厂的传热管材已经积累了较成熟的经验，但由于超临界水堆燃料包壳管壁厚要求更薄、受强中子辐照，同时需要考虑事故工况安全性要求，因此超临界水堆对材料提出了更为苛刻的要求。超临界水堆苛刻的运行工况使得原来用于压水堆核电站的锆合金包壳管由于在超临界水堆的高运行参数下强度和耐蚀性不能满足要求。另外，由于要提高传热系数，葛昌纯成立了由周张健研究组、燕青芝研究组和胡本芙研究组组成的团队，开展微合金化成分设计、模拟计算、超洁净熔炼、引入氧化物弥散强化的粉末冶金技术、控冷控轧技术等的研究，提出、设计、研究和开发了 CNS1、CNS2（Chinese Nuclear Steel）和 ODS-CNS1、ODS-CNS2 系列高温耐蚀钢，并与上海交通大学、中国原子能科学研究院、华北电力大学、苏州热工研究院有限公司合作，评估钢的服役性能，为超临界水堆包壳管提供了候选材料。

核聚变堆关键材料的开拓者

受控核聚变堆发电是人们普遍认为的从根本上解决人类能源危机的一种终极能源。要实现核聚变堆发电，材料问题是决定核聚变能否开发成功的关键。在聚变堆关键材料中，非常重要的一类材料是面向等离子体材料（Plasma Facing Materials，PFM），它是人类有史以来碰到的工作环境最严酷的材料之一。

早在 1996 年葛昌纯就率先向国家有关部门提交了名为“耐高温等离子体冲刷的功能梯度材料研究”的建议书，这项建议得到了国家有关部门的重视。他提出的“耐高温等离子体冲刷功能梯度材料研究”得到科技部“863 计划”批准（715-011-0230，1997. 7—2000. 12）。经过 3 年半的努力，葛昌纯带领团队成功制备出 6 种耐高温等离子体冲刷的功能梯度材料，其中 SiC/Cu、B_4C/Cu 等四种功能梯度材料在国际上属首创。此项成果开拓了功能梯度材料在核聚变领域的应用前景，获 2008 年中国材料研究学会科学技术奖二等奖。

2010 年他提出国家“973 计划”-ITER 计划项目“聚变堆面向等离子体材料的基础研究”，得到科技部批准（2010GB109000，2010—2013）。4 年来，他开展了聚变堆面向等离子体材料等基础研究，提出了适合未来高通量、长脉冲等离子体运行的钨基 PFM 新的设计思路和制备方法，研制出耐等离子体

辐照的关键材料，实现了面向等离子体部件（Plasma Facing Components，PFC）在结构设计、界面控制、连接技术、性能检验和评价上的重大突破，在工程尺度上制备出涂层以及块材与热沉复合的大型复杂部件，阐明了钨-PFM 与聚变等离子体的相互作用机制及其辐照损伤机理，为耐辐照钨基 PFM 的设计研发以及钨基 PFC 的制备提供指导，培养出一批从事相关科学和技术研究的青年学生和研究骨干。这项成果极大地推动了我国核聚变材料的研究，掀起了国内对核聚变材料研究的热潮。

为发展我国的粉末冶金事业而开拓创新

1956 年在周恩来总理的领导和组织下，我国制定了《1956—1967 年科学技术发展远景规划纲要》。根据规划和中央发展国防尖端技术的需要，必须解决各种冶金新材料的研制问题。为此，科研必须先行。冶金工业部决定把原来的“钢铁工业综合试验所”扩建为钢铁研究院，目的是加强新材料、新工艺、新技术的研究。1957 年底冶金工业部任命我国著名的冶金工程专家陆达为院长。他到院后，根据尖端技术的需要，开辟了高温合金、精密合金、难熔金属、粉末冶金、合金钢等新材料的研究，同时开发了真空冶炼、难变形合金的压力加工和冷轧等新工艺的研究，相应地建立了金属物理、金属焊接、腐蚀与防护、力学、仪器仪表和装备设计等相关专业的研究室。这些新材料、新工艺当时在国内还是空白，必须从头开始。

1959 年 1 月，葛昌纯随冶金工业部考察团从河南、湖北大炼钢铁第一线回京。正当陆达院长组建粉末冶金研究室（即四室）之际。他任命刚从鞍钢技术处抽调到钢铁研究院的王麦处长为主任、蒋伯范为副主任，把葛昌纯从压力加工室抽调到粉末冶金室从事耐高温涂层和粉末冶金新材料的研究。从此，葛昌纯和我国的粉末冶金事业就紧紧联系在一起。

一开始，葛昌纯和颜泰亨、孙玮等开展了当时属于国际新技术的“等离子体喷涂工艺”等多种工艺制备耐高温涂层的研究。后来又先后开展了 Fe-Si-Al 软磁合金、Ni-Zn 软磁铁氧体、Mn-Zn 硬磁铁氧体和耐 10000℃ 高温烧蚀材料的研究，以及用化学气相沉积（CVD）工艺在 Mo 基体上制 $MoSi_2$ 涂层，使 Mo 的抗氧化性能提高到 1600 ℃保温 100 小时而不被氧化。1959 年葛昌纯被评为全院先进工作者。可惜当时的工作受浮夸风的影响，这些初步的科研成果仅仅停留在“向党献礼”上，没有深入研究下去，也未能在生产中得到应用，使他感到十分惋惜。

1962—1965 年，葛昌纯为了研制乙种分离膜的需要，提出和实现了一种适用于在空气中自燃的超细磁性金属粉末的高压静电上粉工艺，解决了超细金属粉末团聚及在高压静电场中的自燃等问题，在国际上首次将此项新工艺应用于纳米金属与合金薄膜的批量生产。

20 世 70 年代初，为了研制丁种分离膜，葛昌纯提出和实现了用乙烯丙酮铜在流态化床中包覆镍粉形成核壳结构的超细镍铜合金粉末的新工艺，并实现了产业化。

我国长期以来采用电解法提镍耗能高，如果采用羰基法提镍可大幅度降低能耗。葛昌纯和滕荣厚、徐教仁、刘思林等与金川镍都实业有限公司、北京有色金属设计院合作，负责用羰基法从镍冰铜提取镍和低压合成羰基镍的研究，在实验室获得成功，此项技术较之电解法可节电 94%。

我国钢铁粉末冶金落后的一个重要标志是还原铁粉生产技术落后和铁粉质量低。葛昌纯在去天津粉末冶金厂考察还原铁粉生产时，发现工厂的劳动条件极差，粉尘浓度超标，严重危害工人的身体健康。为改变我国还原铁粉生产技术落后面貌，他在 20 世纪 70 年代领导开展了提高我国还原铁粉质量和改造铁粉生产技术的系统研究。他与俞夔庭、罗厚智、吴思俭、佟伟、高一平、黄腾政等和耐火材料室（即九室）王泽田开展提高还原铁粉质量的研究，并和天津粉末冶金厂厂长张义印与北京首钢设计院艾明显、王立、刁丽双等组成三结合攻关组，对天津粉末冶金厂的铁粉生产工艺进行全面技术改造，以提高铁粉质量和劳动生产率，并为工人创造一个优良的工作环境。他们深入天津粉末冶金厂一线，吃住在工厂，睡在工厂办公室的上下双人床上，从改进大隧道窑的加热保温冷却制度着手，对全部生产工序逐个进行技术改造，终于解决了还原铁粉质量不高、工作环境差的问题。葛昌纯提出取消一次性的瓦罐和增加还原铁粉的二次还原工序，首次在国内实现了 SiC 罐原料粉末的半连续化生产和还原铁粉的二次还原，使我国的还原铁粉质量达到了

国际先进水平。

随后，葛昌纯向冶金工业部计划司提出在武钢、鞍钢、本钢等大钢铁联合企业建立十个现代化铁粉生产基地的建议，得到国家计划委员会的支持。葛昌纯积极支持武钢铁粉厂厂长李森蓉为在武钢建立我国第一个现代化铁粉基地和开发其应用而努力。在葛昌纯三结合攻关组铁粉生产技术研究成果和他组织起来的设计队伍的基础上，武钢建立起我国第一个现代化还原铁粉生产基地，其铁粉质量达到国际先进水平，其各种铁粉产品已部分出口。

葛昌纯将自己在还原铁粉和雾化钢铁粉末领域所取得的成果总结在他和韩凤麟合著的《钢铁粉末生产》一书中。德国马普所材料科学研究所所长、国际著名粉末冶金专家 H. Fischmeister 在书面评价此书时指出：“该书取材新颖，在国际同类书中还没有可与之相比的。”

研究开发高性能粉末冶金合金钢对于我国粉末冶金事业具有重大战略意义。葛昌纯在 20 世纪 70 年代初就开展了用包套粉末热挤压技术制备粉末高速钢 A32 的研究。实验表明，虽然合金元素含量高达 32%，但热塑性非常好。作为课题组长，他和王洪海、曹勇家等率先在国内开展了超硬粉末高速钢 T15 的研究，系统研究了气体雾化法制高速钢 T15 粉工艺参数和真空处理对粉末氧含量的影响，以及氧含量对热致密化、显微组织和性能的影响，在国内首先研制成功全密度、无偏析、使用寿命为熔炼高速钢 M42 的 3~7 倍的粉末冶金高速钢 T15。他和汤新章、孙向东以 18W-4Cr-1V 高速钢废削作原料、用粉末锻造技术制备成功插齿刀，此项成果已在东北某厂实现产业化。为了推进粉末高速钢的产业化，葛昌纯和北京特殊钢厂王品一研究组合作，在北京特殊钢厂建立起了我国第一台用预应力钢丝缠绕的热等静压机，此项成果获全国科学大会奖。1986 年葛昌纯到北京钢铁学院工作后又提出并实现了与川西机器厂、钢铁研究总院合作，在北京钢铁学院建立起了我国第一台双 2000（2000 ℃，2000 大气压）热等静压机。这两个成果对于提高我国的热等静压技术，开发高性能材料和制品具有战略意义。葛昌纯和夏元洛指导研究生曾舟山和宋箭平分别开展了用水雾化粉末制备成功粉末高速钢 M2 和粉末不锈钢 316L，工艺流程显著减少，投资可大量节约。后来又研究开发了以节约战略金属钨、钼为目的的高钒磨具钢 FV9，用作粉末冶金模具，寿命成倍提高，并显著减少了磨屑对产品原料粉末的污染。在此基础上，他提出和沈卫平、张济山、黄进峰合作完成了国家“863 计划”项目：“精密喷射成形制备粉末高速钢和粉末模具钢的研究”。在此基础上，他同德国不来梅大学合作进行了在 ϕ320mm 轧辊辊芯上喷射成形高钒钢轧辊的研究，获得 ϕ400mm 轧辊。这就为变废为宝、回收利用、修复和改造废轧辊开辟了一条节能节材的新途径。2016 年以来，葛昌纯通过联合培养研究生途径，和颜永年教授合作指导博士生郭彪完成了“粉末锻造汽车连杆的研制”、指导博士生郝志博、田甜等完成了“以 3D 打印技术为核心研制粉末高温合金涡轮盘的研究”。

针对我国航空发动机用粉末冶金涡轮盘研究中存在的问题，2006 年葛昌纯首次提出并开始研究以火花等离子体放电技术（Spark Plasma Discharge Spheroidization，SPDS）制备高温合金粉末。在国家自然科学基金项目的支持下，他指导研究生通过系统的实验成功地调控火花等离子体放电参数，分析制取粉末的粒度大小、分布、形态和粉末颗粒显微组织结构，利用该技术制备出球形度好、表面光洁、平均粒度细、粒度分布范围窄、无陶瓷夹渣物的高温合金粉末。

2009 年葛昌纯首次提出：用电极感应熔化气体雾化制粉技术（Electrode Induction Melting Gas Atomization，EIGA）研制超洁净的高温合金粉末。他指导沈卫平和博士生张宇按照 EIGA 制备粉末的机理，与国内相关企业合作自主设计制造了国际上第一台用于制造高温合金粉末的 EIGA 装置。利用该设备进行了制取无陶瓷夹杂物的高温合金粉末、高速钢粉末和模具钢粉末的开创性试验，获科工局民口配套项目“超洁净高性能粉末高温合金研制”。他和夏敏指导博士生峰山、吴嘉伦、王军峰解决了气雾化喷嘴模拟设计、感应圈模拟设计以及母材电极进给速度、合金在线圈中的熔化速度和熔液雾化速度之间耦合的难题，实现了连续可控，按时完成了研制任务，通过了科工局组织的专家组的验收。该项目现已进入产业化阶段，在 3D 打印和制取超洁净粉末高温合金、粉末合金钢和核能用弥散强化钢等方面有广阔的市场前景。

葛昌纯对航空发动机用高温合金涡轮盘的短流程、低成本制造开展了自主创新的研究，提出了以喷射成形技术为核心制备粉末高温合金涡轮盘的技术路线。喷射成形技术是近年来获得高速发展的快速凝固技术，以真空感应

加热熔化预合金化钢坯，经氩气雾化成液滴射流，使半凝固的颗粒在水冷底衬上沉积。快凝导致金属的组织细化并消除了宏观偏析，从而大幅度地提高了金属和合金的性能。与氩气雾化制粉技术相比，喷射成形由于在惰性保护气氛中一次就可将熔融合金直接转换成相对密度达99%的钢锭，简化了工序，使生产成本比以氩气雾化技术为核心制备粉末涡轮盘的成本降低40%以上。美国GE公司最早提出和开发了用电渣重熔-喷射成形技术制取超洁净高温合金涡轮盘的技术，并建立了容量为1.36t的中试装备，但至今没有成功。2012年葛昌纯同德国不来梅大学Frisching教授和Uhlenwinkle博士合作在德国开展了喷射成形第一代粉末高温合金FGH4095M、第二代粉末高温合金FGH4096M和第三代粉末高温合金FGH00L盘锭的试验，获得直径为184~200mm、高度超过300mm、单重75kg的盘锭和ϕ400mm轧辊，收到率超过70%，首次以喷射成形-热等静压-等温锻造-热处理技术制备成功三代粉末高温合金涡轮盘，其主要力学性能、显微结构和超声波探伤达到和超过美国同类牌号René95、René88DT和LSHR的高温合金的性能。2018年以来他指导研究生杨乐彪开展了“以直接热等静压技术为核心的技术路线制备第二代粉末高温合金涡轮盘FGH4096M的研究”，其博士论文已通过校内外专家的评审和答辩，获得了博士学位。

留德期间的开拓创新

1980年10月，葛昌纯在邵象华院士❶、李文采院士❷和刘嘉禾副院长❸的推荐下申请到德国洪堡基金会研究奖学金。这是国际上公认的最规范、学术声誉最好的国际研究奖学金。

1981年2月，他应邀在G. Petzov教授领导的马克斯-普朗克材料科学研究所粉末冶金实验室工作。在一年时间里，他和夏元洛完成了“重合金90W-7Ni-3Fe的液相烧结和热等静压研究”和“Fe-Cu合金的液相烧结研

---

❶ 邵象华，冶金学家、冶金工程专家，中国科学院院士。

❷ 李文采，钢铁冶金学家，中国科学院院士。

❸ 刘嘉禾，冶金学家，我国低合金钢与合金钢学术领域的带头人之一。

究”，并发表了论文。他的论文得到了国际著名粉末冶金学家、马克斯-普朗克固体物理和材料研究所所长 H. Fischmeister 和德累斯顿工业大学（Dresden University of Technology）W. Schatt 教授的高度评价。

高比重合金在国际上称为重合金，由于其高密度、高模量、优良的力学、热学和吸收辐射能力，在穿甲弹、陀螺仪和防辐射等方面有重要的军事用途。虽然早在 1938 年 Smithells 等已报道了对此类合金的研究，但值得注意的是，不仅在烧结机制上长期以来存在着争论，甚至在烧结诸因素对合金力学性能的影响上也存在着截然相反的实验结果，长期以来是材料学家的一个研究热点。葛昌纯系统研究了重合金 90W-7Ni-3Fe 液相烧结（Liquid Phase Sintering，LPS）机制和热致密化诸工艺因素对显微结构、断裂模式及力学性能的关系。首次在重合金上采用无包套亚固相线热等静压工艺，提出：重合金冷却速率敏感性的机制以及真空处理和热等静压显著提高重合金力学性能的机制是氢由相界的去除和相界结合力的提高。他关于重合金液相烧结研究的论文中提出的主要结论，包括预还原、烧结时间、冷却速率和真空处理对力学性能的影响及其氢脆机制，曾多次被国际权威杂志（Metals Trans., J. Mat. Sci., Z. Metalkunde 等）和国际著名粉末冶金专家 R. M. German、H. Danninger 等所引用、肯定或跟踪。

在液相烧结基础研究上，W. D. Kingery 的经典液相烧结理论并没有考虑真实压块中液相在固体颗粒间的分布是不均匀的这一事实。研究与此相关的液相的流动和分布以及隔离孔被液充填过程是进一步研究 LPS 机制的一个重要命题。葛昌纯通过系统研究 Fe-Cu 真实压块中烧结条件、铜含量、铁粉颗粒大小和成型压力对 LPS 时孔封闭过程的影响，提出除颗粒重排、溶解析出外，液相流动、重新分布和充填孔隙是 LPS 致密化的重要机制之一。H. Fischmeister 教授对他关于 Fe-Cu 液相烧结的研究作如下书面评价：“你选择了一个迄今为止很不寻常的研究方法，也就是把很小的 Fe 颗粒和很大的 Cu 颗粒结合在一起，通过这种方法你创造了一种比实际工作中烧结 Fe-Cu 压块时所发生的更不容易烧结的条件，你所进行的观察是完全令人感兴趣的。”1997 年，A. Martensen 的研究结果印证了葛昌纯的理论分析。

1982 年 2 月起，柏林工大无机非金属材料研究所 Hans Hausner 教授邀请

葛昌纯教授到他的研究所工作一年。葛昌纯对 Hans Hausner 教授提出的“能否为氮化硅找到一种非氧化物烧结助剂取代现在通用的氧化物烧结助剂以提高氮化硅的高温性能”这一问题产生了浓厚的兴趣。前三个月，他和夏元洛选择了多种非氧化物作助烧剂，做了很多实验却毫无收获。后来，他根据相图的基本原理，打破常规，以新的思维方式，采取无毒性复合非氧化物的技术路线，终于成功地找到了 ZrN+AlN 复合氮化物作为助烧剂，可以使氮化硅在烧结后的相对密度达到 95%以上，解决了 Hans Hausner 教授提出的问题。就在这时，W. Schatt 教授积极推荐葛昌纯去德累斯顿工业大学攻读博士学位。1983 年 4 月，葛昌纯通过德语论文答辩，获得德累斯顿工业大学材料技术工学博士学位，成为自 1960 年中苏关系破裂后第一位获得民主德国博士学位的中国学者。

葛昌纯受 W. Schatt 教授的影响很大。Schatt 教授是国际粉末冶金界的权威，学术造诣很深，对中国人民怀有深厚的感情。他治学严谨，每天工作 9 小时以上，用毕生的精力著成当代最好的粉末冶金教科书《粉末冶金》。这种精神深深地感染着葛昌纯，他在回国后多次邀请这位导师来中国，可惜他由于健康原因终未成行，派他的主要助手 H. Friedrich 教授访问了北京。多年以后，在一次国际会议上，W. Schatt 教授遇见了葛昌纯的女儿葛华博士，他怀着巨大的喜悦，亲手题词赠送了他最重要的著作《粉末冶金（第 3 版）》，这份礼物寄托了他对葛昌纯的思念和中德两国科学家之间的深厚友谊。

在德国学习的三年，葛昌纯逐渐产生了为祖国建立一个国际一流的将粉末冶金技术和先进陶瓷技术相结合的新型研究所的强烈愿望。博士学位论文答辩通过后，他谢绝了 W. Schatt 教授的挽留，迫切地踏上回国的征程，希望尽快将建立国际一流研究所的愿望变成现实。

在先进陶瓷领域开拓创新

20 世纪 70 年代末，早在钢铁研究院工作期间，葛昌纯就开始了氮化硅（Si_3N_4）基陶瓷的研究，是国内最早开展氮化硅和 Sialon 研究的学者之一。他在国内首次采用压力烧结工艺研究成功以尖晶石作为烧结助剂的抗热震性优良（在1100℃，水淬15次不裂）的β-Sialon陶瓷，这种陶瓷被批量用于作热加工模拟实验机的垫块，取代进口的日本Si_3N_4垫块，用于控轧模拟试验机，填补了国内空白。此项成果作为国家“六五”攻关项目“控轧控冷实验室建设”重要成果的一部分，被评为冶金工业部科技进步奖二等奖。

1986年6月，葛昌纯在北京钢铁学院（1988年更名为北京科技大学）院长王润教授、章守华教授和冶金工业部徐大铨副部长的支持下，离开了他工作奋斗过34年的钢铁研究总院，作为引进人才到北京钢铁学院任教。

Sialon和Si_3N_4陶瓷的研究

Si_3N_4具有优良的综合性能，被认为是最具发展前途的高温结构陶瓷，特别是应用于燃气涡轮、绝热式发动机及其他高温、高应力部件。目前国内外Si_3N_4陶瓷的主要烧结助剂为氧化铝、氧化镁、氧化钇等氧化物，其在烧结时与Si_3N_4粉末表面的SiO_2氧化膜反应生成软化点低的玻璃相，导致材料的高温性能和抗氧化性能恶化。美国Greskovich用非氧化物助烧剂$BeSiN_2$，由于玻璃相减少而使Si_3N_4具有优良的高温性能，但$BeSiN_2$的毒性是它的致命缺点。

葛昌纯在国际上首次提出采用无毒性复合氮化物助烧剂（ZrN+AlN）取代氧化物助烧剂，减少了Si_3N_4陶瓷中玻璃相比例并提高其黏度，提高了材料的高温强度和抗氧化性能。葛昌纯和夏元洛指导他的第一个研究生陈利民和第二个研究生刘文姗从事无毒性复合氮化物助烧剂ZrN+AlN的研究，使无毒性复合氮化物助烧剂Si_3N_4陶瓷的高温抗弯强度$\sigma_{1300℃}=750MPa$，$\sigma_{1300℃}/\sigma_{室温}=94.5\%$，氧化速率常数$K_{1300℃}=4.00\times10^{-12}kg^2m^4/s$，显著高于以$Y_2O_3+La_2O_3$为助烧剂$Si_3N_4$的相应性能（$\sigma_{1300℃}/\sigma_{室温}=75.8\%$，$K_{1300℃}=4.04\times10^{-1}kg^2m^4/s$）。通过对此类含复合氮化物烧结助剂的$Si_3N_4$致密化机制和相变过程的研究，葛昌纯提出：由于$Si_3N_4$表面有$SiO_2$薄膜存在，根据$Si_3N_4$-$SiO_2$-AlN-$Al_2O_3$-ZrN-$ZrO_2$行为图（Behavior Digram），固相线温度降低，液相成分范围变宽的原理，烧结是以α-Si_3N_4溶解于氮氧化物液相并以β-Si_3N_4形式重新析出的机制使相变快速完成并直接促进致密化。通过对其致密化动

力学的研究，确定了此类陶瓷在溶解—扩散—析出过程中，扩散为速率控制过程，烧结时液相体积小和黏度高，因而材料具有优良的高温性能。在这类 Si_3N_4 陶瓷中，葛昌纯首次发现在一定条件下有 ZrO 相产生，并研究清楚了其生成机制。研究了在 1050～1250℃氧化时灾难性破坏产生的机制，确定了 ZrO 的存在促进了灾难性破坏，但不是其发生的必要条件，找到了避免灾难性破坏的途径。在前人关于 Si_3N_4 的文献中没有报道过 ZrO 相的产生、机制、作用及其避免途径。

国际 Si_3N_4 陶瓷主要开拓者、英国 D. P. Thompson 博士在读了葛昌纯的数篇关于 Si_3N_4-ZrN-AIN 陶瓷的论文后决定通过英国皇家协会邀请葛昌纯去 New Castle 大学访问并商讨合作研究问题。他在 1992 年 3 月 26 日的邀请信中谈到他对此项工作的评价：“我已非常感兴趣去跟踪你以 AlN 和 ZrN 作为 Si_3N_4 和 Sialon 陶瓷的添加剂，其结果对发展一族新的高温陶瓷将是非常有前途的。”一向以直言不讳、严格要求著称的国际陶瓷界先驱、Sialon 陶瓷发明人 Jack 教授在 1994 年 6 月访问葛昌纯的实验室后，对他在 Si_3N_4 陶瓷方面的研究写的书面评价中指出：“葛教授已做了极好的研究工作……每个项目都做得很成功。”在以上工作的基础上，葛昌纯又研究开发了非氧化物-氧化物复合烧结助剂，使 Si_3N_4 陶瓷的性能得到进一步提高。

在此期间他和夏元洛还指导研究生曾克里开展和完成了无压烧结 Sialon，即以 Si_3N_4-AlN-Al_2O_3-Y_2O_3 系和 Si_3N_4-AlN-Y_2O_3 系的 Sialon 陶瓷的致密化研究及其在拉丝模上的应用；指导黄向东完成了以氨解法制备 Si_3N_4、TiN 和 TiCN 粉末；指导谢建刚完成了氨解法制备氮化硅粉末的研究。指导柳光祖完成了相变增韧 ZrO_2 的研究。

发明新型复合 ST-Si_3N_4 基陶瓷刀片

葛昌纯的氮化硅复合陶瓷研究不仅实现了理论上的创新，并且研究开发出适用于粗、精加工各种高硬材料且通用性强的新型复合 ST-Si_3N_4 基陶瓷刀片。为了解决氮化硅陶瓷刀片硬度高难加工的问题，葛昌纯提出 ST-Si_3N_4 陶瓷刀片的电加工线切割方法，显著提高了 ST-Si_3N_4 陶瓷刀片的成品率。

葛昌纯、夏元洛和陈利民为了建立 ST-Si_3N_4 基陶瓷刀片中试线，在金物楼后小院盖了两间平房，到北京市的有关企业寻找可以修复利用的废旧设备，自制了大热压烧结炉，修复了企业已报废的立磨床、平磨床和工具磨等设备用于 ST-Si_3N_4 陶瓷刀片的机加工，之后在校内发展成了年产几万片 ST-Si_3N_4 陶瓷刀片的生产线。他们自行设计和制造的大热压烧结炉，一炉可以制备 5 片直径 100mm 的 ST-Si_3N_4 陶瓷热压坯，显著提高了生产效率，降低了 ST-Si_3N_4 陶瓷刀片的生产成本。

为了推广 ST-Si_3N_4 陶瓷刀片的应用，葛昌纯背着刀片和沉重的钢刀杆，不辞辛苦下厂试验。那时国际上普遍认为，Si_3N_4 陶瓷刀片是只能加工铸铁和高温合金，但不能加工钢材。葛昌纯通过大量实验，证明他发明的 ST-Si_3N_4 刀片不但能加工各种高硬铸铁，而且可以加工绝大部分合金钢种的部件。开始时有的厂对 ST-Si_3N_4 的使用寿命提出质疑。为了排除各种争议，他亲自下厂给技术人员和工人讲解，手把手地教导他们如何正确使用 ST-Si_3N_4 新型陶瓷刀片。事实证明，只要工人们正确掌握了 ST-Si_3N_4 陶瓷刀具的使用方法，ST-Si_3N_4 陶瓷刀片不仅可以加工钢，而且与硬质合金刀片相比优势明显。工人们都抢着使用，推广取得了成功。如使用硬质合金刀片加工铸造的高铬铸铁水泵壳体时，水泵壳体要经过退火后加工—淬火、回火后加工—磨削，工序多、耗电多、废品多。使用 ST-Si_3N_4 刀片后省去了这三道工序，实现了以车代磨，大幅度提高了水泵壳体的成品率，经济效益显著。从此，ST-Si_3N_4 陶瓷刀片广受欢迎，被国家科委等四部委评为 1990 年度国家级新产品、冶金部科技进步奖三等奖、教育部科技进步奖二等奖和第七届北京市发明展金牌奖、第五届全国发明展银牌奖和 1988 年国际专利展银奖等三项发明展奖。

开拓自蔓延高温合成技术

自蔓延高温合成（Self-propagating High-temperature Sythesis，SHS）也称燃烧合成（Combustion Sythesis）是 20 世纪 70 年代苏联科学院院士 A. Merzhanov 等发明的制备先进陶瓷粉体和材料的合成技术。葛昌纯是我国率先开展以 SHS 技术合成粉体和材料这一前沿领域研究的学者之一。早在 20 世

纪 80 年代，他就开展了 SHS 的相关技术的研究。20 世纪 90 年代以来，他先后指导了李江涛、汪朝霞、陈克新、曹文斌、曹永革、燕青芝、沈卫平、王飞、白玲、夏敏、李县辉等 10 余名博士生，开展了包括 SHS 合成 Si_3N_4、Mg_3N_2、AlN、SiC、TiB_2、$MoSi_2$ 等粉末、Si_3N_4 纳米晶须和 SiN/SiC/TiCN 等复相陶瓷的研究，并且对合成机制、材料结构、梯度功能材料的设计与制备、产品的开发和应用等方面，开展了系统而深入的研究，形成了独特的科学研究方法，得到国内外专家的一致好评。葛昌纯指导博士生沈卫平和王飞完成了国家“863 计划”项目“高品质 Si_3N_4 和 TiCN 超细粉体的低成本制备技术”（2001AA333080）自蔓延高温合成高阿尔法相 Si_3N_4 粉末。他向国内设备制造企业提出了 60 升 20 MPa 高压釜的设计要求，课题组在 60 升高压釜中合成了一次 5 千克 X 衍射相分析为纯阿尔法相的 Si_3N_4 粉，超过了俄罗斯自蔓延高温合成一次 3 千克 95%阿尔法相（也是国家“863 计划”项目任务指标）的 Si_3N_4 粉，其阿尔法相 Si_3N_4 粉纯度高于德国 Starck Si_3N_4 粉，已供用户使用。博士生白玲研究表明自蔓延高温合成高阿尔法相 Si_3N_4 粉烧结活性高，可显著降低烧结温度。葛昌纯主持的科研项目“燃烧合成 Si_3N_4 陶瓷的应用基础研究”获北京市科技进步奖三等奖。

2000 年 9 月 21—24 日，葛昌纯主持了由北京科技大学和俄罗斯科学院结构宏观动力学及材料科学研究所（ISMAN）共同在北京召开的第一届中俄双边自蔓延高温合成学术会议，会议的主题是“面向新千年的 SHS 技术”。ISMAN 副所长 Sytchev 博士宣读了 ISMAN 所长、SHS 技术发明人 A. Merzhanov 院士的贺信。参加会议的代表 34 人，分别来自中国、俄罗斯、白俄罗斯和亚美尼亚四国，共提交论文 34 篇，反映了各自国家 SHS 研究的最高水平。这次会议很好促进了中国和俄罗斯等独联体国家在 SHS 领域的合作。在第一次中俄双边会议的基础上，2012 年 10 月 23—25 日，第二届中俄双边自蔓延高温合成学术会议在北京成功举办，会议授予 Merzhanov 院士和 Sytchev 博士以“空间燃烧合成奖”。

开拓高分子树脂的低温燃烧合成

随着全球环保意识的逐渐提高，环境友好型生物材料的研究成为材料科学研究领域的一个大热门。

用淀粉来制造具有特殊功用的新材料，一直是近几十年来学术界和工业界感兴趣的课题，这一方面是由于淀粉资源丰富、价格低廉，另一方面是淀粉的可降解性，在全世界都重视环境治理的今天显得尤为重要。如淀粉接枝丙烯酸单体可以制备具有高吸水能力的聚合物材料，称为高吸水树脂。这种吸水树脂具有优异的吸水性和保水性，在个人卫生用品、药物控释系统和工农业方面都有广泛的应用。

2004年葛昌纯和他的博士生燕青芝在2项国家自然科学基金的支持下，研究用燃烧合成技术制备淀粉接枝丙烯酸吸水材料，经过200多次实验，测试了近600个数据点，终于成功实现了低温燃烧合成的淀粉接枝改性，制备的多孔聚合物多孔材料性能的测试结果表明，各项性能指标全面优于传统工艺制备的材料。燕青芝、葛昌纯于2005年、2007年先后在国际著名杂志Chemistry-A European Journal（VIP，IF=4.95）、Advanced Functional Materials（IF=7.45）上发表题为《整体大孔聚合物的前端聚合合成》（“Frontal Polymerization Synthesis of Monolithic Macroporous Polymers”）和《淀粉接枝水凝胶的前端聚合合成：温度和试管尺寸对蔓延前端和水凝胶性能的作用》（“Frontal Polymerization Synthesis of Starch Grafted Hydrogels：Effect of Temperature and Tube Size on Propagating Front and Properties of Hydrogels”）的文章。

该项研究成果得到国内外专家的一致好评。中国科学院院士、四川大学高分子研究所所长徐僖教授认为这项工作“为新材料的制备或改善材料性能提供了新的途径”；两院院士王淀佐教授认为本研究“对于发展材料制备技术和丰富材料科学的学术内容，都具有重要意义”；《欧洲化学》在评审该项成果时，评审专家的书面评审意见指出：“我通常建议稿件需要修改，但是这篇论文不需修改就可以发表！”燕青芝和葛昌纯以此项研究成果申请获得4项国家发明专利。

开拓溶胶凝胶低温燃烧合成制备纳米粉体技术

随着结构陶瓷高韧性化的要求和陶瓷器件小型化、高容量的发展趋势，

以及工业上对具有特殊的电、光、磁等功能的细晶粒陶瓷的需求，对陶瓷粉体提出了越来越高的要求，制备纯度高、粒度小、化学计量比准确的高品质陶瓷粉体已越来越迫切。纳米粉体由于晶粒细小，具有小尺寸效应、体积效应、表面效应和宏观量子隧道效应、特殊的化学和催化性能使得由纳米颗粒形成的材料在烧结性能、力学性能以及催化活性和光、电、磁等使用性能方面显示出传统材料无可比拟的独特优势和极大的潜在应用价值。纳米材料的出现为克服陶瓷的脆性、提高断裂韧性带来了希望，使电子器件的超小型化制备成为可能。

葛昌纯先后指导胡芳仁、燕青芝、宿新泰、刘中清等博士生开展了包括$BaTiO_3$、ZrO_2、Al_2O_3、TiO_2、$YBa_2Cu_4O_8$ 等多种纳米氧化物的溶胶凝胶低温燃烧合成制备纳米粉体的研究。这些研究结果表明：溶胶凝胶低温燃烧合成技术兼具有湿化学法的组分均匀和气相法的气-固流动的特点，使该技术制备的陶瓷粉体兼具气相法粉体和湿化学法粉体的优点，即化学计量比准确可调、粉体超细，多在纳米量级（最小的达到 6nm），再加上低温燃烧合成技术具有设备和工艺过程简单、操作和原料成本低廉、适用范围广泛、产物组成均匀等工艺优势，在氧化物超细粉体的制备方面具有很大潜力。用低温燃烧合成既可以制备出耐高温、高强度的结构陶瓷，又可制备出具有电、磁、超导等性能的功能陶瓷，尤其在制备具有复杂组成的多组分氧化物材料，如固体氧化物燃料电池材料、高温超导材料、电子陶瓷材料等方面，低温燃烧合成技术显示出独特优势。另一个特点是通过优化工艺和过程控制，可抑制团聚体的形成，提高粉体的分散性。溶胶凝胶低温燃烧合成技术确实是获得低成本、高质量的纳米陶瓷粉体的较为理想的技术。

葛昌纯是继自蔓延高温合成技术的创始人 A. G. Merzhanov 院士之后，同时兼有 SHS 研究领域广、坚持时间长、创新性成果多的学者。2004 年，葛昌纯当选为世界陶瓷科学院院士。

严谨治学务实求真，以身作则身正为范

1985 年到调入北京科技大学后，葛昌纯曾开过三门课：“现代陶瓷基础”

“特种陶瓷”和“专业英语”。在教学中，他注重以学科新的科研成果充实教材，培养学习兴趣。他一贯要求学生学习毛泽东思想，树立革命人生观，引导他们不仅要学会做事，更要学会做人；要弘扬“热爱祖国、无私奉献、自力更生、艰苦奋斗、大力协同、勇于攀登”的“两弹一星”精神；要培育勤奋、严谨、创新、求实和崇尚实践的学风。既要学生打好专业理论基础、掌握好外语和计算机应用能力，又引导他们能迅速进入学科的前沿；既要求学生多读各类专著、读懂文献，更要重视提高广义的动手能力。在研究工作中注重培养学生将创新性和基础性相结合，有敢于和善于突破难关的勇气和能力。36 年来，他先后培养出 42 名博士，73 名硕士，发表论文 500 余篇，获国家专利 55 项。研究领域涉及粉末冶金、先进陶瓷和反应堆关键材料等。令他欣慰的是，研究生毕业后都得到用人单位的好评，在不同岗位上发挥着骨干作用。葛昌纯的第一位博士生李江涛于 1995 年毕业，7 年后他已 35 岁，作为优秀人才被中国科学院理化技术研究所引进，他曾表述：“导师那种干事业一往无前的勇气和精神，他那种面对困难所表现的不达目的誓不罢休的钢铁意志，既是导师事业有成的基石，也是我终身学习的要素。”

葛昌纯说：“做老师比做科研更难，做科研只要完成自己的科研就行了，做老师还要肩负着教好学生的责任，这无疑是更具有挑战性的工作。”自从来到学校工作，他在培养学生、培育人才这件事上，一直兢兢业业、孜孜不倦。他非常注重人才培养工作中有关教育思想的总结、反思和提炼，形成了自己的教育理念，其核心内容主要包括：为人在先，行事在后；严谨治学，务实求真；以身作则，身正为范；定向培养，学以致用；氛围构建，教学相长。沐浴在葛昌纯的教育理念下，学生颇受裨益。葛昌纯培养出来的学生，得到用人单位的广泛好评，如今，他的学生已有多位在材料行业内担任重要职务，正可谓是“桃李满天下”。

除了带好自己的研究生，葛昌纯还常以党课、讲座、办《先进陶瓷研究所简报》等方式面向全体学生开展育人工作，在讲述相关课题的知识以外，他将自己宝贵的求学经历、科研经历、工作经历分享给学生，鼓励学生发扬“两弹一星”精神，矢志不渝地进行学习和实践，培养自己的创新意识，为坚持走中国特色自主创新道路、建设创新型国家贡献力量。

葛昌纯在学校是出了名的严师，他对虚假的、不严肃的科学态度可谓深恶痛绝，对任何学术不端的行为都是“零容忍”。他经常告诫学生：做学问来不得半点马虎，要能经得住别人的拷问，经得起时间的检验，科学是老实人的事业，科研工作者必须牢记“差之毫厘，谬以千里”的道理，必须要有严谨的治学态度。在日常指导学生时，葛昌纯都会不厌其烦地要求学生反复确认每个数据的来源和准确性，手把手地帮助学生完善实验方案，梳理工作思路，使实验数据更加严密和完备。

在面对学生时，葛昌纯既是“严师”，又是“慈父”。他一方面对学生严格要求，另一方面又给予他们深沉厚实、细致入微的关爱。

每到毕业季他都会请学生一起吃顿送别晚餐。对有生活困难的学生他会想尽办法帮助其解决困难。每学年开学，他总要开一次迎新表彰会，表彰上年度表现好的学生。现在担任材料科学与工程学院副院长的曹文斌教授回忆说，1995 年 10 月，他跟着葛老师一起参加国际会议，会议报到的当天晚上，他和师兄们一起参加了欢迎晚宴，并在晚宴上与好几位著名的科学家进行了近距离的接触与交流，这样的经历令当时作为学生的他真是备感荣幸，可是当他们高高兴兴地回到住处时，却看到老师正在吃方便面，后来才了解到，为了让学生有所收获，老师安排他们参加了欢迎晚宴，而他自己为了节省科研经费就不参加这个活动了，他说他可以用别的方式和老朋友们沟通交流。

学生张小锋说，关心学生生活是葛老师经常提到的事情，他要求实验室的人要相互帮助，有什么问题他能帮忙的一定帮。当葛老师得知有位同学因为家庭经济困难学费一直欠费而焦虑不安的时候，立刻借了足额的学费给他，解决了他的燃眉之急。当他得知有同学在研究生补助还没发放却已经“断粮”，连吃饭的钱都没有了的时候，二话没说就自掏腰包“支援”给学生作应急之用。张小锋在就读期间父亲重病住院，在他向葛老师请假回家时，葛老师向他详细询问了病情，并且宽慰他说“医疗费不够的话一定告诉我”，后来还多次向他电话询问情况，问是否能帮上忙，张小锋说：“葛老师的‘爱生如子’是如此深切，在他心里装着我们每一个学生。”

葛昌纯对学生的关爱还体现在他对学生学业上的信任，他时常讲：“谁都有第一次，要给予机会多锻炼，要迎难而上勇于担当，不怕失败，即使失败也要分析总结原因，跌倒了爬起来继续前进。”现在担任核能与先进能源系统材料研究所副所长的燕青芝教授回忆，她刚刚入学的时候，葛老师给她确定了研究方向“高分子材料的低温燃烧合成”，给她一沓英文资料让她认真阅读，并立即开展实验，在此基础上要她写出一份申报国家自然科学基金的项目申报书。这突如其来的重任使她惊恐：“我从来没有申请过国家项目，恐怕写不好，会误事的。”葛老师毫不犹疑地跟她说：“就是没写过才要写，万事总要有开头。”葛老师问她：“能不能做到听话、勤奋这两条？”她说：“这两条我能做到，我每天做实验总要做到晚上 12 点才回宿舍。”在葛老师的悉心指导下，项目获批了，她也在入学之初便学会了怎么申请项目。

葛昌纯说：“作为老师，要对自己提出更高的要求，一言一行都要给学生做好榜样，这是和作为单纯的科研人员最大的不同。”凡是对学生提出的要求，他都一定自己先做到，凡是让学生完成的任务，他的投入度与支持度一定会更高。

现在担任国家自然科学基金委材料学科金属学部主任的陈克新教授回忆，有一次参加学术会议时，自己早就投了摘要，可到了会议召开的前一天晚上，对于这篇论文的撰写依然感觉无从下手，于是就跟老师说要撤稿，但是葛昌纯斩钉截铁地否决了他的想法，告诉他“作为学者必须‘言必信，行必果’”，之后就帮他分析实验结果并且指导了相关的参考文献，要求他：“今晚别睡觉了，一定要写出来。”陈克新说：“第一篇学术论文就在彻夜不眠之夜被先生逼出来了。”葛昌纯挂念着学生的论文，晚上稍事休息后，早晨不到 5 点就来了，争分夺秒地对论文进行把关修改，8 点开会成功交稿。

在葛昌纯的书房里，在书架上一层显眼的位置整齐地摆放着他的学生们的毕业论文，每一本他都视若珍宝，他说那是学生们学习和实验的结晶，他为他们感到骄傲，这些论文更是他浇灌了大量心血的成果。他的夫人夏元洛教授说：“葛老师时常伏案工作到凌晨一两点，仔细审视学生的论文，核实每一个实验数据；批阅文章的文法、用词造句甚至标点符号，一旦发现不妥，必用红笔圈示，以便学生自行修改，促其提高论文写作水平。批阅修改工作往往要重复数遍，直到文章找不到瑕疵。”

自1952年大学毕业至今，葛昌纯在材料研究和教书育人的第一线上摸爬滚打70余载。面对坎坷和险阻，他从未灰心失望，始终把国家需要放在首位，严格要求自己，刻苦学习，在完成各项任务中努力磨炼和提高自己。如今89岁高龄的葛昌纯依然是“烈士暮年，壮心不已”，依然年复一年地坚持奋战在科研教育第一线。每天清晨，在学院路30号院的校园小路上，总能看到他带着那只饱经风雨沧桑的沉甸甸的黑色办公包，骑着陈旧的三轮自行车前往办公室的方向，迎着朝阳充满热情地追求着他“材料报国”的梦想！

编辑　王进、曹慧思、牛思亚

钢铁报国，初心如磐

——记零件轧制技术领域专家
中国工程院院士　胡正寰

胡正寰，湖北孝感人，中共党员，生于1934年，零件轧制技术专家、中国工程院院士。1956年毕业于北京钢铁工业学院（现北京科技大学），毕业后留校一直从事教学与科研工作，现任北京科技大学教授、博士生导师，国家高效零件轧制研究与推广中心主任，中国机械工程学会塑性工程（锻压）分会名誉理事长。1958年起，胡正寰领导团队从事轴类零件轧制技术研究工作，现已全面掌握该技术并推广应用，使我国成为世界上少数掌握这项高新技术的国家之一。作为我国轴类零件轧制技术公认的主要开创人，胡正寰为我国该技术迈入国际先进水平作出重要

贡献，先后荣获全国科学大会、国家发明、国家科技进步等国家级奖励4项，获全国优秀科技工作者、国家级有突出贡献中青年科技专家、全国“五一劳动奖章”、中国机械工程学会科技成就奖和中国金属学会冶金科技终身成就奖等荣誉称号。

求学扎根，初心使命坚定不移

1934年，胡正寰出生于北方冰城哈尔滨，1935年日寇入侵东北，为了不当亡国奴，不到一岁的他便跟随父母入关逃难，辗转南京、武汉、长沙、贵阳等地，最后落脚成都。在逃亡过程中，胡正寰亲眼目睹被日寇飞机炸死的人群、家人受伤、国家危亡，战争给少年的他留下了刻骨铭心的回忆，同时渴望战争胜利、民族解放、推翻三座大山、强国富民的信念也在他心中悄然萌发。

1952年，胡正寰从湖北省一所培养了诸多历史名人的名校高中毕业，这所中学走出过中国杰出无产阶级革命家董必武、杰出科学家李四光等，学校深厚的文化底蕴给予了他良好的理想信念启蒙。此时正值新中国成立之初，经历长期战争后的国家百废待兴，毛主席说：“一个粮食，一个钢铁，有了这两样东西就什么都好办了”，这句话深深地印在了满腔报国热血的青年胡正寰心中。在报考学校时，秉持着“钢铁强则工业强、工业强则国家强，要为国家发展钢铁工业贡献力量”的初心，胡正寰报考了国家新筹建的北京钢铁工业学院，郑重地选择了“冶金机械”专业。“钢铁”“冶金”“机械”，几个看似冰冷的词汇，却承载着青年胡正寰钢铁报国的理想与信念。至此，他踏上了北上的路程，成为钢院首届本科生。

大学期间，胡正寰成绩优异，将全部的精力放在学习和钻研上。他每天的作息极其规律，周一到周六每天赶在洗漱间使用高峰期前洗漱完毕，时常第一个来到教室进行课前预习；周日则会去图书馆钻研机械知识。据胡正寰回忆，当年学校办学参考苏联经验，本科第一年为理论课程学习，之后三年分别是认识实习、生产实习和毕业实习。实习期间，他在工厂车间里认真实践，并向工人师傅请教，积极接触钢铁生产，真正成为了一名“钢小伙”，这段在钢厂实习的经历也成为胡正寰后来从事轴类零件轧制技术研究的启蒙。

大学生活转瞬即逝，不变的是胡正寰心中“钢铁报国”的初心使命。1956 年，胡正寰毕业后留校担任冶金机械专业的助教，他一边教书育人，带领学生进行科研实践和毕业设计，一边从事科研，正式开启了研究零件轧制技术的奋斗之路。

钢铁报国，崇尚实践科技筑梦

1956 年，刚留校任教的胡正寰把全部精力放在教学上，一门心思过“教学关”。在一次查阅文献过程中，一本 1957 年苏联出版的关于轧制技术的专业书籍引起了他的注意。熟知钢铁生产的他，知道当时我国的钢球生产主要采用锻造与铸造的方法，存在钢球生产效率低、生产环境恶劣的问题，他意识到如果轧制技术可以应用在机械零件制造业中，必将成为一项具有“革命性”的工艺。此时正值党中央提出要用 15 年左右时间，在钢铁和其他主要工业产品方面赶超英美。在“解放思想、敢想敢干”的号召下，胡正寰决定要攻克这项技术课题，他提出“大干 100 天、轧出钢球把礼献”的誓言，决心设计研制出用于轧制钢球的轧机。

学生时期在鞍钢的实习中，胡正寰了解到斜轧机的穿孔技术，为他打下了斜轧技术的实践基础，专业书籍又提升了他的理论知识，两者相加给了胡正寰在斜轧机设计上莫大的启发。他和团队经过日夜奋战，仅用 40 天就完成了实验斜轧机与形状特殊、复杂的轧辊的图纸设计。为早日完成斜轧机的落地成型，学校党委下达任务给机械实习工厂，六十多天后将斜轧机与轧辊制造出来。轧机生产出来后，胡正寰和同事们对机器进行了不断的调试以及生产钢球的反复试验，终于轧出了几个像样的钢球。历时一百多天，正好赶上国庆节，胡正寰带领团队向党组织献礼。这项成果很快便引起了社会关注，《光明日报》《北京日报》还专门刊登了相关消息。

远在辽宁抚顺的一家钢球锻造厂负责人看见报道后闻讯而来，希望胡正寰及其团队帮助他们用斜轧技术生产钢球。胡正寰带领团队为其设计了一台

直径 50mm 的轧球机，由工厂制造并进行试生产。试生产证明，轧制效率比锻打成球效率高了十多倍，劳动条件也有了显著改善。但由于废品率不断增加，最后生产被迫停止，这也给胡正寰留下了深刻的启示："实验室轧制哪怕只有 1%的成品率，就意味这项技术是有希望的，但工业生产哪怕只有 1%的废品率，也难以应用"。

经历了此次失败后，胡正寰与团队明白还需要攻克一系列关键技术问题才能把斜轧钢球变为生产力。为了让这项高效、绿色的先进技术转化为现实生产力，他和团队经过 15 年的艰苦工作，直到 1974 年我国第一条自行设计、具有自主知识产权的斜轧球磨钢球生产线在包钢投产，至今已生产了 50 多万吨高质量的钢球。

自 1958 年斜轧钢球技术研发开始，胡正寰带领团队专注于零件轧制成形技术的研究、开发与产业化工作，全面掌握并推广应用，经过数十年的不断奋斗，使中国成为世界上少数全面掌握该项高新技术国家之一。

数十年科研生涯，胡正寰创建了一套"三有"机制走出了一条特别的科技成果推广道路。"一有"是有团队，也就是要有"人"，"人"是科研的首位。胡正寰的团队中有四类人员，分别是研究人员、工程人员、技术工人和研究生，这四类人都不能少。首先，需要培养有创新精神的研究人员。其次，需要工程人员到现场解决实验中的各项问题。第三，需要技术工人。第四，需要研究生亲自动手做系统的规律性实验，轧出合格的零件。四种人才各司其职、分工明确，每一种人都是高效技术创新与成果转化这一整体链条上不可或缺的环节。"二有"是有基地，实验室便是科研中最重要的基地，凡是没有把握的产品，一律走不出实验基地。从 20 世纪 80 年代开始，胡正寰投入了大量的精力建设实验基地，同时还进行了模具制造中心的建设。1991 年 12 月 27 日，"高效零件轧制研究与推广中心"正式成立，胡正寰担任中心主任。经过多年的建设，该中心在轧制理论、设备设计、模具设计与制造等方面已经取得了一批国际先进、国内领先的科研成果。"三有"是有好用的设备。自 20 世纪 80 年代起，学校给胡正寰提供了实验基地。最初有 5 台斜轧机，后来还增加了 5 台模具制造机，在实验基地里，胡正寰完成了产品的无数次研发和测试。

从20世纪50年代至今，胡正寰团队在全国27个省区市及国外推广零件轧制生产线300余条，其中18条出口到美国、日本、土耳其等国家。开发投产的零件500多种，产品包括汽车、拖拉机、摩托车、球磨机、发动机、油泵、五金工具坯件等的轴类零件以及轴承、球磨机等的球类零件，累计生产600多万吨，产值600多亿元，节材60多万吨，把科研成果转化为现实生产力，成为胡正寰的毕生追求，科技报国的使命在他所挚爱的事业中绽放。

师德惟馨，为党育人孜孜不倦

钢铁是一个国家的重要物质基础，造汽车、火车、楼房，都离不开钢铁。建国初期我国的钢铁总产量不足世界千分之一，如今，我国的粗钢产量占全球总产量的比重已经超过50%。北京科技大学为我国成为钢铁大国、钢铁强国作出了突出的贡献。“我们想把好成绩和新发展汇报给总书记！”怀着这个初衷，北科大的15位老教授联名向习近平总书记写信：“我们中虽然不少人年事已高，但所有人初心如磐，拼劲不减。我们最大的愿望就是培养更多钢铁事业接班人，早日把祖国建设成为世界钢铁强国。”

在回信中，习近平总书记表达了对人才培养的殷切期待——“希望你们继续发扬严谨治学、甘为人梯的精神，坚持特色、争创一流，培养更多听党话、跟党走、有理想、有本领、具有为国奉献钢筋铁骨的高素质人才，促进钢铁产业创新发展、绿色低碳发展，为铸就科技强国、制造强国的钢铁脊梁作出新的更大的贡献！”

收到回信，胡正寰欣喜不已，“既是鼓励也是鞭策，有压力也有动力。”他说：“我国的钢铁事业在节能减排、绿色高效方面还有很长的路要走，虽然我今年已经88岁了，但我始终愿意、也一直在为国家培养更多的‘钢小伙’‘铁姑娘’，总书记的回信让我们深受鼓舞！”

作为一名大学教师，胡正寰将“崇尚实践”的精神通过言传身教传播给自己的学生。他常教导自己的研究生：“我们搞研究，就是要用于生产。”胡正寰指导自己的研究生，看中的绝不止于毕业论文和答辩。论文的内容要源自实验，科研成果要有助于实际应用，所提观点和理论要在实践基础上有所

升华。“既有丰富的理论知识，又有实践能力，我们就是要培养更多这样的人。”经过理论学习与实践，他所带的学生都能晓通理论、勤于实践，符合社会的人才需求。近70年的时间里胡正寰院士培养了一大批高素质学生，其中有相当一部分钢铁人才，为我国成为钢铁大国、钢铁强国作出重大贡献。

2021年4月，在迎接建党100周年之际，胡正寰院士在零件轧制中心会议室为同学们上了一堂生动的党史学习教育课。胡院士讲述了自己在少年时代亲身经历山河破碎、家国动荡后立志发奋图强，在党中央“解放思想、敢想敢干”的号召下，在北京钢铁工业学院努力求学并留校任教开展零件轧制技术研究与技术转化的人生经历和感悟。讲到动情之处，胡院士深切地说道：“是中国共产党使中国人民站起来了，党的初心和使命就是我坚持下去的动力!”他将自己对百年党史和红色基因的理解，通过个人成长与发展故事进行了生动阐释。同学们从以胡正寰院士为代表的老一辈冶金机械人奋斗史中体会到了他们孜孜不倦、勇攀高峰的科技报国情怀和爱党爱校、甘为人梯的初心使命。

零件轧制技术与装备梯队学生党支部书记许浩回忆，“作为胡院士的学生，我们对他的认识，是从一点一滴积累起来的，从他坚持艰苦朴素的生活作风；从他花费个人休息时间，以一名老党员的身份指导学生梯队党支部；从他每年风雨无阻地参加研究生毕业答辩、合影；从他饮水思源，回报故乡；胡院士的一言一行无不是对我们的激励、鼓舞。”受胡院士言传身教影响，梯队走出了一批以全国塑性工程学会零件轧制委员会主任王宝雨研究员为代表的高水平人才。梯队成员屡次在国际高水平期刊发表文章，多次获得国家奖学金、北京市优秀毕业生等重要奖项。

“杨愔重其德业，以为人之师表。”早在唐朝李百药所著《北齐书》中便有对为人师表一词的记载。尊师重教，为人师表是中华民族的传统美德，胡正寰院士一生师德惟馨，对母校的培养感念至深。作为北京科技大学首届学生，胡正寰表示：“我和我夫人都是学校培养的，很感谢母校在我还是年轻人时，就给予我基地、设备等支持。”他的夫人是北京科技大学56级校友，毕业后也在北京科技大学工作。因此在北京科技大学七十周年华诞之际，胡正寰院士与夫人余雪子向学校教育发展基金会捐赠个人积蓄300万元，成立

“胡正寰余雪子教育基金”，以支持学校教育事业发展与人才培养。

“这个奖项每年奖励约30名学生，不只看重论文，还奖励学生的创新想法与工作成绩。虽然很多创意不能马上转化为生产力，但未来谁又知道它们当中会不会孵化出改变生产力的重大项目?”胡正寰说。

“自强不息科技强国建功勋，良师益友教书育人铸辉煌。”作为北科大第一届学子，胡正寰院士以“钢铁强国梦”为终身期许和使命担当，把大半生奉献给了满井村。从青春年少到耄耋老人，博学慎思是他的治学态度，科技创新是他的奋斗目标，三尺讲台是他献身的舞台，甘为人梯、奖掖后学是“大先生”的育人初衷。他如淬炼的钢铁，严谨、火热而坚韧，而他也正是在笃志力行的探索与实践精神的支撑下，不断求得真学问，培育了一批批大英才，在北科大默默耕耘七十载，演绎了一段奋进的钢铁人生。

编辑　李鹏、魏雨昕、韩泓冰、尚恩东、刘逸哲

以赤子之心向岩层深处开掘

——记岩石力学与采矿工程领域专家中国工程院院士　蔡美峰

蔡美峰，江苏如东人，生于1943年5月，岩石力学与采矿工程领域专家，中国工程院院士。1978年进入北京钢铁学院（现北京科技大学）攻读采矿工程岩石力学研究方向硕士学位，1990年获新南威尔士大学矿山岩石力学专业博士学位，1992年任北京科技大学采矿系副主任，1994—2005年任土木与环境工程学院院长，2013年当选中国工程院院士。蔡美峰在采矿工程优化方面作出突出贡献，先后完成了包括30多项国家重点研发计划在内的近百项采矿基础理论和采矿工程科研项目，先后获国家科技进步奖5项、国家技术发明奖1项。他重视教育教学，先后培养博士后、博士、硕士累计近300人，任“矿业工程”国家一级重点学科博士点和力学一级学科博士点首席学科带头人至今，获得国家级教学成果奖二等奖1项，2008年被授予全国高等学校教学名师（国家级教学名师），2009年被授予全国模范教师，2010年被授予全国优秀科技工作者荣誉称号。

艰苦求学不忘初心，躬耕不辍赤心报国

1943年，蔡美峰出生在江苏如东黄海边的一个贫苦小乡村。1962年，他以高分考入上海交通大学。1978年，蔡美峰作为“文革”后的第一批研究生被北京钢铁学院录取。入学面试时，我国岩石力学学科领域的奠基人之一于学馥教授问他的第一个问题是：“以前你是搞上天（火箭发射）的，现在要入地，行吗？”蔡美峰坚定地回答：“行！我能吃苦，肯学习，干什么都行。”曾经采矿被认为没有学问，而受过工程力学本科训练的蔡美峰却看到矿产资源的开发和利用在国民经济发展中所起到的重大作用，认识到我国采矿工程和技术的科学水平与国外相比还比较落后，他深感自己有责任运用包括力学在内的现代科学理论和高新技术，为提高我国采矿工程和技术的科学水平作贡献。

1985年，蔡美峰被国家选派作为访问学者赴澳大利亚留学，一年后获澳方资助，兼攻博士学位，主要研究如何测量地应力。由于资金和人员缺乏，每次试验他都需要自己搬运几十公斤的岩石块，后来他的导师被调去研究其他项目，他却仍然坚持继续研究地应力，历经脑力、体力的双重磨炼，最终首次发明出了具有自主知识产权的地应力测量技术。蔡美峰担任悉尼地区中国留学生联谊总会主席、党支部书记时曾多次强调：“公派留学人员在国家需要的时候回国服务，这是天经地义的。”1990年10月，蔡美峰获得博士学位时，澳大利亚已经有几个单位邀请他留下工作，但他始终铭记祖国和人民的培育之恩，毅然决然放弃国外优越的工作和生活条件，怀着强烈的报国献身精神，带头为国效力，立志报效国家，重回北京科技大学当一名普通教师。

光明日报曾于1990年11月8日在头版头条，用整版篇幅发表该报驻堪培拉记者的专访《问渠哪得清如许》，并配发该报短评《新一代知识分子的风范》，介绍了蔡美峰教授的先进事迹。

革故鼎新勇做先锋，严谨治学率先垂范

回国后不久，蔡美峰担任北京科技大学采矿系副主任，立刻着手推广应用在国外研究的成果。1990年12月，他在山东新城金矿签订了回国后的第一个项目合同“新城金矿地应力测量及采矿设计优化研究”，开始了国内矿山的第一次地应力现场实测，并根据实测结果指导矿山的采矿设计与优化研究。在此基础上，他以第一技术负责人身份完成的“新城金矿复杂条件矿床采矿方法研究”于2000年荣获国家科技进步奖二等奖。

1994年，蔡美峰担任北京科技大学新成立的资源工程学院（2001年更名为土木与环境工程学院[1]）院长，注重并推进各专业的教学研究与改革创新。他提出将学院原有的四个专业合并拓宽成“矿物资源工程”一个专业，该专业于1998年被教育部正式列入《本科专业引导性目录》。1996年，他主导成立了“土木工程”和“环境工程”两个新本科专业，并亲自设计教学大纲和课程内容，强化专业基础知识和适应能力，注重与其他专业的交叉渗透，使得学生就业范围不断拓宽。在他担任院长的10多年间，新老学科都得到快速的发展，形成了矿业工程和安全科学与工程两个国家一级重点学科，力学、土木工程、环境科学与工程三个一级学科博士学位授权点，涵盖近20个二级学科博士学位授权点，为学校学科建设作出了重大贡献。他团结带领全院师生共同奋斗，使得矿业、采矿学科的教学、科研水平在国内处于领先地位。在2017年“软科”世界排名中，北科大的“矿业工程”位列世界第一。

蔡美峰始终清醒地认为：国运兴衰，系于教育；教育兴衰，系于教师。从1980年12月研究生毕业留校任教以来，蔡美峰先后开设“现代力学与方

---

[1] 现土木与资源工程学院，2016年环境工程系并入新成立的能源与环境工程学院，原土木与环境工程学院更名为土木与资源工程学院。

法”“岩石力学”“数值分析与人工智能在采矿和岩土工程中的应用”等10多门本科生、硕士生和博士生课程。在教学中，蔡美峰在注重基础理论教育的同时，更注重理论联系实际的教育，始终紧跟经济发展对人才的需求变化，以及学科科学技术的发展情况，不断更新讲授的每一门课程内容，加强本学科领域新理论、新方法和工程实用技术的传授，努力培养学生创新思维和解决实际问题的能力，将他们引领到学科前沿。在教学中还采用实物、演示多媒体、实验室和现场教学等多种手段增强教学效果，使讲课形式多样、生动活泼；同时融入大量的工程实例和研究成果，帮助学生理论联系实际，大大开阔了学生们的视野和思路。由于教学效果好、授课质量高，蔡美峰的课程深受学生的好评，即使已经毕业十几年的学生每每谈起蔡老师多年前的授课内容依然记忆犹新。

在长期课堂教学和科研实践的基础上，蔡美峰先后出版了多部学术专著和教材。他主编的普通高等教育“十五”国家级规划教材《岩石力学与工程》，是第一部岩石力学课程的国家级规划教材（2004年被评为北京高等教育精品教材，2005年获国家级教学成果奖二等奖），被全国数百所大学采用，受到师生普遍欢迎。

以身立教诲人不倦，德才兼备甘于奉献

40多年来，蔡美峰培养出了一批又一批的优秀本科生，同时还指导了近300名研究生和博士后研究人员。他始终以严谨的治学态度、强烈的社会责任感和勤奋的工作精神感染和影响自己的学生。他要求学生必须把基础打牢，能够深入现场搞调查、做研究，用开拓创新的精神和思维解决工作中的实际问题。他特别注重将课程领域的新理论、新方法、新技术、新成果，以及教学科研团队的最新研究进展与成果传授给每位学生。蔡美峰60多岁时，仍然奋战在下井、爬山等专业勘探工作的最前线，他和他学生的表现总是受到企业领导和现场工人的高度评价。蔡美峰这种勤奋的工作精神、广博的学识见解和在国内外的学术造诣，深深地感动着每名学生，他指导的学生绝大多数都非常勤奋、成绩突出，在学校每年不足10%的优秀博士学位论文评选中，

他指导的博士学位论文近30%被评为优秀论文。

“昨夜西风凋碧树，独上高楼，望尽天涯路。”如果将这一佳句比喻为做学问、干事业时甘于寂寞、坚韧不拔的境界，那么在蔡美峰的身上，可以找到完美的注脚。蔡美峰始终把为国家培育合格的人才当成自己义不容辞的神圣职责。“教书育人，如同植树造林，功在当代、利在千秋。人民教师就要奉献毕生的精力，当好为国家培育人才之林的辛勤园丁。”在教育战线辛勤耕耘多年的蔡美峰是这么想的，也是这么做的。他认为，一名优秀的教师，往往是学生心目中的偶像，对学生的思想品德、知识涵养、素质能力、性格特点和行为规范等诸方面，都会起到潜移默化的引导作用。因此，作为一名教师，必须要有高尚的职业道德，以高度的责任心和使命感去关心和爱护每一位学生；同时要有扎实的理论基础、渊博的学术知识、丰富的实践经验、严谨的治学态度和高超的授业艺术，用勇于探索的创新精神和实事求是的科学态度，将学生引领到学科前沿；在使学生获得知识的同时，培养学生发现问题、解决问题的能力和终身学习、终身探索的科学精神。

“做一个对国家有用的人”，怀揣着这一朴实而坚定的信念，蔡美峰走上了矿业开发与研究之路。无论是培养人才，还是科研创新、工程实践，他都倾其心智，躬耕不辍，忘我工作，无私奉献，用实际行动为党和人民奉献着青春和才华，体现了一名党员学者的远大抱负和高尚情怀，在国家矿业开发与研究方面作出了巨大贡献。他的很多学生如今也已成长为国家的栋梁，正在为祖国的繁荣和富强贡献着力量，这是他“引以为豪的终身成就”。

虽然已经年近古稀，但他从未停止过工作，因为他的信念未变，报国仍在进行中。近年来，他用大量精力研究如何全面推进素质教育，为国家培养急需的创新型工程科技人才。2022年4月13日，蔡美峰院士与夫人张贵银女士用个人积蓄，向北京科技大学教育发展基金会捐赠人民币300万元，成立“蔡美峰张贵银矿业教育基金”，以支持学校教育事业发展与人才培养。蔡美峰表示，“此次捐赠的想法和目的就是报答党和人民的养育之恩，报答学校的教育培养之恩，助推北科大矿业工程国际一流学科建设。”国家的发展离不开科学研究，北科大矿业工程国际一流学科建设离不开人才保障，科研成果的价值体现在推动社会发展、行业进步，祖国的未来要靠青年一代，此次捐款为北科大矿业工程学科人才培养提供了资金保障，有助于提升与丰富人才培养的层次和内涵，可以促进北科大矿业工程学科的繁荣发展。这是蔡美峰对母校培育之恩的回报，更是对后来学子的殷切期望。蔡美峰经历和见证了北京科技大学矿业工程学科的发展历程，始终关心和推动着矿业学科的发展，表现出了个人的担当，树立了优秀的榜样，起到了模范和示范作用。

七十多年的人生道路，对于蔡美峰来说充满了坎坷和艰辛。作为一名在艰苦环境中成长起来的学者和专家，蔡美峰以自强不息的精神和坚韧豁达的人生态度，在平凡的岗位上作出了不平凡的业绩。作为一名共产党员，蔡美峰忠诚于党的事业，在工作的各方面都起到了模范带头作用，用实际行动体现着共产党员的先进性。作为一名高校教师，蔡美峰多年的工作经历体现了新时代教师甘于奉献的时代精神、率先垂范的师德风尚和乐观进取的人生态度。“国家级教学名师”“全国模范教师”“全国优秀科技工作者”和“中国工程院院士”等荣誉，是对蔡美峰业绩和贡献的一种肯定和诠释。他用自己的顽强奋斗燃烧着壮丽的人生，照亮着最光辉的事业！

编辑　于宝库、李鹏、牛小萌、周道敏、赵倩

材料科技领域的“探路者”

——记金属材料及加工专家中国工程院院士　谢建新

谢建新，中共党员，湖南双峰人，生于1958年6月，工学博士，金属材料及加工专家、中国工程院院士。1982年2月毕业于中南大学，1991年3月在日本东北大学工学院材料加工学系获工学博士学位。1995年回国在北京科技大学任教授，历任材料科学与工程学院院长、北京科技大学副校长；兼任“十五”至“十二五”国家“863计划”新材料技术领域专家组专家、组长，“十三五”国家材料基因工程重点专项专家组组长，国家新材料产业发展专家咨询委员会副主任、中国材料研究学会常务副理事长、中国有色金属学会副理事长、中国工程教育专业认证协会副理事长、中华国际科学交流基金会副理事长等。长期从事新材料与制备加工新技术新工艺研究开发、工程化与应用，主要研究方向为金属控制凝固与控制成形、材料基因工程关键技术、材料智能化制备加工技术等，在电子信息用铜合金材料、高性能铝合金材料、高端制造特殊钢、新型高温合金、能源与舰船用热交换材料等方面取得系列研究成果。发表学术论文400余篇，出版专著5部、译著1部、教材1部，获授权发明专利110余项。获国家技术发明奖二等奖1项、国家科技进步奖二等奖2项、国家级教学成果奖一等奖1项、何梁何利科学与技术进步奖、全国优秀科技工作者、北京市劳动模范、北京市优秀共产党员等荣誉称号。

“把论文写在车间、写在现场，促进科技成果转化为生产力。”他在材料加工的科研、生产一线已坚守了近40年，与科研并肩相伴的岁月里，科研就是生活、生活亦是科研，他将自己的全部时间、精力都投入到挚爱的科研事业中。金属挤压技术、铜铝复合材料技术、材料基因工程技术，他时刻奋战在国家发展建设的主战场，将论文写在祖国的广袤大地上。读书、科研、育人是他人生的主旋律；严谨、勤奋、低调是他人格的代名词。他以战略家的眼光、科学家的严谨、实干家的务实不遗余力地致力于科学研究向生产力的转化，铸造属于“材料人”的时代序曲。他就是中国工程院院士、北京科技大学教授谢建新。

勤奋求学百炼千锤，赤子情怀心系祖国

1977年，恢复高考的灿烂金秋，谢建新考上了中南矿冶学院（现中南大学）金属压力加工专业。毕业后，在导师曹乃光副教授的推荐下，他以助教身份留校读研。硕士研究生毕业后，谢建新以优异成绩获得日本政府文部省（教育科技部）奖学金资助前往日本东北大学读博深造。读博期间，从自制试样坯料、加热设备，到车磨刨铣、样品加工，他样样都学、样样能干，很好地锻炼了动手实践能力。在其准备博士论文答辩时，导师高桥裕男教授对

他说：“你辛苦了，你的研究工作可以写两篇博士论文！”谢建新的工作得到了导师和材料加工系全体教授的肯定，就这样，他顺利获得博士学位并留任助教。任助教一年半后，又破格晋升为副教授。

1995 年 4 月，谢建新做了一个令他人难以理解的举动——毅然放弃在日本或去美国等其他国家发展的机会，举家回国工作。在刚刚回国工作的时候，科研工作起步很艰难，没有实验仪器他从自购螺丝刀、扳手、试电笔白手起家，没有办公室他就和另一位老师挤在 13 平方米的小房间，克服了许多我们今天难以想象的困难。起步期间，谢建新人缘很好又肯努力，当时所在的金属压力加工系的领导和老师都很关心他、支持他，他很快便启动了科研工作。1996 年 10 月，他担任新成立的材料科学与工程学院副院长，2000—2004 年担任院长。他恪尽职守、为人公平，得到了师生员工的高度认可。

数十年来，在谢建新的心里始终只有两件事——科研和教学。他孜孜以求，不忘科技报国的初心和使命，始终以解决国家战略需求为己任，不遗余力地致力于科学研究向生产力的转化，带领团队攻克一个又一个技术难关；不断开辟新的研究方向，追赶甚至超越发达国家的先进技术。对待教学，他更是一丝不苟、严肃认真。2019 年度“国家杰出青年科学基金”资助获得者刘新华研究员说：“因为相信而看见！谢老师像父亲一样温暖强大，他严谨细致的治学态度、律己宽人的行为示范，为我们打下了深深的烙印，让我们在工作生活中受益匪浅。”

迎难而上十年一剑，披荆斩棘尽显锋芒

谢建新是一位具有战略眼光的科技领军人才。早在 1998 年，基于我国铜资源短缺、60%以上依赖进口的市场现状，他敏锐地意识到节铜将成为国家的重大需求，由此开启了节铜型高性能铜铝复合材料的探索研究。以他在日本攻读博士学位时的研究为灵感，谢建新创造性地提出两种金属同时连铸直接复合制备铜铝复合材料的思路，历时近 10 年，成功发明出“一步制备高质量复合坯料的连铸直接成形技术”。2007 年，为了实现发明技术的工程化应用，他带领团队进驻企业开展研究，扎根生产现场，经常一干就是一个月。

经过团队的不懈努力，在铜铝复合的稳定性控制、界面控制和速度提升等关键技术上取得了重大突破。为采用连铸复合铸坯生产扁排、扁线和圆线等复合材料产品，谢建新带领团队突破了异种金属性能和变形行为差异大、加工过程中易开裂的瓶颈问题，发明了特种孔型轧制、强制润滑拉拔、在线连续退火等系列技术，开发了电力扁排和电磁扁线等复合材料产品短流程生产的全新工艺和关键设备。产品在航空航天、军事装备、高铁、新能源等领域获得广泛、批量应用。从提出思路、实验研究，到工程转化和产品规模化生产及应用，前后耗时近 15 年，该成果获 2014 年度国家技术发明奖二等奖。

谢建新总是以国家需求为己任，研发和攻关国家发展所需的关键技术。2000 年后，我国进入大规模基础设施建设时期，钎具是开山凿岩、隧道桥梁建设的关键工具，但当时国产钎具的产量和质量都不能满足喷发式增长的需求。2003 年，钎具特钢和钎具生产专业企业山东三山集团找上门来请求谢建新协助攻关以满足国家建设发展需要。为此，谢建新组织跨课题组研究团队与企业联合攻关，仅用三年时间就突破了高性能钎具特钢钢种、离心浇铸管坯制造、高端产品挤压生产等关键技术，大幅度提升产品质量和生产效率，典型产品使用寿命达到世界先进水平，国内市场占有率 30%以上。该成果获 2007 年度国家科技进步奖二等奖。除此以外，应广深蓝箭高铁示范线建设、国防科工等工程的迫切需求，在市场急需复杂大截面高性能铝合金型材的背景下，谢建新和西南铝加工厂❶、北京有色金属研究总院❷等单位组成联合研究团队，研发出成套大型挤压模具设计制造技术和高端关键铝材生产技术，打破了国外的技术封锁和产品垄断，为我国自主发展先进高铁和国防军工等尖端技术作出了重要贡献。该成果获 2011 年度国家科技进步奖二等奖。早在 2005 年前后，他还率先在国内开展智能化材料制备加工技术的研究并承担完成国家自然科学基金重点项目“材料智能化近终成形加工技术的若干基础问题”（2007—2010 年），由他研制的智能化无模拉拔设备成功实现工程化并转让企业应用。目前，他牵头组织国内优势单位开展航空关键金属构件智能制

---

❶ 现西南铝业（集团）有限责任公司。

❷ 现有研科技集团有限公司。

造研究，他提出的铸造、锻造和3D打印数字孪生技术研究在国际上具有开创性和引领性。

2011年，美国提出“材料基因组计划”，引起了我国材料科技界的高度重视，一大批杰出科学家迅速行动，通过中国工程院和中国科学院组织开展了广泛、长期的战略研究，并先后向国务院提交咨询报告建议尽快启动我国的材料基因组计划研究。谢建新积极参与其中，为促成材料基因工程作为国家“十三五”第一批重点专项的立项发挥了重要作用，得到了老一辈科学家的肯定。由于“十五”“十二五”期间担任“863计划”❶新材料领域专家组专家、专家组长、负责材料设计和制备技术方向的经历，科技部安排他担任材料基因工程重点专项专家组组长。一时间，他被推到了材料科技的最前沿，为此他自嘲道：“打铁的学起了材料基因。”事实上，在重点专项的推进过程中，谢建新充分发挥了战略科学家的重要作用。他主张中国的材料基因研究要突出工程化和应用导向的特点，因而在重点专项的命名上，没有沿用“材料基因组计划”，而采用了“材料基因工程”作为专项名称。他的观点得到美国材料基因组计划总统顾问、麻省理工学院G·奥尔森教授的认同，并获得美国TMS学会❷的认可。他带领专家组制定了面向原始创新能力提升、重视新材料工程化和产业化、具有中国特色的重点专项实施方案，主导了“十三五”国家层级的材料基因工程研究。为应对全球新一轮科技革命和产业变革的大背景下材料科技竞争的激烈态势，加快推动我国材料科技创新能力的提升和产业变革，谢建新又联合我国材料领域34位两院院士，向李克强总理提交了《关于制定“国家材料基因工程研究计划”的建议》，得到国务院领导同志的高度重视，李克强总理作了重要批示，直接推动了《国家材料基因工程计划（2021—2035）》的制定，有力促进我国未来中长期材料科技的发展。除此以外，他牵头成立“北京材料基因工程高精尖创新中心”，带领团队积极开辟前沿研究方向，在“数据驱动机器学习应用于合金材料”研发方向取得突破性的创新进展，在国际上产生了较大影响。

---

❶ 国家高技术研究发展计划，简称“863计划”。

❷ TMS学会，指美国矿物、金属与材料学会。

三尺讲台勤耕不辍，言传身教桃李芬芳

矢志开拓，教学改革创佳绩。谢建新提出“四阶递进，三体并举”的材料专业人才培养模式，鼓励材料学子自主学习、实践创新，2014 年获国家级教学成果奖一等奖；跨学科人才培养等教学改革探索项目，获省部级教学成果奖二等奖 2 项；他创办的“中国材料名师讲坛”，为本科生、研究生提供与国内外大师面对面交流的机会；面向学科前沿，他创新设立“八年一贯制”本博高精尖班，开设材料基因工程系列课程，在国内外产生较大影响。

寓教于研，课程开发受好评。谢建新结合课题组研究成果和材料科技发展前沿，先后开设四门研究生课程。1996 年刚从日本回国不久，他就结合自身研究课题和在日本期间收集到的资料，开设了硕士研究生选修课“复合材料制备与加工技术”，并自费印刷讲稿，受到学生好评。2000 年以后，又先后开设了“材料加工新技术与新工艺”“金属控制凝固与控制成形”“材料智能化制备加工技术”三门研究生课程，均为热门选修课程。

事事躬亲，人才培养结硕果。他十分重视自己所带的每一名学生在专业学习和科研能力方面的提升，所有博士生、硕士生的研究课题均来自国家任务、企业需求或学科前沿。学生培养的每一个环节，他都亲力亲为，从课题选题到中期汇报再到毕业答辩，绝不假手于人。他会认真听取每一名学生每一次的课题进展汇报，耐心更正实验细节，亲自修改论文报告。一篇期刊论文少则修改三五次，多则十余次，每次修改都是字斟句酌，连每一个标点符号的错误都改得清清楚楚，比学生自己都细致，课题组的学生到毕业时都会积累一沓厚厚的经谢老师仔细批改的文稿。尽管有些学生的指导老师是课题组的其他老师，但作为团队的大家长，他了解和关心每一位学生的学习情况和研究进度，对他们的研究课题严格把关。2020 年，面对突如其来的新冠疫情，许多研究生只能在家开展文献研究，面对“开题报告”这个开启科研的第一关，学生们对如何进行选题、如何写好开题报告、如何扎实科研基础存在诸多疑惑，为此谢老师亲自撰写《硕士研究生学位论文开题报告编写指南》，言之谆谆、情之切切，为广大研究生开启学术生涯提供了条理清晰、及

时有效的指导。

言传身教，科研精神代代相传。除理论知识外，谢建新的为学态度对学生们来说也是十分宝贵的“一门课”。他认为，做科研要勤奋、要有毅力，要实事求是、善于提问，要常怀好奇心与求知欲。只要没有其他事务，他每天都在实验室，学生给他发短信、打电话都能找到他。不论寒冬酷暑，他都是实验室走得最晚的人，这一点让很多学生自愧不如。谢建新常说，他并不认为自己才智过人，只是肯投入而已。他办公室的灯总是亮到最晚，给团队教师和学生起到了很好的示范作用。他以勤奋的态度、严谨的作风，言传身教，培养出大批具备扎实基础理论知识、能够解决科研和生产实际问题的优秀人才。现如今，他的大部分学生已经成为高等院校、科研机构和企业的教学、科研、管理、生产等岗位的骨干。

奖掖后学，家乡发展多助力。他始终关心家乡小学和初中母校的发展，为了支持荷叶镇拱石学校[1]的建设，积极争取 200 万元政府资金，新建了 1000 平方米教学楼，改善了学校的教学条件；2016 年获何梁何利科学与技术进步奖后，他将 20 万港元奖金全部捐赠给拱石学校，并自费设立拱石奖学金用以奖励品学兼优和家庭经济困难的学生。他亦十分关怀团队里的每一名师生，主动关心、支持存在困难的学生，解决他们学习生活中遇到的难题。

从敏而好学、孜孜不倦的进取之心，到结缘材料加工、坚定如磐的砥砺前行；从情之切切、宽严相济的言传身教，到守正创新、笃行不怠的兢兢业业；从传统材料加工技术的研发突破，到材料基因工程学科前沿的协同领跑，谢建新一直保持着好学、谦虚、朴素的为人作风，践行着严谨、求实、创新的为学态度，与时俱进、追求卓越，始终奋战在探索材料领域创新、服务国家发展需求的科技前沿、时代前列！

编辑　高晓丹、杨雨月、李娟

---

[1] 荷叶镇拱石学校，位于谢建新先生的家乡湖南省娄底市双峰县。

先进钢铁领域的“求索者”

——记先进钢铁材料及其低碳制备专家 中国工程院院士 毛新平

毛新平，中国工程院院士，北京科技大学终身教授，北京科技大学碳中和研究院院长，钢铁工业碳中和教育部工程研究中心主任。国家科学技术进步奖评审委员会委员，钢铁行业低碳工作推进委员会专家委员会主任，中国金属学会近终形制造技术分会主任委员，汽车用钢开发与应用技术国家重点实验室、海洋装备用金属材料及其应用国家重点实验室学术委员会主任，国家重点研发计划项目首席科学家。长期从事先进钢铁材料及其低碳制备技术研究，获得国家科技进步奖二等奖3项、省部级科技进步奖一等奖9项、出版专著4部，发表论文200余篇。曾获

全国劳动模范、全国五一劳动奖章、何梁何利基金科学与技术创新奖、光华工程科技青年奖、魏寿昆冶金青年奖、首批“万人计划”百千万工程领军人才和首届杰出工程师奖。

心系钢铁志报国，薪火传承育新人

钢铁号称“工业的粮食”，钢铁工业是中国新型工业化进程中的基础产业和重要的支撑产业，是承担国家产业责任的主要载体。为了让青年学生更多地“了解钢铁、理解钢铁、懂得钢铁”，2020 年 4 月，由毛新平主讲的“大国钢铁”课程重磅推出。“通过开设这门课程，我们希望同学们能够深入了解中国钢铁工业的过去、现在以及未来；要从前辈们的手中接过火炬继续攀登高峰，认识青年一代的历史使命与责任担当，树立‘科技报国、科技强国’的远大理想。”谈及开设这门课程的缘由，毛新平在接受人民网采访时表示。

毛新平在“大国钢铁”第一讲“钢铁强国之梦”中指出，中国已经是钢铁大国，但还不是钢铁强国。他重点围绕“如何成为世界钢铁强国，在生产经营、结构调整、创新能力等方面如何转变，才能加速中国钢铁工业由大变强的进程，实现成为世界钢铁强国的目标，支撑 2035 年基本实现中国特色社会主义现代化的总目标和强国梦”这一主题展开，从新中国成立以来的钢铁工业发展史讲起，深入浅出地描绘了一幅未来中国钢铁工业的蓝图。同时从生态文明的角度出发，举例说明现代钢铁工艺的发展，表明未来钢铁业发展的方向是智能化、绿色化和服务化，在大数据应用发展的背景下，钢铁行业迎来了新机遇，“绿色、智能冶金”迎来了新前景。

北京科技大学的前身是北京钢铁工业学院，自建校以来，始终以促进钢铁冶金行业科技进步为己任，被誉为“钢铁摇篮”。新时代前进征程上，“振兴中国钢铁工业、实现钢铁强国梦想”仍然是北科人的初心和使命。毛新平指出，北科大开设“大国钢铁”课程，跟同学们讲科学、讲历史、讲传承、讲未来，具有显著的现实意义。“大国钢铁”课程从文化视角出发，把学校学科背景、行业特色和文化渊源融会贯穿其中，在培育学生文化自觉、塑造理想人格、凸显人文关怀、促进学生全面发展等方面发挥着重要作用，也是学校实施大学文化精品战略和发挥校史育人作用的重要一环。

敢为人先拓科研，勇于开拓立新功

钢铁是国民经济、社会发展和国防建设所需的支柱性基础材料。目前我国钢铁工业以铁矿石为主要原料，存在制造流程长、碳排放总量大、原料对外依存度高、产品综合性能有待进一步提升等问题。毛新平带领团队牵头承担的“变革性低碳钢铁制造流程理论与技术”项目获得2022年国家自然科学基金重大项目资助，该项目以碳中和国家战略为导向，以构建“再生钢铁原料+电炉炼钢+近终形制→高性能钢铁材料”变革性低碳制造流程为目标，通过开展系统深入的研究工作，阐明残余/合金元素耦合作用对材料性能的影响机制，探明再生钢铁原料电炉炼钢深度净化机理，提出变革性制造流程材料成分设计原理，揭示基于典型近终形工艺的材料强塑化与耐蚀机理，解决以再生钢铁原料低碳地制造高性能钢铁材料这一钢铁行业瓶颈问题，为实现钢铁工业碳中和战略目标提供坚实的科学依据和有力的技术支撑。

此外，面向国家重大工程需求，毛新平作为“十三五”国家重点研发计划项目“高性能桥梁用钢”的首席科学家，带领团队完成了690MPa级超高强低屈强比桥梁钢、2000MPa级桥索钢等桥梁建设关键材料全链条开发，构建出我国具有国际领先水平的桥梁用钢铁材料新体系，使我国桥梁钢板从500MPa级跨越了550MPa级、620MPa级，直接达到比肩国际领先水平的690MPa级，使我国桥梁缆索从1770MPa级大幅提升至2000MPa级，高于国际先进水平的1960MPa级，有力支撑了全球首座主跨超千米的公铁两用斜拉桥的建设。项目成果成功应用于沪苏通长江大桥、芜湖长江大桥和武汉汉江湾桥等特大型桥梁工程，为我国“一带一路”倡议的实施和重大桥梁工程的建设奠定了基础，使我国桥梁建造达到国际领先水平。

毛新平还带领团队开展“面向碳中和的高性能汽车白车身用钢开发与应用”项目研究，提出了基于薄板坯连铸连轧的新的技术路线，与传统流程相

比，可省略冷轧和退火工序，制造过程简约高效，全生命周期减碳10%以上，绿色生态效果显著。同时，毛新平带领项目组进一步发挥薄板坯连铸连轧流程的工艺特点和物理冶金特征，研制出340～500MPa级低合金高强钢、600～1180MPa级双相钢、1500～2000MPa级热成形钢、780～980MPa级复相钢、980MPa级淬火配分钢等7大类高性能产品，实现了汽车白车身用钢材料的全覆盖。目前，项目所研制系列高性能材料已经在国内主要汽车企业得到了规模化应用，为汽车行业的绿色转型提供了重要的低碳材料支撑，创造了良好的经济和社会效益。该项目荣获2023年冶金科学技术奖一等奖。

立足国家大战略，推动行业大变革

钢铁工业的快速发展有力支撑了我国国民经济、社会发展和国防建设。然而钢铁行业仍属于碳排放和能源消耗密集型产业，2022年我国钢铁工业CO_2排放量约为18.6亿吨，占全国的16%。为实现碳中和国家战略目标，钢铁工业低碳发展、绿色转型的责任重大。

在北京科技大学建校70年校庆前夕，习近平总书记给北京科技大学老教授回信。回信字里行间情真意切，充满了总书记对北科大学校发展、学科建设和人才培养的肯定和期许。在“回信”中总书记提出希望北科大能够“促进钢铁产业创新发展、绿色低碳发展”的期望。如何达到总书记的期望成为北科大人未来最重要的任务。

因此，在毛新平的策划与指导下，北京科技大学碳中和研究院于2023年4月22日举办了“第一届钢铁工业碳中和创新论坛”，汇集了相关领域领导、冶金、材料领域的院士、知名专家学者以及工业界人士共同探讨可持续的钢铁工业发展政策及方向，推动钢铁工业的碳中和技术创新，加速钢铁工业向绿色低碳方向转型，同时推进国家环保和低碳发展政策的实施，推动“双碳”目标下钢铁工业高质量发展。毛新平在论坛报告中聚焦钢铁工业碳中和，对积极推进稳步实现碳达峰、碳中和进行了全面的总结，并针对废钢利用等有助于钢铁工业碳中和的总体情况进行了展望。

本届钢铁工业碳中和创新论坛是在党的二十大报告强调“积极稳妥推进

碳达峰碳中和”的背景下召开的，学校以及冶金行业全体科技工作者始终坚持“四个面向”、紧密围绕国家“双碳”目标，以此次论坛为契机进一步加强交流合作，推动学科交叉融合、产教学研融合，为切实推动钢铁工业碳中和、促进钢铁产业创新发展、绿色低碳发展，为铸就科技强国、制造强国的钢铁脊梁作出新的更大的贡献。

作为钢铁工业绿色低碳发展领域的专家，毛新平多次在行业重要会议论坛中发表讲话，对我国实现钢铁工业碳中和发挥了重要推动作用。

中国金属学会近终形制造技术分会于2023年4月24日在唐山曹妃甸举办了“2023年近终形制造技术高端论坛”，毛新平作为该分会主任委员出席会议并发表了高站位、前瞻性讲话。他指出“近终形制造技术具有流程简约高效，资源使用效率更高，废弃物以及温室气体排放更少等显著特点和优势，在‘双碳’背景下，学界和业界对近终形制造技术给予了高度重视。”同时他还从两个方面归纳了近终形制造技术的竞争优势。其一，从低碳和碳中和角度来讲，近终形制造技术更加紧凑、更加简约高效，能耗更低、二氧化碳排放显著减少。其二，近终形制造技术有不同于传统流程的化学冶金和物理冶金特点，反映到产品的定位、竞争力方面有显著不同。

在2023年7月13日召开的第十五届中国金属循环应用国际研讨会暨中国废钢铁应用协会七届三次会员大会上，毛新平在做题为《再生钢铁原料的高质化利用》的报告时指出：“在‘双碳’背景下，再生钢铁原料将成为我国钢铁工业生产的主要原料，采用再生钢铁原料组织生产是实现钢铁工业碳中和的重要路径。因此，其高质化利用势在必行。”实现再生钢铁原料的高质化利用，残余元素的问题必须解决。毛新平表示，“还可以通过采用新的工艺技术，实现残余元素从有害到无害的转变，生产出高性能的钢铁材料。”例如，利用近终形制造快速凝固和直接轧制的技术特点，可以解决残余元素的偏析、偏聚的问题，提高容忍极限；充分发挥近终形特点和部分残余元素对材料强度、耐蚀性能的有益作用，研发出高性能的钢铁材料。

在2023年9月19日召开的第五届全球重大挑战论坛上，毛新平作题为《中国钢铁工业碳中和愿景及技术路径》的主旨报告。他指出，全球气温上升带来的气候变化给人类可持续发展带来了巨大危机，降低碳排放是解决危

机的重要途径之一。自《巴黎协定》以来，碳中和已成为世界主要国家的共识。钢铁是重要的基础结构材料，但与此同时也是资源和能源密集型的行业。近 30 年来，中国钢铁工业的绿色化取得了显著进步，吨钢二氧化碳排放降低了约 50%，但是由于产量大，碳排放总量高。在考虑中国资源禀赋、能源结构和发展现状的基础上，以资源、能源结构调整为依托，以流程优化、能效提升和工艺突破为主线，以绿色低碳产品、产业链协同为保障，中国钢铁工业提出了“双碳”六大技术路径以及 2030 年实现碳达峰、2060 年实现碳中和的发展愿景。

黑发积霜织日月，粉笔无言写春秋

古人云：“师者，人之模范也”，毛新平深知“育人者必先育己，立己者方能立人”。毛新平有一本随身携带的工作日历，里面密密麻麻写着每天要做的事情，他表示时间有限，要规划合理才能高效利用。人生应该明确自己的目标，及早规划，让短暂的生活更加充实。在他的言传身教中，越来越多的同学也开始用这种方法规划自己的生活。他坚持每周跑步 2~3 次，每次 5 千米。在他的带动下，学生们也积极运动，用实际行动践行着“为祖国健康工作六十年”的目标。

在传授专业知识的同时，他还不忘对学生思想道德品质的培养。毛新平经常为学生讲解北科大“求实鼎新”的校训精神。他表示，“求实”代表了学校恪守学术规律、追求科学真理的价值取向；“鼎新”意为树立新的标准、风气等，体现了学校坚持与时俱进、不断开拓创新的精神特征。“求实鼎新”既是对学校“学风严谨、崇尚实践”优良传统的传承，也是对全体北科大人实事求是、敢为人先、勇于创新的激励和号召，更是学校深化改革、科学发展、不断铸就新辉煌的有力宣言。

为了更好地培养钢铁工业碳中和的专业人才，在毛新平的带领下，碳中和研究院联合校内冶金工程、材料科学与工程、动力工程及工程热物理、环境科学与工程以及计算机科学与工程多个优势学科，自主设置碳中和科学与工程交叉学科并成功获批，目前具备碳中和专业研究生招生资格，本科生课程设置及发展目前正在布局筹划中；同时，面向我国钢铁工业碳中和重大战略需求，集成北京科技大学在材料、冶金、能源、环境、计算机、矿业、安全等学科优势资源，牵头申报并获批“钢铁工业碳中和教育部工程研究中心”。构建了碳中和科技创新体系和人才培养体系，切实提升了科技创新能力和创新人才培养水平。

提到心中的钢铁强国梦，毛新平表示钢铁的发展需要充分满足经济社会和国防的需求。同时，也要在全球钢铁行业的诸多领域中起到引领作用。进入新时代，我国钢铁行业已经在部分领域处于领先地位，但是在“碳达峰”“碳中和”的背景下，钢铁产业还面临着诸多挑战。钢铁行业必须基于创新工作，2060 年宏伟目标的实现，需要年轻的科技工作者投身于伟大的钢铁事业中，青年同学责任重大、使命光荣。他强调，每个学校都有自己的使命，我们每个人也应当有自己的使命，做自己国家、民族的标杆，希望青年学生能够学以致用投身到科技报国的时代潮流之中。

钢铁强国担使命，科技报国铸初心，言传身教展担当！毛新平一直从事先进钢铁材料及其低碳制备技术研究，胸怀“钢铁强国，科技报国”远大理想，三十多年如一日。毛新平为人品高德馨、谦逊豁达，他严谨治学的科研理念、甘为人梯的育人精神、事必躬亲的处事风格和健康向上的生活态度，受到广大教师与学生的尊敬和喜爱。科研工作中，毛新平率先垂范，引导和带领团队以解决实际需求为导向，将理论与实践相结合，以科研工作赋能钢铁实业。教学工作中，毛新平严谨认真，用每一次孜孜不倦的教诲，每一轮深入浅出的指导，深刻践行他教书育人的理念追求。团队管理中，毛新平周到细致，小到实验室规划建设，大到项目涉及领域的未来发展方向，他都能在百忙中全面把关，并给出中肯建议。“路漫漫其修远兮，吾将上下而求索”，这是毛新平常跟团队说的一句话。他是这么想的，也是这么做的。

编辑　王祎炜、孙宏伟、杨志伟

用创新引领行业发展，用实践坚守报国初心

——记工程结构专家

中国工程院院士　岳清瑞

岳清瑞，黑龙江齐齐哈尔人，生于1962年1月，工程结构专家，中国工程院院士。现任北京科技大学城镇化与城市安全研究院院长、深圳市城市公共安全技术研究院名誉院长和首席科学家、国家城市安全发展科技研究院（基地）院长等，兼任中国钢结构协会会长、住建部建筑工程抗震设防专家委员会主任、《工业建筑》编委会主任委员、《钢结构（中英文）》编委会副主任委员兼主编等。长期担任科技部社会发展、新材料、科技平台等领域专家和住建部、应急部科技委专家。一直致力于工程结构诊治、土木工程FRP新材料及结构应用、城镇建筑与基础设施

安全领域的理论研究、技术开发、标准编制、工程应用和产业化工作，解决了大量国家和行业重大工程技术难题，科研成果广泛应用于各类建筑及基础设施的工程诊治、性能提升，并推动了我国土木工程新材料与新结构发展。主持完成国家级各类研发项目 10 余项，主持编制 20 余部国家及行业标准，出版专著 3 部，发表论文 200 余篇；获国家科学技术进步奖二等奖 3 项、各类省部级科技奖 10 余项等。2017 年 11 月当选中国工程院院士。

心怀大志自强不息，躬身实践笃学不倦

岳清瑞 1962 年 1 月出生于黑龙江省的第二大城市——齐齐哈尔。齐齐哈尔曾是黑龙江省会，是国家“一五”以来重点建设的老工业基地，拥有苏联援建的“156 项”重点工程中的中国一重、北满特钢、富拉尔基热电厂等，亚洲地区最大的铁路货车生产基地齐齐哈尔车辆厂和位居中国机床行业“十八罗汉”前列的齐重数控和齐二机床等，在共和国工业发展史上具有举足轻重的地位。直至今日，齐齐哈尔市的车辆、钢铁、机械、农业行业仍享有盛誉。得益于生长环境的熏陶，岳清瑞自幼就对钢铁、煤炭、机械等现代化工业充满了好奇与向往，并在课程学习中产生了对物理学科的浓厚兴趣。父母虽然不太懂专业技术，但在岳清瑞的求学路上，一直给予他鼓励与支持，希望他能踏入高等学府学习，在家庭的期盼与鼓励下，年轻的岳清瑞怀抱着理想和期望，刻苦学习，因为出色的物理成绩，立志报考北大物理系。机缘巧合，高考时他的物理成绩并不理想，反倒是化学获得了满分的佳绩。1980 年，正值改革开放初期，在这转折的关键时期，18 岁的岳清瑞风华正茂，在自身矢志不渝的努力和家庭一如既往的支持下，成功被清华大学土木工程系录取，攻读结构工程专业，开启了他人生中一段关键的求学历程。

景仰天道之极则，自强不息，俯察地理之妙旨，厚德载物。湖光秀丽的清华园，严门槛、足后劲，天下英才近悦而远造，求知问识寻荷塘月色之踪迹。在清华土木工程系的五年，岳清瑞忘我地投入到知识的浩瀚海洋，在那

个刚刚恢复高考不久的年代，能有幸不受约束地学知识、做学问，能有幸在宽敞明亮的教室里聆听知名教授的课程，能有幸与同学们“抢占”图书馆，能有幸与全国各地的佼佼者并肩作战努力求学，对年轻的岳清瑞来说都是十分珍贵的经历和体验。他深知，希望只有和努力勤奋做伴，才能作色添彩。五年大学生涯里，他静养学识，潜心治学，同窗之友情、老师之教诲，恩师陈肇元院士的殷殷教导与鼓励，使他知行结合、躬行实践，严谨为学、诚信为人，打下了牢固的专业知识基础和深厚的理论储备，有了向科学研究进发的基础。

1985 年岳清瑞毕业于清华大学土木工程系获工学学士学位后，1988 年毕业于冶金工业部建筑研究总院获工学硕士学位。

投身科研开拓创新，潜心治学立业报国

离开校园的岳清瑞曾多次向自己提问：“到底什么是科研?”“如何利用所学报效祖国?”他深知仅仅局限于对数据的分析研究并不能取得高水平的科研成果，“什么是有效的科研?”“怎样能真正实现立业报国?”带着这些问题，他积极投身实践工作，在一次又一次的尝试中不断寻找答案。

改革开放以来，中国城镇化进程加快，房地产市场飞速发展，既有建筑的存量快速增长，与此同时，大量建筑工程仓促上马造成工程在勘察、设计、施工以及维护管理方面可能存在着一定的缺陷，另外，自然灾害也可能对建筑本身造成一定的影响，因此，对建筑结构的可靠度进行鉴定评估，对建筑结构的质量及安全性得出科学、公正、准确的技术分析数据，并采取有针对性的加固维修措施，是当时迫切需要解决的问题。岳清瑞率先在国内系统开展了以冶金工业建筑物为代表的建筑可靠性检测鉴定与加固改造技术研发与推广。年轻的他深入武汉钢铁做工业建筑诊治的一系列基础研究工作，从工业港的原料码头到焦化、烧结车间，再到初轧厂、大型厂，从单层工业厂房到通廊、炉窑和烟囱，一干就是 10 年。这 10 年间，岳清瑞的足迹遍布了武钢的每一个角落，在努力攻坚克难的过程中，他心中关于“到底什么是科研?”“如何利用所学报效祖国?”的答案也愈发明了——“要始终紧密贴合

生产建设一线”“要在分析研究的基础上实践”“要在实践中创造价值”。

参悟了科研的意义后，他用实际行动诠释着如何做到紧密贴合生产一线，如何在实践中创造价值。一次，为进行一项重要的实验数据采集，岳清瑞穿着工装，顶着30多度的高温，独自一人登上了120多米高的烟囱进行检测。那时的安全和检测装备不像现在这样完善，长时间保持不动使他的工装不断被汗水浸湿，以至于衣服干了脱下时可以“硬挺挺”地立在地面。“当时觉得挺苦，但是当工作取得新进展，那种获得感、满足感远远高于所受的苦”，经历和磨难内化为他前进道路上的勇气与能量，让他在科研的道路上愈加勇毅和坚定。长期的基层一线工作经历也让岳清瑞深刻地明白一个道理，必须要在实践中检验、在实践中发展、更要在实践中创新。创新是行业发展不竭的内生动力，也是推动国家和民族发展的重要力量。而岳清瑞在推动行业与国家前进的道路上，步履匆匆，一刻不停。

纤维材料开创先河，打破桎梏实现与国际接轨。中国碳纤维行业发展较晚，始于20世纪70年代。1996年，在国内还没有人关注到碳纤维复合材料的时候，岳清瑞便开始着手纤维增强复合材料在土木工程应用研究，一步步开始立标准、搭平台、寻支持，不断推动纤维增强复合材料的发展。那时，部分发达国家对该项技术严格保密，岳清瑞及团队只能凭借有限的资料在摸索中不断前行。通过多年持续的创新和投入，终于成功打破了技术封锁，也打破了以往只能靠混凝土加固等传统方法的弊端，解决了多个我国工业及民用建筑修复难题，促使我国建筑领域技术研发迅速赶上世界先头部队。岳清瑞团队参与的三亚体育场项目是碳纤维索结构在大跨度体育场实际工程中的首次大规模应用，属国际首创，具有重要的引领作用和里程碑意义。此外，他对于碳纤维方面的创新与研究，还为川藏铁路的建设奉献了一份创新的力量。2021年，以北京科技大学为负责单位，岳清瑞成功申报了“十四五”重点研发计划项目“川藏铁路大吨位复合材料拉索”，将利用碳纤维复合材料拉索轻质、高强、耐腐蚀、抗疲劳、温度变形小等优点，研发应对川藏铁路桥梁恶劣服役环境和维养难题的重要方案，进一步研究未来大跨度桥梁的重要革命性材料。

研发地缘型材料，创新助力南海岛礁建设。“岛上的砂石比陆地的油贵上

百倍”，在南海岛礁建设中，既要考虑建设技术，更要考虑建设成本，陆地运送混凝土材料会大大增加成本、严重制约建设速度，同时海洋环境对材料服役寿命影响严重。为此，岳清瑞亲自带队前往建设前线实地考察。面对恶劣的天气和剧烈的船只颠簸，他从未展现出任何的畏难情绪。“关乎国家领土完整和安全的国防事业，哪怕时间紧、任务重，也必须要全力以赴，务须功成”。经过团队长期的研究和实践，一种新的高性能低成本地域性混凝土材料和结构——海水海砂混凝土和纤维复材筋海水海砂混凝土结构成功问世。不仅混凝土材料可以就地取材，大大地降低了建设成本，极大地提高了建设效率；而且纤维复材筋具有优良的耐海洋腐蚀性能，极大地提高了耐久性能，对我国海洋工程建设具有重大意义。

学为人师行为世范，反哺育人春风化雨

满载荣誉反哺育人，严谨治学立德树人。岳清瑞满载荣誉重返象牙塔，投身育人一线，以丰富的生产经验反哺教学，以严谨的治学精神立德树人，引领推动土木工程学科教育培养模式改革，示范带动学校相关学科的融合发展、协同进步。

岳清瑞以平台建设为依托，以科技项目为纽带，紧紧围绕国家和北京市发展战略需求，充分利用自身理论知识和实践经验，不遗余力地培养学生。岳清瑞院士还担任北京学者学术导师，为国家和北京市培养出一大批土木工程领域紧缺型人才。岳清瑞院士始终秉持着踏实、严谨的育人理念，践行着学为人师、行为世范的育人模式。他坚信，育人与传承“不要过于功利化，要有一种功成不必在我的心态和胸怀”。他强调，学习和沉淀是关键的，“多学习多了解，基础打得越厚，路才走得越远，取得的成绩也会越来越多”。在这样一个信息爆炸、知识获取极为便捷的时代，他希望学生能够“慢一点，静一点，定一点”，不忘初心，坚定追求知识和真理的信念；在这样一个金融造富、地产称王的时代，他希望学生始终不忘技术报国、事业兴邦的赤诚之心，能甘于平凡，守住寂寞，但绝不能平庸地活，要做对社会有用的人。他致力于给学生们提供广阔的视野，他相信，在今后多文化、多学科深度融合

交叉的时代，只有学生拥有更加广阔的视野，才能立于不败之地。“要想改造一个世界，首先必须融入这个世界、认识这个世界。”

与时俱进迎接新篇，报国实践脚步不止。2021 年，依托北京科技大学，岳清瑞团队牵头申报并获批国家自然科学基金重大项目“重大基础设施服役安全智能诊断研究”，该项目通过工程诊断与数据智能融合，研究感知数据获取融合、性态数据特征提取、性能数据集成挖掘、时变数据智能推演的理论与机制，突破多元感知协同融合、性态信息提取识别、并行驱动反演评价、融合推演时变预测的关键科学问题，建立结构多元服役信息智能感知、广域服役性态智能识别、多维服役性能智能评价、全时服役演化智能预测的理论与方法，构建服役安全智能诊断基础理论体系，奠定多元、广域、多维、全时服役安全智能诊断基础，将突破传统服役安全诊断方法不能诊、不精准、不及时的瓶颈问题，建立智能诊断基础理论体系，保障重大基础设施服役安全，进而支撑公共安全和防灾减灾国家重大需求，推动建筑业碳减排和“双碳”目标❶实现，引领土木工程智能诊断世界科技前沿。未来，作为北京科技大学城镇化与城市安全研究院院长，岳清瑞将在学校大力支持下，依托科研实践，持续提升学生的创新奋斗精神，为党和国家培养更多高素质优秀人才。

2022 年 4 月 21 日，习近平总书记给北京科技大学老教授们的回信深深鼓舞了岳清瑞，他深入学习、反复体会。他坚信有总书记重要回信精神做指引，怀着对祖国建筑事业的热忱，以实践为立业报国之根本，在实践中培养创新，在科技报国的道路上我们必能笃定而奋进。

求学勤恳、治学严谨、教学有方，怀着对祖国工程建筑事业的热忱，岳清瑞发挥自身在工程科技领域的专业特长，聚焦国家战略需求，在工作岗位上勇于创新敢于突破，扎根工程项目一线 30 余载，在科技创新与解决企业生产实际问题方面具有高深的学术造诣和卓越的实践能力，带领团队在结构诊治、建筑材料、建筑工业化等多个建筑工程领域取得了累累硕果，为世界相

❶ 即 2020 年 9 月中国明确提出的于 2030 年实现“碳达峰”、2060 年实现“碳中和”的目标。

关领域的技术进步提供中国方案，一步一个脚印笃定地前进在科技报国的道路上，用创新实践为祖国的现代化事业作出贡献。他用奋斗谱写属于实干家的壮丽图画，用行动践行属于创新者的开拓精神，用情怀彰显属于教育者的博大胸怀!

编辑　于宝库、张昱、李娟

纳须弥于介子，守正道利天下

——记纳米材料领域专家
中国科学院院士　张跃

张跃，湖南长沙人，生于1958年，材料物理和纳米材料专家、中国科学院院士。北京科技大学教授、博士生导师，国家杰出青年科学基金获得者、国家重大科学研究计划和重点研发计划项目首席科学家、国务院学位委员会学科评议组材料科学与工程组成员、国家重点研发计划“纳米科技”重点专项总体专家组成员、中央军委“新型军事能源技术”专家组成员、教育部科技委国际合作学部委员、英国皇家化学学会会士；担任北京市新能源材料与技术重点实验室主任，兼任中国体视学会理事长、党委书记及材料科学分会主任委员、中国金属学会常务理事及材料

科学分会理事长。他长期从事低维半导体材料及其服役行为的研究，致力于将材料研究和国防重大需求相结合，在基础理论、制备技术和工程应用方面作出了系统性、创新性重要贡献。主持承担重大科研项目60余项，在国内外期刊发表SCI论文400余篇，SCI他引万余次，授权专利50余项，撰写出版中文专著7部、英文专著4部。以第一完成人获国家自然科学奖二等奖1项，省部级科技成果奖一等奖3项、二等奖2项。

疾风知劲草，板荡识诚臣。张跃的成长经历不是一帆风顺的，甚至充满着波折苦难与跌宕起伏。然而时势造英雄，在艰苦和曲折的环境中破茧成蝶的他，烙印着一种特殊的气质，那是敢闯敢拼的必胜信心，坚忍不拔的执着信念。在一次次争夺材料领域科学研究前沿阵地的“战役”中，他带领团队勇闯科研“无人区”，最终在纳米材料的基础理论与应用技术方面取得了一系列重要成果和重大突破。

厚植信念坚韧无悔，全力以赴求学问道

1977年，高考恢复，张跃为握住这次难得机会，他白天出工劳作，晚上熬夜复习。时值寒冬，在昏暗的柴油灯下埋头苦学到深夜的他，每天都被冻得手脚麻木。最终，凭着长期积累的扎实的文化课基础，张跃如愿考入武汉水利电力学院（现武汉大学），叩开了象牙塔的大门。走入大学校园，张跃再次感受到了科学文化知识的重要性，更加珍惜来之不易的学习机会，开始孜孜不倦地学习。四年大学生活中，他除了吃饭、睡觉和锻炼身体，其他时间几乎全部用于读书。四年苦学，他打下了扎实的专业基础。本科毕业后，张跃被分配到武汉钢铁学院工作，开始担任助教。

张跃认为大学四年是他人生中最重要的时光。在这四年里，他的思想逐渐走向成熟，形成了正确的世界观、人生观、价值观，也正是从那时起，他看到一代又一代矢志报国的科学家以深厚爱国主义情怀、精湛的学术造诣和宽广的科学视野前赴后继、接续奋斗，为祖国和人民作出了重大贡献。在这种精神的感染下，他坚定了追求真理、科研报国的理想信念，引领他走过之

后人生阶段。

1987 年，凭借着对科学研究的满腔热忱和对北京钢铁学院的向往，张跃通过统考获得了在北京钢铁学院金属物理专业继续深造的机会，开启了研究生求学之路。读研期间，张跃一直都保持着努力的学习状态。为攻破北京亚运会亚运村中公寓红色瓦片所用的新材料，他和团队的几名研究生在廊坊的一个轧钢厂的车间里一待就是半年，边生产、边研究。为了获得准确的生产工艺条件，每次生产试验刚结束，张跃就和团队成员顶着弥漫的粉尘，第一时间冲进还有高温余热的热处理炉窖里，测量每一个工艺参数。从实验室到工厂，从工厂再到亚运村，他们最终按时圆满地完成了研制和生产任务。

1989 年，经导师同意，张跃开启了攻读博士研究生的新阶段，并迎来了一项新的挑战：钛铝金属间化合物断裂研究。

为解决如何对材料进行切割和加工的难题，张跃几经周折找到了一个专门做机械加工的科研单位，耗时半年成功将样品冶炼出来，他才开始进行钛铝合金的应力腐蚀和氢脆断裂研究。在研究过程中，他发现了第三种应力腐蚀现象——相间应力腐蚀现象，这个发现开创性地丰富了断裂力学与分形理论，张跃也因此以第一完成人身份获得了教委提名国家科学技术奖一等奖。

坚守信念脚踏实地，潜心科研矢志报国

博士毕业后，张跃先后在武汉理工大学和北京科技大学组建了课题组，凭借“拼命三郎”式的工作作风，张跃拥有了更多与导师深入探讨学术前沿问题的机会，这也帮助他积累了丰富的科研经验，使得他对世界科技前沿问题有了更深入的体会和更全面的认识。特别是他在博士课题研究过程中创新性地将新兴的纳米科技表征手段应用到了传统材料的断裂研究中，这段经历对他的科研道路产生了深远的影响，最终他决定将纳米科学与技术研究作为科研征程上的新目标。

20 世纪末，纳米科学与技术成为新兴研究领域。敏锐的科学思维告诉张跃，随着纳米科技理论体系与研究方法的建立和完善，纳米与材料科学的交叉融合绝不仅仅是尺度的变化那么简单，而是一定会产生新的学术思想。于

是，张跃果断带领研究团队进入了纳米科技这一新兴学科的开拓和研究中。经过反复研判和全方位考虑之后，张跃选择了一维氧化锌作为自己的研究方向，并几乎倾尽整个团队的力量向着此方向进军。他带领团队面向国家重大需求，瞄准强流电子发射领域，研制出了大面积一维氧化锌强流发射冷阴极，实现了稳定、均匀的强流发射，一举攻克了传统阴极材料发射电流低和寿命短等难题，最终获得了教育部高等学校科学技术奖一等奖。

在一维氧化锌材料的研究过程中，张跃发现通过有效控制工艺条件，可以生长出一种四针状的空间结构氧化锌纳米材料，并在国际上率先验证了这种空间结构的成核机理。他设计的空间复合结构吸波材料与传统吸波材料相比不仅性能优异，而且达到了减重超50%的效果。张跃凭借在低维功能纳米材料结构性能调控与器件基础方面的研究，以第一完成人获得了北京市科学技术奖一等奖。2018年，凭借在一维氧化锌领域二十多年的深耕厚植与系统研究，张跃团队斩获国家自然科学奖二等奖。

“一代材料、一代技术、一代装备、一个时代”是张跃经常挂在嘴边的话。随着在纳米材料领域研究的系统和深入，他深深感受到我们国家与发达国家在科技水平上的差距，特别是在设备和装置的研发上，与国际先进水平差距明显。于是，开发一套中国人设计研发的科研设备成为了他新的研究目标。

在对前期研究工作进行总结和归纳的基础上，张跃提出了研制一套纳尺度多场耦合原位表征设备。纳尺度多场耦合原位表征设备研制的最大难点是要把光、电、力等物理场全部耦合在仅有纳米尺度的区域，从而实现极低温、超高真空环境，原位观察材料在多物理场耦合下原子结构、光谱特性、电输运特性等的变化规律。设备虽小，却涉及材料、物理、信息等多个学科的交叉融合，从物理空间的合理设计到信号干扰的最优解决方案，再到数据采集与处理的可视化呈现等问题都亟待解决。

怎样把设备研制的想法落到设计图纸上呢？张跃带领的团队走遍了这一领域的研究所、大学等研究机构，调研了数十家国内外的装备研制企业，绘制了数百张设计图纸。每一个连接口的位置、每一根连接导线的精度、每一个螺丝的尺寸都要经过详细和周密的论证。最终，功夫不负有心人，经历了三年多的艰苦奋斗，世界上第一台可以在超高真空、极低温条件下研究材料的原子结构、宏观输运性质以及光谱特性的多场耦合原位表征设备横空出世。

进入信息时代以来，我国在集成电路高端芯片制造领域缺乏核心技术的短板日趋显著，已经成为影响我国经济社会发展和国家安全的重大挑战。然而，促进集成电路产业高速发展的摩尔定律逼近了尺寸微缩极限，发展未来芯片关键新材料与新器件成为全球关注的热点问题。正如张跃曾在一次专题报告中所讲，在各国聚焦新型半导体材料探索的今天，二维材料已成为世界各国争抢的高地，尽快开展新型二维半导体材料研究是我国集成电路制造技术实现“从受制于人向战略反制”转变的重要发展机遇。张跃敏锐地捕捉到这个重要机遇，提出了研制原子层厚度的新型二维半导体材料和新原理范德华异质结电子学器件，解决尺寸微缩极限下传统半导体材料性能衰退的关键瓶颈问题的研究思路。

张跃瞄准国家重大需求和世界科技前沿，积极向国家建言献策，撰写了教育部专家建议书，主持承担了国家重点研发计划和国家自然科学基金重大项目，率领团队开展新型二维材料和范德华异质结电子学器件的科技攻关。目前，已经在二维材料范德华异质结构筑技术和高迁移率、高饱和电流密度的原子层厚度晶体管器件方面取得了进展。为了进一步明确发展方向，张跃带领团队制定了“三步走”的二维材料与范德华电子学器件的发展战略蓝图。

传承信念行为世范，解惑授业为国育才

长期奋战在科学研究战线的同时，张跃还长期工作在教学育人的第一线，对培养学生有独到的见解。在他看来，一名教师不仅要教给学生探索科学高峰的知识和本领，更要教会学生如何做人，如何做事，如何做学问，如何对待人生。他常说：“做人要待人以诚，做事要精益求精，做学问要顶天立地。”这是张跃从老一辈科学家身上继承的“金属物理精神”，更是他为人、为学、为师的价值准则。

完成博士学业后的张跃有幸得到了时任武汉工业大学校长袁润章教授的

赏识，开展博士后研究工作。袁校长凭借对材料科学发展趋势的精准把握和敏锐判断，布局了一批材料复合新技术领域的研究方向，大力起用青年教师承担科研任务，为一批刚刚步入研究工作的青年教师指明了研究方向。袁校长宽阔的胸怀、敏锐的战略眼光、精准把握研究方向的洞察力和大力提携青年人的情怀让张跃终身受益。正是在老一辈科学家的影响下，张跃明白了成为一名合格的教师就要把坚定不移的信念、敢为人先的魄力、吃苦耐劳的意志和永不言弃的精神传承下去。因此，张跃在培养学生时，会时常讲述老先生们的故事，注重在科研和生活中通过潜移默化的方式来引导学生们树立学术道德标准、坚守学术底线，传承和发扬严谨的科学精神。张跃常对学生说，做人要用一种精神、一种信仰、一种动力贯穿人生，个人奋斗获得的荣誉不是最重要的结果，最重要的还是对国家、社会、家庭和个人的责任。他经常和学生说："成长往往都会伴随着疼痛，现在若不痛苦，将来势必会吃苦。要依靠精神和信仰的力量战胜挑战，牢记强国报国的理想抱负，坚持干下去肯定有收获。"张跃认为，自己身为一名师者，应当通过自己的言行举止，让青年教师和学生明白什么是家国情怀、什么是民族精神、什么是科学品质，让老一辈科学家的精神，能在新时代得到进一步传承和弘扬。

张跃注重学生科研能力的培养，始终将自己定位为一名"牧羊人"而不是"放羊人"，要做的是带领学生到广阔肥沃的"草原"，为学生开辟一个符合世界科技前沿发展的研究领域，引导学生沿着这个方向开展更深入的研究。他教育学生要善于发现、捕捉和抓住机遇，平时多观察、多积累、多思考，善于从一场学术报告、一份文献资料中获得启发。

张跃坚持认为在科学研究和学术问题面前师生是平等的，大家都有表达科学思想和学术见解的空间。他倡导自由、合作、探究的学习方式，让学生选择喜爱的学习内容和学习方法深入研究，充分调动学生学习的积极性、主动性和创造性。在实验室，经常可以听到他和学生热烈讨论科研工作。在张跃的研究团队里，有个"1 对 1"的学术讨论传统。每隔一段时间，他都会围绕研究方向、研究内容和主要进展与团队内每名学生进行一次深入讨论。久而久之，团队内部平等和谐的氛围也由此形成。

张跃特别注重培养学生的科研自信，鼓励学生进行国际化交流，在增长学识提高科研能力的同时，通过中西方研究对比，更加真实地感受中国科技事业的迅猛发展和科研条件的优越，从而更加坚定为国家科研事业贡献力量的决心和信心。

张跃认为每个学生都有闪光点，应当多鼓励学生。“张老师虽然表面看起来严肃，但是却很少批评人。”这是张跃团队师生的共同感受。在他看来，鼓励的作用远大于批评，鼓励可以激发学生更深入思考问题，能促进学生们取得从思想到行为上的更大突破。张跃的博士研究生刘邦武说，张老师对学生的培养是全方位的、循循善诱的；张老师从来都不会强迫学生作出选择，他会以自己的成长经历引导进行更深入的思考，营造更加开阔的视野，作出更加成熟的判断。张跃常说学生就像自己的孩子，说起“孩子们”的成长经历，他总能滔滔不绝、如数家珍地讲个不停，学生们也喜欢与他分享自己的进步、收获与感悟。在张跃看来，自己的成长经历虽然艰苦、曲折，但也培养了他坚定的信念和强烈的家国情怀，为他留下了宝贵的精神财富。他深知，自己有责任也有义务将这些宝贵的精神财富传承给学生们，让他们成为有理想、有本领、有担当的新时代青年，做一个无愧于家庭，无愧于社会，无愧于祖国的人。

从不会做科研，到入门，再到熟练，面对求学科研路上的重重困难，他始终怀揣着追求真理和科研报国的坚定信念，以“敢教日月换新天”的勇气，“不破楼兰终不还”的决心和“山登绝顶我为峰”的信心，在一次次新挑战中取得新突破和新成就。张跃认为，科研是自己选择的事业，就要竭尽所能地发光发热。他深知科研是一条充满艰险、前途未卜的奋斗之路，需要以明知不可为而为之的魄力开局。即便如今已经步入新时代，也依旧需要这种魄力，有甘坐“冷板凳”的决心，脚踏实地、勤勤恳恳地对待科研创新工作。正如他曾在讲座中勉励青年师生那样，“道路是曲折的，前景是光明的”，他带给学生的不仅是宽阔的科学视野，更时时刻刻以自身的经历生动地展示着作为一名科研人员的匠心精神。

如今，年过花甲的张跃仍然以培养国家科技战略领军人才为己任，积极发掘青年人才的创新潜力，鼓励和支持青年人才挑大梁、当主角，为民族复

兴继续培养造就具有钢铁精神、钢铁情怀和钢铁意志的人才。他带领着年轻的研究团队，以习近平总书记重要回信精神为指引，厉兵秣马开启新的征程，瞄准国家新材料强国的战略目标，聚焦先进基础材料、关键战略材料以及前沿新材料，继续践行着他追求真理、科研报国的信念。

编辑　王进、郑耀杰、牛思亚

知行合一求真理，止于至善为人梯

——记中国金属材料及热处理专业主要创建人和开拓者　章守华

章守华，江苏苏州人，生于1917年10月，金属材料科学家，冶金教育家，北京钢铁工业学院（现北京科技大学）金属材料系和金相热处理专业的主要创始人和开拓者，北京钢铁工业学院主要筹建者之一。1939年毕业于交通大学唐山工学院，获得矿冶工程学士学位，1946年获美国卡内基理工学院冶金工程硕士学位，1948年回国，先后任北方交通大学唐山工学院（后改名为唐山铁道学院）冶金系副教授、教授，1952年调入北京钢铁工业学院，先后任金相热处理系、工艺系、金属材料系、材料科学与工程系教授、系主任，1981年被聘为第一批金属材料及热处理专业博士生导师。章守华先生在1957年发现马氏体在奥氏体晶界及孪晶界处的不均匀形核现象，先后发表了有代表性的论文50篇，主编、出

版多部教材和学术专著，曾获冶金工业部科技进步奖二等奖、国家科技进步奖三等奖、中国有色金属总公司科技进步奖三等奖、国家教委理论成果奖一等奖、国家科委和冶金工业部“作出重要贡献”荣誉证书。

求学之路锲而不舍，爱国之心至诚至真

章守华出生于江苏苏州的一个书香门第，家教甚严。他的父亲毕业于日本早稻田大学法律科，做过法官、律师、大学教授、民国政府官员，具有先进的革命思想，曾经以苏州律师会会长身份，为著名爱国人士“七君子”[1]进行法律辩护。其父的言传身教，对章守华的求学成长之路产生了深远影响。

章守华自幼好学，早年就读于苏州中学实验班，四年级就修习英文，高中时尤其爱好研读数理学科的英文教材，为后来博采众长打下了良好的基础。1935 年，章守华考入交通大学唐山工学院的矿冶科。抗日战争期间，章守华大学四年一直过着颠沛流离的生活。卢沟桥事变爆发后，他在北平西山勘测实习无法回校，只能暂避于交通大学北平学院，随后借读于交通大学上海工学院土木科，又因日本攻占上海，交通大学迁至湖南湘潭，学校矿冶科教授空缺，章守华又前往湖南大学矿冶科读书学习。1939 年，他以优异成绩毕业于交通大学，获得矿冶工程学士学位。1945 年，他考取了赴美留学资格，远渡重洋赴美读书，就读学于美国卡耐基理工学院，师从莱茵斯教授开展铝合金研究，1946 年获得冶金工程硕士学位。毕业后，章守华被美国西屋电器制造公司录取实习，后又受聘于卡内基理工学院金属研究室，从事同位素研究。虽然在美国工作稳定，在大公司和著名院校实验室工作前途光明，但因为从小受到家庭父辈爱国主义思想的影响，加之在学生时期经历苦难让章守华深切感受到：国家当自强，否则就要挨打受辱。1948 年，章守华毅然放弃在美国优越的工作条件和生活待遇，选择回到祖国，回到交通大学唐山工学院从

[1] 全国各界救国联合会领导人沈钧儒、章乃器、邹韬奋、李公朴、沙千里、史良、王造时被称为爱国人士“七君子”。1936 年 11 月 23 日南京国民党政府于当日以“危害民国”的罪名在上海将逮捕入狱，引起全国各界震惊和愤慨。

事教学科研工作，先后被聘为副教授、教授。章守华用他所学的全部知识，献身国家、钢铁报国，为中华之崛起，贡献着一位赤子的拳拳之心。

1952 年，经政务院[1]文化教育委员会核准，北京钢铁工业学院被批准建校。章守华被任命为建校筹备委员会委员，成为中国钢铁工程师摇篮的筹建者之一。建校后，他历任北京钢铁工业学院教授，金相热处理系、工艺系、金属材料系（现材料科学与工程系）教授、主任，1981 年被聘为全国首批博士生导师，1995 年光荣退休。

作为培育高层次专业人才的“钢铁摇篮”，章守华始终坚守和践行着钢铁报国、科技报国的初心和使命。北京科技大学金属材料热处理专业在章守华先生的带领下培养了一大批知名学者和该领域的栋梁之材，培养出多位中国科学院院士和中国工程院院士，也为北京科技大学金属材料学科的领先发展打下了坚实基础。

学识渊博德高望重，严谨治学甘为人梯

章守华从事材料学科研究和教学近 50 年。在近半个世纪的工作中，他始终坚守在科研和教学第一线，绝大多数时间都是和教师、学生、工厂技术管理人员一起“摸爬滚打”。上课、编写教材、从事科学研究，就是章守华全部工作生活的重心所在。

章守华学识渊博、德高望重，作为金属材料与金相热处理领域的著名专家，他曾多次应邀赴美国、加拿大等国的大学和科研机构参与学术交流、技术考察与国际学术会议，为我国相关领域的国际交流作出了重要贡献。他密切结合我国冶金行业实际需求和金属材料科学发展的前沿问题，深入开展科学研究。过去的中国材料领域，长期以来都陷在被国外同行业“卡脖子”的窘境，章守华把主要的研究方向聚焦在钢铁材料和高温合金材料等核心领域，在适合中国资源条件的合金钢新钢种、快速凝固技术、粉末高温合金、相变

[1] 中央人民政府政务院，新中国成立初期国家政务的最高执行机构。1954 年 9 月，中华人民共和国国务院成立，中央人民政府政务院职能结束。

和强韧化、大型轧辊等方面的核心技术上取得了关键性突破。

20 世纪 50 年代，章守华就发现了“马氏体在奥氏体晶界及孪晶界处的不均匀形核”等重要现象。鉴于他在“六五”国家科技攻关项目“合金钢及低合金钢的开发与应用”课题中所作出的重要贡献，国家科委和冶金工业部授予章守华先生“作出重要贡献”荣誉证书。

20 世纪 70 年代，章守华加入冶金工业部“武钢一米七轧机冷轧工作辊攻关组”，带领北京钢铁学院❶研究团队负责实验室研究工作，为工业性生产的中间试验提供了可行的技术方案和可靠的工艺参数。1980 年，研究团队成功研制出第一根国产冷连轧机工作轧辊，并应用到我国从联邦德国❷引进的第一套现代化冷连轧机上；1990 年这种轧辊国产化率达到 100%，质量已能与同类进口轧辊相媲美。这一研究成果结束了我国不能自己生产冷连轧机工作辊的历史，大幅度降低了因进口冷轧板造成的高额生产成本，解决了进口工作辊这项“卡脖子”关键技术，为我国冷轧事业作出了重要贡献，荣获冶金工业部科技进步奖二等奖和国家科技进步奖三等奖。作为总体技术决策人，章守华在此项攻关任务中起到了关键作用。通过这项攻关任务，也培养出了一批大型轧辊用钢及其热处理、冷热疲劳、接触疲劳、磨损、断裂等方面的学术带头人。

20 世纪 80 年代，章守华担任“非冲压双相钢的开发与应用研究”专题负责人，与国内科研单位、钢铁公司、汽车制造公司合作，开始研究与生产试制，此项专题成果于 1991 年获冶金工业部科技成果奖二等奖，并获第六届全国发明展览会金牌和“三秦杯”特等奖。

1958 年国防部提出一项关于高强度钢的研究课题，章守华带领着青年教师和学生进行研究，运用获得的钢中元素作用规律及成分设计成果，初步筛选出了符合我国情况的钢种成分，为高强度钢以后研究成功奠定了基础。此时章守华又被要求参与高温合金新材料的研制任务，他考虑到高强度钢种已经打下了良好基础，便决定转战新的科研阵地，让青年教师和学生继续开展

❶ 北京钢铁工业学院于 1960 年更名为北京钢铁学院。

❷ 德意志联邦共和国在两德统一前简称联邦德国，俗称“西德”。

超高强度钢试验，经过几年研究，取得了可喜的成果，找到了符合我国资源和性能要求的超高强度合金钢，此种钢成功用于我国第一颗人造地球卫星——东方红卫星的壳体材料。整个课题组为此获得了国防科工委科技进步奖特等奖，而在研究开始阶段为其奠定必要学术基础的章守华先生的名字却没有出现在荣誉奖状上，他对此淡然处之，毫不在意。

章守华在科研方面充当先锋、开拓、表率作用的同时，也有意识地培养年轻教师独立科研的能力，在许多科研项目上起到了播种、开创的作用。当有积极进展时，他便转移研究重点，让青年教师在此领域继续钻研，并最终取得显著成果。章守华没有享受到开花结实的荣誉，但他为自己培养了一代又一代的优秀人才而骄傲与欣慰，章守华先生淡泊名利，从不计较个人得失，用行动诠释着“甘为人梯，无私奉献”的人生真谛。

由于在科研领域的突出贡献，章守华先后荣获国防科工委、国家计委、国家经委、国家科委、冶金工业部联合表彰的“先进个人”和“国家科技攻关作出重要贡献”“献身国防科技事业”多项荣誉勋章。其事迹被《中国科学技术专家传略》《20世纪我国知名科学家学术成就概览》等国内外重要文献先后收录。

严师可亲谆谆教诲，行为世范桃李芬芳

育人之心、春风化雨，立德立言、彪炳史册。章守华在建校以及建立学科方面都付出了极大的心血。建校前夕，章守华代表铁道部参加了中国科学代表团赴民主德国❶访问并采购仪器设备，经他采购的仪器设备，有德国蔡司、莱斯的教学和科研用金相显微镜30余台，各种热处理炉20余台，还有X光衍射仪、膨胀仪和力学性能实验设备等。这些设备在当时的国内是属于比较先进的，在全国高校中少有。

1952年，章守华主持创建了我国第一个金相热处理专业，他勇于开拓又

---

❶ 德意志民主共和国，简称民主德国，俗称“东德”，是1949年10月7日到1990年10月3日期间存在于欧洲中部的社会主义国家。

不计名利，积极吸引、团结和培养教师人才，为北京科技大学乃至我国材料领域的师资队伍建设和人才培养工作作出了杰出贡献。在当时，我国的专业课教学大都借用苏联的教材，无法完全适应我国高等教育和工业发展需求，章守华立足国情校情，克服教学资源不足、教学资料不够、教学体系不全的困难，主动将科学研究成果和国际上的先进思想理念纳入专业教学与人才培养之中，建立了合金钢总论及分论的专业教材体系，在我国几代钢铁材料人中产生了重要影响。他亲自主持编写了我国金相及热处理专业的第一部具有中国特色的教材《金属学及热处理》和我国第一部《合金钢》教材，章守华与吴承建主编的《钢铁材料学》教材，获得部级高等学校教材奖一等奖、国家级教学成果奖二等奖及奖章。章守华还会同师昌绪、柯俊、郭可信、徐祖耀先生共同完成了1984年《中国大百科全书（矿冶卷）》第一版相关百科条目的撰写。1987年，北京科技大学金属材料及热处理学科以同类学科总分排名第一的成绩被评为全国首批国家重点学科。

章守华执着于理想，实践在当下。对自己的教书育人工作，先生曾谦虚地表示："我没有什么自豪的事情，钢铁学院就像我自己的家一样，工作中也是我个人成长的过程，能够为国家需要培养创新型人才，我很高兴！"章守华知行合一，并以此境界几十年如一日，用他无私奉献的言行，践行了一位教育家立德树人的朴实誓言。

在章守华刚刚接手"合金钢"课程时，让当时刚刚从北京钢铁学院毕业的系学生秘书李静波做三元相图，李静波花费了一个暑假的时间用钢丝焊接出来了一个同晶系、同晶和共晶系三元相图模型，章守华非常满意并在课堂上和大家反复强调要爱惜李静波做的模型。当时的期末考试都是抽签口试，章守华要求李静波将题目做成题签，李静波按照自己的写字习惯抄出30个题签，章守华看了之后跟李静波提出需要用正楷写，后来李静波学习了美术字的写法，一笔一画地又制作了30个题签，章守华看了很满意，表示这样的题签学生在考试时就不会看错。李静波说："章老师认真细致的工作作风，使我受到了很大的教育。"章守华先生的言传身教默默地影响着他的学生，促使他们成为踏实认真、一丝不苟的人。

中国科学院院士葛昌纯曾经高度评价章守华先生淡泊宁静、提携后辈的一生："他虽然不是院士，但他培养出了一批院士，包括中国科学院院士邹世昌、葛昌纯、陈国良，中国工程院院士周邦新、柯伟、涂铭旌等。1995年退休以后，章先生仍然躬耕不止，继续指导钢铁材料与粉末高温合金领域的科学研究，关心年轻教师与学子的成长，是青年一代德高望重的良师益友。"

章守华先生与葛昌纯院士的情谊可以追溯到20世纪40年代。当时章守华在交通大学唐山工学院任职，葛昌纯跳级考到了交通大学唐山工学院，那个时候葛昌纯年纪小，家里人不放心他一个人离开上海去唐山念书，后来葛昌纯托人找到章守华做他的监护人，让他能到校读大学，这个事情决定了他后续的发展，后来章守华将葛昌纯作为人才引进到北京钢铁学院工作，在葛昌纯求学求职期间为他提供了很多帮助，葛昌纯非常感激章守华，将章守华先生视为自己毕生学习的楷模。

"章先生用他的一生，谱写了一位教育家甘为人梯、无私奉献的瑰丽篇章，用他严谨的治学态度、高度的社会责任感和谦和的人格魅力，将学风严谨、崇尚实践的优良传统，言传而身教，为我国材料学科的诞生与发展作出了杰出贡献，也为国家培养了数以万计的精英人才。"原冶金工业部副部长、中国工程院院士殷瑞钰在章守华先生百岁华诞座谈会上这样说道。在章守华先生身上，我们可以感受到严谨治学、授业解惑的师者风范，可以感受到求实鼎新、迎难而上的学者精神，更可以感受到初心不改、为国育人的大家胸怀。他用其毕生的言行，在中华民族伟大复兴的新时代，为我们传道授业解惑最宝贵、最生动的一课！

编辑　王进、王婧琳、牛思亚、赵倩

坚守三尺讲台，静待桃李芬芳

——记机械制造领域专家　陈端树

陈端树，天津人，生于1930年，机械制造领域专家，教授。1952年毕业于天津大学，毕业后分配至北京钢铁工业学院（现北京科技大学）工作，主要从事金属切削机理的研究，曾负责机械工程学院《机械制图》《水力学、泵和鼓风机》《金属切削原理和刀具》等多门基础课程授课，1959年起担任机械制造教研室副主任，是北京科技大学建校元老之一。陈端树教授任教期间，深耕教学一线，致力于机械专业课程建设和教材改革，1982年起担任教育部机械基础课程指导委员会委员，主编《金属工艺学》等多部高等学校教材和科技文献，多次参与起草、审订国家教委组织的《金属工艺学》全国统一教学大纲、基本教学要求等指导性文件。他始终坚持为机械基础课程改革倾注心血，多次受到学校的表彰并获得学校优秀教师、教学优秀奖等荣誉。

求知若渴夙兴夜寐，学以致用不忘初心

陈端树出身于书香门第，从小便受到良好的教育熏陶，中学时代就读于天津市工商学院附属中学，后考入北洋大学（现天津大学），求学之路上的两个重要的收获为他日后成长为国家栋梁创造了良好的条件。首先是受益于双语教学模式。在那个国民文化水平普遍较低的年代，中学时代的陈端树在学习数学、物理、化学、世界地理等课程中已经开始接受双语教学，授课主要内容会辅以英文说明，进入北洋大学后，继续接受双语教学，英文比例比中学时代进一步提高，学生时代的双语教学模式为陈端树的英语打下了良好的基础，也让陈端树成为那个年代不可多得的人才。其次是受益于学习成绩全校公布这一简单朴素的激励机制。每次考试结束后，学校将每个班的成绩在校内公布，以此激励同学积极进取，不断突破。为了能够名列前茅、榜上有名，陈端树刻苦学习，经常泡在自习室里，从此还养成了一个“开夜车”的习惯，每天都要学到夜里 12 点。“开夜车”是一件很枯燥、很痛苦的事，但是他觉得只要钻进去了，事情就变得容易很多，他也因此在大学期间取得过第二名的好成绩。

陈端树的伯父是一位清朝末代举人，他的学习成长深受其伯父影响，他一直视伯父为榜样，并将成为一名大学教师作为自己的理想追求。大学毕业后，由于学习成绩优异，工作能力突出，同时怀揣着对教育事业的崇敬之情，陈端树被分配到刚刚成立的北京钢铁工业学院任教，成为学校建校初期第一批教师。成为一名大学教师后，陈端树始终牢记到钢院任教的初心与使命，积极投身一线教学工作，钻研教学教研方法，并很快就起担任起原机械制造

教研室的负责人，1959 年被正式任命为该教研室副主任，先后负责“机械制图”“金属工艺学”“金属切削原理及刀具”“机械制造工艺学 & 公差”等六门课程的讲授工作。

多闻阙疑精益求精，以身作则严谨治学

建校初期，由于教材体系不健全，需要教师根据授课内容编写教材，这对刚脱离学生身份投入工作的陈端树而言无疑是一个现实的困难。陈端树很快便调整了心态，根据自身学习经验，结合学生实际学习情况，开始自主编写教材。为了使教材尽可能地贴近学生，站在有利于学生学习的角度，陈端树经常修改教材到深夜一两点，对教材中的点点滴滴都要做到认真负责、精益求精。陈端树在建校初期编写的教材为新中国培养第一代钢铁行业人才发挥了重要的作用，同时也为学校教材建设作出了重要贡献。由于陈端树在教学领域的突出贡献和重要影响，1982 年起，陈端树担任教育部机械基础课程指导委员会委员，主编或参编多部教材、文献和教学指导性文件，为国内清华大学、华中工学院（现华中科技大学）等高校所主编的，并获得教育部优秀教材奖的《金属工艺学》教材担任主审。

陈端树执教的 38 年时间里，严谨治学是他一直遵从的原则和理念。对于主持编写的每一本书，他都极为认真，对于编写教材中每个存在疑虑的内容，他都要翻阅大量书籍，对撰稿人员写出来的每一章节都要逐字逐句斟酌，对每一部分内容都要反复推敲。对于教学教研，反复推敲教学实践对于他而言更是家常便饭。学生们对陈端树老师有一个很深的印象，无论备课到多晚，无论如何辛苦，他在教学生涯中从未迟到过。“教了一辈子课，当了一辈子教书匠，我从来没有一次迟到过，因为我知道我一迟到影响的是 240 个学生。”陈端树回忆道。

对于陈端树而言，严谨治学不仅体现在对于科研和学术具有实事求是的态度和精神，更重要的是作为一名教师，在求知和传授知识学问的过程中要做到严密谨慎、严格细致。工作以后，他为了能够写出高质量的教材，一般“开夜车”要到夜里一两点。他的爱人在医院工作，白天要上班，晚上睡得

早，有时晚上一两点钟起夜，发现他还在那写书、审稿，很是心疼，甚至劝他“再这样，把身体都熬坏了，咱们不出书了!”陈端树理解爱人的想法，但是他认为，没有努力就不会有收获，所以他依然会坚持把每一件事情努力做得更好。“其实备课不‘开夜车’也可以，但总还是想再过一遍，再推敲推敲。”任何一个有意义的问题都值得反复推敲，这就是陈端树治学的态度。因为长期“开夜车”，他的眼睛发生了黄斑变性，一只眼睛只剩下 0.1 的度数，随时都有可能失明，甚至威胁生命，但他对待工作始终如一。

三尺讲台两袖清风，言传身教忠于教育

38 年来，陈端树肩负责任和使命，在育人工作的战线上，春风化雨，润物无声。无论是面对初为人师时艰苦的教学环境，还是后续在三尺讲台站了一年又一年，他始终牢记教师的责任与使命，积极投身育人工作。

建校初期，学校的环境与现在截然不同，由于教学资源匮乏，通常每位老师需要面对很多同学，那时授课还没有课件，只能依靠老师在黑板上手写板书，为了保证教学进度，陈端树加快练习，既要保障写字速度快，又要保障字体规范。当年授课在大教室里，没有现在教室里的多媒体设备，面对的是坐在教室里的满满当当的 200 来个学生，为了保证每一位同学的听课质量，陈端树的讲课声音每次都很洪亮。为了了解每一位同学的学习成效，陈端树学习苏联的考试模式，不进行笔试，而是采用口试，虽然比较费时间，但是却更加全面深入地了解学生对知识掌握的水平。

面对没有统一的教材这一困境，陈端树在开学授课前，就提前准备好一学期的教学内容，整理成教材，到学校的印刷厂统一印刷后在上课时再分发给学生。同时，为了保证教材的质量，陈端树经常熬夜对教材进行反复修改，深夜备课、编写教材、反复推敲对于陈端树而言是常事。但由于积劳成疾，陈端树视力受损，即便如此，陈端树依旧表示“我最大优点就是心态还比较好，这些伤痛已经成为事实了，我要没付出这个代价的话，我也没法总结出 40 年的收获，成为现在的自己。”陈端树热爱教育工作、忠于教育，他将自己的 38 年都奉献给了三尺讲台和千千万万的学子。

“文明以止，化民成俗。”作为一名高校教师，陈端树深知：既要教给学生知识和学问，更要引领学生探求做人的真谛！陈端树认为教书育人不仅仅体现在向学生传授知识和学问，“要把育人要放到课堂里”，思想比学问更重要。老师必须要给学生树立正确的世界观、人生观以及价值观，也只有给学生树立了正确的三观，才可以有效地促进自己和学生共同全方面发展。陈端树始终把自己热爱祖国的深厚感情融入培养学生的工作中，他总是充满着对祖国无限热爱的感情去讲课，去教育学生为祖国而学习，正确地处理好国家、集体与个人之间的关系，在大事上、原则问题上是非分明。陈端树在教学过程中一直都会向学生传递爱国主义思想，“同学们不能只关心个人的发展，更要去考虑如何让国家富强起来”。陈端树作为联名向习近平总书记写信的教授团一员，永远记得收到习近平总书记的回信的那一天，他喜出望外，即使已经行动不便，需要轮椅行动，也第一时间出发，以最快速度赶到现场，听取回信。除此之外，陈端树总是提醒学生们要珍惜光阴，不能虚度年华，要在有限的时间里，尽力地发光发热，为国家为人民贡献更多。

“三尺讲台，终岁莫问枯荣事；两袖清风，回首只闻桃李香。”他将38年的时间奉献给了三尺讲台，教育了成千上万的北科大学生，为祖国培养了一代又一代人才，可陈端树却说“还是很遗憾，我的工龄只有38年太少了。20世纪50年代，国家号召要为祖国健康工作50年，而我却差了12年。”对于陈端树而言，教育是一辈子的事业，是值得投入无限精力与热情的一份事业。

38年的教师生涯，日复一日地教学工作，陈端树教授用自己的实际行动向一代又一代学生展示了什么叫“以身作则、严谨治学”，不仅仅是系统的科学知识、严谨的科学态度，更有一种精神和风骨，他经常勉励同学：抓紧自己的青春，不要虚度年华。青年强才能国家强，每个人都团结又努力，我们的国家才可以富强。他一丝不苟、严谨治学的精神为青年学者树立了榜样，深深地融入了北科大的红色基因中，影响着一批又一批北科大学子，也激励着一代又一代北科大人在前进的道路上踔厉奋发、积极进取。

编辑 李鹏、王志鹏、李洁瑶、马昭文、韩泓冰

经师易求，人师难得

——记马克思主义理论与思想政治教育领域专家 郭务本

郭务本，广东广州人，生于1930年，马克思主义理论与思想政治教育领域专家，北京钢铁工业学院（现北京科技大学）社会科学系的主要创始人和首位系主任。1952年毕业于燕京大学❶经济系，1952—1953年在中国人民大学马列主义研究班进修。1953年进入北京钢铁工业学院任教，历任马列主义基础教学组长、哲学教研室主任、社会科学系主任，兼任中国历史唯物主义研究会常务理事，北京市高校哲学教学研究会副会长。开设了“马列主义基础”“哲学”“马克思著作研究”等15门课程，出版《马克思主义与当代现实》《现代哲学观念》《马克思主义哲学

❶ 燕京大学创办于1919年，由四所美国及英国基督教教会联合在北京开办，是近代中国规模最大、质量最好、环境最优美的大学之一。

原理》《现代西方哲学思潮述评》《唯物史观通论》等论著，为学校社会科学系的创建，思想政治教育专业的组建和思政课建设作出了卓越的贡献。

风雨飘摇求学路，筚路蓝缕辟荆荒

1930年，郭务本出生于广州一个殷实家庭，从小过着耕读传家、衣食无忧的生活。1937年，抗日战争全面爆发，神州大地狼烟四起。家国破碎，郭务本被迫辍学，四处颠沛流离。1949年，神州初定，19岁的郭务本再也按捺不住对知识的渴望，立志要前往大学深造。在一位亲戚的资助下，郭务本坐船五天五夜，来到了当时的北平。经历一番波折，郭务本在考试的前一天才成功报名，凭借着自身坚持不懈的努力，他成功考入燕京大学，开启了求学之路。

1949年10月1日，郭务本作为大学生代表参加了开国大典，这次经历深深镌刻在他的记忆深处，从那时起，为中华之崛起而读书的信念就深深扎根他的心底。在燕京大学学习期间，他抓住一切机会，像海绵吸水般拼命汲取知识，希望有朝一日能够学有所成，投身祖国建设的时代洪流。当时，董必武等中央领导同志常去燕京大学为师生作报告，在聆听这些报告的过程中，郭务本对党的性质、宗旨有了初步的认识。1951年，郭务本响应党和国家的号召，到广西参加土地改革工作。对郭务本来说，这是一次难得的机遇，在亲身实践中，郭务本对党的政策为什么好，人民群众为什么拥护党有了更深入的认识。1952年7月1日，郭务本正式加入了中国共产党。

1952年秋，由于新中国的高等教育事业急需大量教师，中宣部和教育部联合发文，从部队、机关和高校招募选调优秀青年学生加入高校教师队伍。郭务本也被选中，提前一年完成学业。同年9月，中共中央发出《关于培养高等、中等学校马克思列宁主义理论师资的指示》，提出“由中央教育部负责筹划，在中国人民大学创设马克思列宁主义研究班，为全国各高等学校培养一部分政治理论师资。第一期招收研究生三百人，研究期限一年至二年。”郭务本从燕京大学毕业，就直接进入中国人民大学马列主义研究班进修。

谈到这段历程，郭务本印象最深的就是在中国人民大学练“坐功”。在燕京大学，郭务本主修的是经济学专业。进入中国人民大学马列主义研究班后，面对跨学科的挑战，想到自己即将成为思政课教师，担负起为学生传道授业解惑的重任，郭务本分外珍惜这来之不易的学习机会。因此他每天从早上起床，直到晚上入睡，除了吃饭就是全心全意地研读马列主义经典著作，被同学们戏称为练“坐功”。1953 年，郭务本提前一年完成了马列主义研究班的学业，这一年的时间虽然不长，却收获颇丰，为他后来在学术研究和教育事业的成就打下了坚实的基础。

1953 年，郭务本被分配到北京钢铁工业学院，历任马列主义基础教学组长、哲学教研室主任。怀着强烈的革命责任感和满腔热情，他和其他老师克服困难条件，为全院（校）的本科生、研究生开设了“中共党史”“马列主义基础”“政治经济学”“形势政策”等课程，并为全院（校）教职工马列主义夜大开设了“中共党史”“马列主义基础”等课程。郭务本编写教材，研究教学方法，逐步建立并健全一整套教学环节。郭务本特别重视师资队伍建设，他要求教师根据各自情况，制定进修提高计划；他带领师生利用寒暑假参加到资本主义工商业社会主义改造、粮食统购统销工作等社会实践中。

苦读甘坐冷板凳，勤业愿为栽树人

郭务本深知知识的传授并非只是单方面的努力，更需要学生的接受与理解。他用深入浅出的方式进行教学，风趣的语言、生动的课堂使学生们真正理解和掌握所学内容。他形容教学过程是从“1∶0”到“1∶1”的转变。

“上课之前，学生对课程不了解，跟教师比是‘1∶0’；在课堂上，教师要千方百计地把自己所有的知识传授给学生；下课之后，学生对知识的掌握要和教师一样多，是‘1∶1’。”

郭务本用心灵与智慧滋养了一代又一代的学子。他不仅是一位优秀的学者，更是一位悉心教导的导师。郭务本至今仍然对他第一次教学的情景记忆犹新。当时，他负责教授研究生的马克思列宁主义基础课程，教室设在北京钢铁学院新建的工棚里，课堂的讲台是用砖头垒砌而成的。上课过程中，郭务本举起讲义时不小心碰落一块砖头，讲台似乎随时就会倾覆。这样的环境并没有阻挡郭务本教学的热诚，尽管环境艰苦，但他始终坚信，真正的教育在于传播思想，引导学生思考，而并非依赖于外部的物质条件。

1960 年，高芸生院长❶提出“一参三改三结合”的教育理念，要求师生们参加生产劳动，改造思想、教学和科学研究，实现教学、科学研究和生产劳动的有机结合。这一教育理念的提出，极大地提升了学校的教学质量和人才培养水平，奠定了学校“崇尚实践”的优良传统。郭务本响应学校的号召，跟随冶金系师生前往工厂参加生产劳动。他们白天参与工厂的劳动实践，晚上进行教学。工厂的环境很艰苦，郭务本的眉毛都被烧掉了。经过一天的辛劳，教师们都很疲倦，甚至站着也会打瞌睡。但这都不能动摇郭务本的授课热情，他们抓住一切时间，利用一切机会，在车间里、宿舍里坚持上课，有时师生席地而坐，虽然条件艰苦，但仍乐在其中。

“亲其师，才能信其道。”与学生同吃同住同劳动的经历，构建起郭务本与学生之间的坚实的情感基础，形成了融洽的师生关系，营造了更加活跃和愉快的学习氛围。这种亲近的师生关系不仅促进了知识传承，也培养了学生们的创造力。在直面生产一线的学习环境中，师生们相互鼓励、相互帮助，共同追求知识和进步。尽管面临着诸多困难和艰辛，但他们以乐观的心态和

---

❶ 高芸生，1956 年调任中共北京钢铁工业学院委员会第一书记兼北京钢铁工业学院院长，撰有《实现教学、科学研究、生产劳动三结合的体会》等论文。

坚韧的毅力克服了一切困难，共同创造了一段难忘的学习经历。

除了对学生的细心浇灌，郭务本还特别注重青年教师的培养，在工作中不断助推青年教师成长。1978 年，为补充和加强教师队伍，学校举办政治理论师资班，分设哲学、政治经济学、中共党史 3 个专业，与北京大学、中国人民大学密切合作，聘请一批高水平师资授课。郭务本坚信“好老师才能带出好学生，以身作则最重要”。为了办好师资班，不管是烈日暴晒，还是雷电轰鸣，也无视风霜严打或扬沙漫天，郭务本利用课余时间四方游走，邀请专家为新教师做培训、传经验、说方法。师资班共培养本科生 20 名，其中 7 人留校任教，正是这些人成为了社科系发展的骨干力量。

1984 年 1 月 29 日，学院（校）党委召集马列主义教研室、职工教育办的语文教学组及德育教研室的全体教职工，宣布成立社会科学系，郭务本任首任系主任。社科系成立伊始，郭务本即着手筹建思想政治教育专业。由于经验不足，以及师资和教学资料的缺失，一切都要从零开始。幸运的是，党和国家各级领导和学院（校）都非常重视思想政治教育专业的建设。1984 年 9 月 14 日，教育部副部长彭珮云出席北京钢铁学院等学校首批思想政治教育专业学生开学典礼并讲话，勉励学生献身思想政治工作这一具有深远意义的事业。1985 年 12 月 25 日，时任中共中央政治局委员、书记处书记胡启立来到学校，与社科系思想政治教育第二学士学位班的学生及有关干部座谈。在各级领导的支持和全体师生的努力下，思想政治教育专业不断发展，居于国内领先地位。1984 年，学校开始招收思想政治教育专业本科生，1985 年开始招收第二学士学位生，1988 年开始招收思想政治教育专业研究生。

提灯指路助成长，传道授业为引航

郭务本在从教生涯中始终把“传道授业”作为主抓的重心，他提出对学生进行马克思主义理论教育，必须一手抓理论，一手抓实践。

立足三尺讲台，从乡野土台到高楼讲桌，从寥寥几人到众多学生，郭务本对学生谆谆教导，以马克思主义理论的基础知识，循循善诱以古今中外的拓展故事，为学生的成长提灯指路。“有次上课讲得太投入，学生们反响很好，我们彼此交换意见，我看着他们，身子不自觉往前走，差点掉下讲台。”郭务本笑着分享了这段经历。在他的课堂上，简单的教具能化抽象教学为直观教学，思考题能促使学生进入状态，课堂节奏也能根据学生的吸收程度张弛有度，课堂氛围能严肃深刻也能活泼畅快，几十年如一日立德树人，郭务本以身作则，促使教育教学工作竿头日上，育得桃李满天下。

除了在课堂上进行理论教育外，郭务本还积极倡导学生参与课下社会实践，他曾经带领学生步行前往延安，跑过了900多公里的“马拉松”，谱写了北科大师生对马列主义的“朝圣之歌”。“我们那时候一天最多要走50多公里的，脚上全是水泡。”郭务本深情地回忆起当时的情景，“当时有一位女同志，她是河南农村的干部，一行人就她的脚不起泡，我们其他人全起泡了，所以在农村锻炼真的很有意义。”郭务本带领小队寻方向、探新途，鼓励学生将课本所学应用于社会实践中，并在实践中不断深化对理论的认识和再认知；借住宿，找吃食，郭务本带领小队与沿途居民沟通交流，寻求帮助，切实锻炼了学生们的表达能力和生活技能，真正走出“象牙塔”，脱离“无菌室”，感受真实世界，也影响并改造着现实世界。

“把理论与实践结合起来”是郭务本反复向学生强调的理念，这一理念在学生心里生根发芽、开花结果。当学生成为老师后，又向自己的学生灌输和强调理论结合实践的理念，形成了一代代北科大学子崇尚实践的优良传统。郭务本的学生左鹏在郭务本的影响下，持续带领学生开展社会实践；左鹏的学生徐洪业等围绕城市乞讨者展开调查研究，千里奔赴“乞丐村”，探究这一现象的产生渊源；后来徐洪业也成了社会实践指导教师，指导学生开展寻访中国精神、京杭大运河调查等社会实践。通过亲身实践，学生在社会这个大舞台激发学习动机，施展青年才干，进一步提高实践能力、专业技能和社会适应能力，社会实践的过程也对学生形成正确的人生观、价值观发挥了重要作用。

郭务本的求学和执教经历，不仅是他个人的成长历程，更是一代代北科人的缩影。他苦练“坐功”，勤奋刻苦地投入学习；他身体力行，在参与土改、为党工作的实践中确立坚定的信仰；他耕耘讲台，以学生获得1∶1的知识为毕生的奋斗目标；他奖掖后进，为学生和青年教师的成长甘为人梯。古人云，“经师易求，人师难得”，郭务本就是这样一位学生真心喜爱、终身受益的“人师”。

▌编辑　李勇威、姜卓君、袁正臣、张雪然、鲁雨馨、张鸿阳、强珺

呕心治教兴热能，甘为人梯育英才

——记冶金热能领域专家　徐业鹏

徐业鹏，山东泰安人，中共党员，生于1931年，北京科技大学热能系教授、冶金热能领域专家、全国节能先进工作者。1949年考入北洋大学矿冶系，1952年毕业后参与筹建北京钢铁工业学院（现北京科技大学）。1953年，任职于北京钢铁工业学院冶炼系冶金炉专业，出版《能量转换与新能》等20余部专著，发表《钢铁厂铁烧焦系统多目标优化用能模型》等30余篇论文，在实验室筹建、外文教材翻译等方面作出了突出贡献，1991年正式从岗位退休。在校从教近40年间，他教过许多学生，其中包括刘淇、黄孟复、杨天钧、张欣欣等一批批钢铁栋梁，立足本位推动科技发展和时代进步。

徐业鹏是北京科技大学的建校元老之一，为北京科技大学冶金热能专业的建立、发展作出了巨大贡献。从流体力学实验室建设、大批外文教材的翻译，到实验教具的亲手制作、课程教案的反复修改；从起初的冶金炉专业，到冶金热能专业，再到现在的热能专业，他都亲身参与并见证了专业的发展历程。从教 40 年间，他致力于培养爱国奉献、基础扎实的专业优秀人才，为我国钢铁行业输送了一大批技术骨干与管理人才。与北科大结缘 70 年，他见证了一批批“钢小伙、铁姑娘”❶ 成长成才，为国家的强大、民族的复兴贡献力量。

淬依依金情，铸巍巍钢魂

1931 年，徐业鹏出生于山东泰安，在他出生后不久，便发生了“九一八”事变。1937 年，他所在的小城被日本占领彻底沦陷。从抗日战争到解放战争，可以说，徐业鹏的青春是在战争中度过的，流离失所、战火纷飞的生活让他更加珍惜能够学习的机会，也坚定了他实干报国的志向。1949 年，新中国刚刚成立，他便考入知名的北洋大学❷矿冶系。1952 年，教育部发布全国工学院院系调整方案，还在北洋大学矿冶系读书的徐业鹏响应国家号召，毕业后参与到北京钢铁工业学院的筹备建设中。当时学校建设筹备办公室设在清华大学，二十岁出头的他便入住清华大学，亲身参与到实验室设计工作中。直至 1953 年秋天，在徐业鹏等人的努力下，满井村❸终于从一片荒地到初具校园雏形。建校初期的学校只有八栋学生宿舍、四栋教工宿舍，还有几栋两层的教授宿舍，这些校舍仅仅能够满足师生住宿的需求，而上课、吃饭都需要在席棚里面，勉强能够挡风遮雨，学习生活环境十分简陋，校园环境更是“无风三尺土、下雨两脚泥”。但在徐业鹏的记忆中，虽然彼时条件艰苦，但大家也都不曾抱怨，反而是充满干劲儿，因为大家都相信生活会越来

---

❶ “钢小伙、铁姑娘”的美誉来自于 20 世纪 50 年代，是对北科大人无私奉献精神和革命乐观主义精神最中肯、最贴切，也是最自豪的称呼。本书中所述“钢小伙”“铁姑娘”均指北科大学子。

❷ 天津大学前身。

❸ 北京科技大学学院路校区所在位置原来叫作满井村，后以“满井村”代指北京科技大学校园。本书所述“满井村”“满井”均指北京科技大学校园。

越好。

徐业鹏深知那时的国家正处于百废待兴的建设阶段，钢铁冶金行业的发展离不开钢院培养的人才，他应该为祖国的发展建设贡献青年人才的力量，所以他毅然决然地投身于钢院的校园建设和教书育人工作中。白天，他和同事们在实验室里一起劳动干活，晚上回到教室里给学生挑灯上课。正是这种不怕吃苦、不怕困难的精神，为学校建校初期人才培养工作作出了卓越贡献，为日后学校的发展打下了坚实的基础。

重重万难关，迎而勇奋进

初具规模的北京钢铁工业学院建立了采矿、冶炼、金相及热处理、钢铁机械、钢铁压力加工五个系所，虽然学校的规模有所扩张，但新的三大难题也随之而来：一是没有成型的实验室，二是没有可用的仪器设备，三是缺乏前沿的教材体系。

面对办学的困境，徐业鹏主动承担起实验室设计、规划及筹建工作。实验室规划初期他便考虑到实验的需求，选择大楼的低层修建实验室，并为实验室安装风机、修筑出风口，从而便于开展实验。为了尽快建成实验室并投入使用，他几乎天天与建筑工人在工地同吃同住，一起商定建筑要求，推进建设进度，在建筑用料、实验室结构分配等细节方面更是精益求精，充分保证了实验室的基础建设安全。

实验室建成后，实验仪器设备的购置成了又一项更大的挑战。当时的中国还处于“一穷二白”的建设期，国内仪器仪表设备资源十分匮乏。有一些基础实验设备可以从苏联、东欧等国家进口，但还有一些专业仪器设备无法从外国进口，只能靠自己一点一滴筹措、从无到有开发。徐业鹏作为实验室主任，与同事一起借鉴国外先进设备经验，根据实验要求、仪器标准研制简易实验装置，从而满足师生教学演示的需求。从订购仪器、自制设备、安装调试、反复试验，到最终投入使用，他们不断尝试、摸索积累，直到 1956 年前后，基本建成了一批设施完备、类别齐全的实验室，为当时师生的教学科研提供了极大的帮助，为我校积极投身国家钢铁冶金行业建设贡献了力量。

建校初期，学校参照苏联模式建立教学体系，并聘请专家顾问、交流学者开展教学和科学研究活动，为建立符合中国国情的教学体系储备师资力量。徐业鹏在北洋大学读书期间，学习的都是英文教材，对俄文一无所知，为了能够更好地学习苏联专家的先进教学经验，他在 1952 年底主动报名参加了为期一个月的俄语速成班。那时徐业鹏所在的冶金炉教研组刚刚成立，成员仅有三人，为了更好地开展教学研究，他们需要翻译大量的俄文教材，这是一个繁琐复杂但必须严谨细致的工作。他们一边查着字典、一边翻看着已有的中文材料，逐字逐句地翻译着全俄文的教学大纲、实验方案等，有时遇到专业的问题，他们便会一起讨论或者请教苏联专家，只为得出最准确的翻译方案。在他们夜以继日地努力下，最新、最准确的前沿教材被很快地翻译出来，并被师生广泛学习。

谆谆诲不倦，匠心塑栋梁

时至今日，已经 92 岁高龄的徐业鹏，回想起当年的教学场景仍觉得历历在目。“朴实平等、毫无保留”是他对自身从教生涯的概括和总结。从 1952 年参加工作，到 1991 年正式退休，他在北京科技大学工作了近四十个年头。在此期间，他担任导师培养了 15 名研究生，给上千名学生讲授过“流体力学传热原理”“冶金炉构造”等多门专业课程。他的学生很多都成为了钢铁行业的管理者或技术骨干，其中包括中共中央政治局原委员、北京市委原书记刘淇，全国政协原副主席、全国工商联原名誉主席黄孟复，北京科技大学前任校长杨天钧、张欣欣等知名校友，他为国家发展培养输送了大批人才。

北科大一直以来都有着“崇尚实践”的优良传统，每一名学生都要参与多次实习实践教育。在提出“一参三改三结合”[1] 的口号后，全体师生更是积极地参与到劳动生产中。徐业鹏更是经常与学生一起劳动、一起生活，和学生打成一片，他待人质朴亲和，与许多学生都结下了深厚的友谊。在这种

[1] “一参”是师生参加劳动，“三改”是通过参加生产劳动改造思想、改造教学、改造科学研究，“三结合”是在“一参”“三改”的基础上实现教学、科研和生产相结合。

教学相长的模式中，他和他的教学团队始终毫无保留、倾囊相授，他们希望能把自己脑中的知识都快速地教授给学生，帮助学生成长成才，早日投入到祖国的发展建设中去。

徐业鹏身上始终有一股“精气神、硬朗劲”在支撑着他，他的学生也被潜移默化地影响着，也立志要成为热爱祖国、朝气蓬勃的“钢小伙”和“铁姑娘”。他带过的研究生中有一些毕业后选择出国深造，但几乎所有人都在学成后选择归国，为祖国的发展贡献力量，这与他平日里对学生的教诲密不可分。他一直认为培养学生就是培养国家的未来，要培养学生热爱国家、热爱人民的情怀，要让每一个学生意识到自己身上肩负的使命。作为老师的他更是以身作则，做到位卑未敢忘忧国，以实际行动引导学生树立正确的世界观和价值观，引导学生到国家有需要的地方去。

徐业鹏秉承着“求实鼎新”的校训精神，在不平凡岁月中坚守平凡初心，他以赤子之心奉献钢铁行业、以艰苦奋斗克服重重难关、以言传身教培育英才，是真正的“大先生”，教育引导一批批学子心怀“国之大者”，更激励着一代代青年学者争当“大写”的教师。正是有徐业鹏这样“甘为人梯”的师者，北科大才有了不竭的动力和奋进的能量，不断培养更多“比钢还硬、比铁还强”的具有钢筋铁骨的时代新人，为科技强国、民族复兴作出新的贡献。

编辑　孔德雨、孙宏伟、赵倩、牛思亚

一心为国育才，一生为材筑梦

——记金属材料学领域专家　余永宁

余永宁，中国香港人，生于1934年，金属材料学领域专家。1953年考入北京钢铁工业学院（现北京科技大学），1962年破格晋升为讲师，1982年晋升为副教授，1988年晋升为教授，1997—2001年任材料学院院长，第七届至第九届全国人大代表。半个世纪间，余永宁老师坚守材料专业教育教学一线，致力于专业改革、课程改革和教材建设，发表了学术论文百余篇，出版译著、教材及专著11部。从60年代“现场教学”、70年代“结合课题教学”，到21世纪初高等工程教育教学改革，他始终为教学改革倾注心血。曾多次受到各级政府和学校的表彰并获得“北京市劳动模范”“北京市教育系统先进工作者”“国家级教学名师”等荣誉称号，荣获国家教学成果奖一等奖1项，省、部级奖励3项。独立完成的“九五”国家重点教材《金属学原理》，被同行专家誉为“我国迄今为止内容最丰富、系统和深入的金属学原理教材”，荣获2002年全国优秀教材奖二等奖。

求学万里攻坚克难，一心为国历久弥坚

余永宁出生在中国香港，家境本算殷实。新中国成立后，不顾家人的反对，毅然决然前往广州上中学。高考之际，余永宁在报纸上看到了国家的五年计划，“国家钢铁行业亟须发展！”这是当时国家发展情况的真实写照，也是国家对有志青年的殷切呼唤，这几个字深深地触动了他，于是便满怀热血地报考了北京钢铁工业学院，从此便与材料结下了一生之缘。

新中国成立之初，百废待兴，交通远不如今天发达，从广州出发来到北京，余永宁花了三四天的时间。当时的钢院，校区刚刚兴建，只有四栋宿舍楼，没有水电，学习住宿环境条件很差，厕所也很简陋。由于学校没有电灯，到了晚上大家只能点着蜡烛读书学习，但是没有一个人因为条件艰苦而抱怨。更为困难的是，当时的学习资料也很缺乏，想要找到对应的学习资料非常困难，余永宁和同学们在完成老师布置的习题之后仍感觉学得不够，课后就和同学们一起到图书馆翻阅图书资料、寻找试题练习来夯实学习、追求进步。

1957 年，余永宁从北京钢铁工业学院金相及热处理专业毕业，因在校时学习成绩优异而留校任教，开始了他一生引以为傲的教学事业。他最初进入“金相及热处理”课程组成为课程的后备教师助教，不久后便承担了非材料专业的“金相及热处理”课程教学任务。新中国成立初期，我国高等学校理工科课程尚未建立起自己的教材体系，几乎都用国外的教材，“金相及热处理”课程也不例外。为了拥有适合我国高等教育培养目标的教材，余永宁在课程组前辈们的指导下参与研究和编写教材。自此，他开始了持续近半个世纪的教材研究和编著工作。1960 年，由刘国勋主编、余永宁参编的教材《金属学》正式出版，这部教材是当时国内理工科高校中少有的几部自编教材之一，很快便成为国内很多高校的相关课程教材，使北京钢铁工业学院的教材建设工作走在了全国材料学科的前列。

余永宁从北京钢铁工业学院出发，一生立志工科报国，投身钢铁事业，以钢报国、以教育才，成为一代代材料学子的引路人。

研精覃思笔耕不辍，求真求实治学以严

余永宁把“严谨细致”作为一生治学的基本理念，他对知识始终保持着“敬畏”之心，而这种以“严谨”来“治学”的朴实初心，也是他对学生的要求和期待。一次教学中，余老师略微有点生气地和同学们说：“大家最近看新闻了吗？107 篇中国医学论文因‘同行评议造假’等问题被集中撤稿，那么多人写假论文是因为有利益驱使啊！咱们材料行业，有没有假论文我不知道，但有没有不合格的论文，大家都可以评判。”余老师打开了一个文档，语气沉重地对同学们说道：“这篇文章中的作者说他首次发现了‘再结晶潜热’，老兄啊，‘再结晶释放形变能’这个结论 1960 年的时候就得出了。这个理论他爷爷都知道了，他怎么敢说自己是首次发现？”余老师戏谑的口吻中更显愤怒，“这些论文就喜欢用‘首次提出’这些字眼来博眼球，来显示自己研究成果的重要性，却忽略了科学的严谨性。归根到底还是大家对科学研究不够敬畏啊！”余老师格外地语重心长，“搞科研就踏踏实实做好实验，通过实验结论来发表论文；在座各位就踏踏实实做好一个学生，花时间、花心思学习。不要只把社会主义核心价值观挂在嘴上，‘爱国、敬业……’不只是说说而已。”批评之余他也不忘在严肃的气氛中调节同学们的心情：“要是我看到谁将来发表的文章中有这种他爷爷辈都知道的理论，我就得跟你谈谈了。”余老师虽然语言幽默、笑容可掬，但其严谨治学的态度和实事求是的精神却时刻感染着每一位学生。

学科专业教材的编写和更新是余永宁一生放心不下的工作。1977 年以后，我国高等教育事业重回正轨，他又承担起了大量的课程教学任务，除了继续为本科生讲授“金属学”，还为硕士研究生开设了“弹性力学”“位错理论”“体视学”“材料结构”等课程，为博士生主持“材料科学与工程前沿”“材料科学与工程选论”等课程。同时，余永宁还倾注大量精力对教材及教学内容进行更新。1984 年出版的《金属学原理》更新了 1950 年旧版教材的很多概念和内容，成为此后相当长一段时间国内此类课程的首选教材。这本教材的成功出版和广泛应用并不是他的终点，为了持续更新教材内容，余永

宁阅读了诸多国外文献，在编写出版专著《体视学》、与其他教师合译出版《金属和合金中的相变》《金属基复合材料》《工程材料科学与设计》等译著的同时，跟踪学科的研究前沿，又开始着手全面更新《金属学原理》。从1986年开始，采用逐节更新、按章刊印、校内使用的办法，以最快的速度把内容更新了的教材传递到学生手中。其间，《金属学原理》被列入“九五”国家重点建设教材规划，此后又几经修改，直到2000年独立完成内容更新工作，结集出版，该版教材在2002年荣获“全国普通高等学校优秀教材”二等奖。人们常用“十年磨一剑”来形容用功之精深，肯用十五年的功夫去琢磨一部教材的一版，余老师执着教学、默默耕耘的精神可见一斑。

以求知为趣，以进取为乐。在多部教材获奖后，余永宁仍然没有终止对教材改革的研究。在近古稀之年，他又开始着手多媒体课件的制作，希望能够把多年来对教育的理解、对课程内容的把握用现代化的手段展现出来。余永宁独立完成了《材料科学与工程概论》《金属学原理》等多媒体课件的编制，他主持编写的“十五”国家级规划教材《材料科学基础》也已成为立体化精品教材。在研究课程体系、更新教材内容、改进教学方法的同时，余永宁倾力而为的另一项工作则是教学改革的研究和实践。从60年代“现场教学”、70年代“结合课题教学”，到21世纪初高等工程教育教学的改革，他主动为之，积极投入，坚持为本科生讲授材料专业基础课程，从不满足于维持性教学，而是在教学中不仅传授本学科的知识，注重为学生打好坚实的通识基础，注重全面培养学生的综合能力，把数理化、力学及材料学等多方面的学识融入日常教学之中，高水平地完成现代教育目标所赋予课程的任务。

循循善诱亦师亦友，春风化雨立德树人

余永宁一直教育学生要保持谦逊，而他更是用一生的实践和行动在进行诠释。余老师经常自嘲道：“我这半辈子都在做着和专业没关的事，所以水平很低。”然而每一个接触过他的人都知道，那些他所谓的“与专业没关的事”，是教育，是育才育德，是最基础却又最重要的事。“文革”结束后，面对出国的风潮，余老师选择了继续留在学校，用他的话说，“总有人要留下来

教育下一代人吧”。

余永宁教学从来不局限于课本上的固定内容，对他而言，比具体的一个个知识点更重要的是教会学生学习的思维和成熟的知识体系。余老师在课堂上多次语重心长地对同学们讲：“大家要知道我们学习的目的，除了学习知识也是在学习能力，我上课的时候并不是要求同学们记住结论，而是希望你们知道，在面对问题的时候，如何一步步从物理概念出发、解决物理模型，然后怎么用数学得到结论，培养的是同学们这个思考的过程。而很多具体的知识同学们会觉得有些可能不会用到，但是大家还是要认真学习，因为这些都是将来为大家提供想法的方向。”余老师也会用自己的小故事来启发大家认识知识体系的重要性。在一次工厂参观的时候，余老师为了解决工厂的一个问题而设计了一个小型变电站，当时其他人都感到非常惊讶，余老师是材料专业的竟然也能完成变电站这样的非本专业的工作，而余老师借这个故事对同学们讲：“我们学习的电工电子技术就是为我们提供了一扇窗户，让我们知道该怎么去思考，怎么去下手，哪怕具体的数据你不知道，但是你可以查手册去找，没有思路才是最不行的。很多问题都是最基本的概念和原理稍加结合实际，大家有了基本知识体系，在今后处理问题的时候才有思路。”

余永宁一生都在诠释“为师”二字。对于学生而言，余老师就是为材料而生的：学习的课本是他编写的，使用的讲义是他制作的，对《材料科学与工程基础》每一章的内容他如数家珍……余老师虽已年近九旬高龄，但身姿依旧高大挺拔，常常面带可亲的笑容，只有在讨论学术问题时表情严肃，一到下课又恢复了幽默的风格。他在生活中与学生很亲近，学生感受不到所谓的“代沟”和隔阂，在教学中却又严格要求，一丝不苟，深受学生爱戴，私底下学生们都尊称他为“老爷子”。对待学生的事情，余老师从来都不遗余力，每一个学生的作业，他都会认真仔细地批改修注，很多批注甚至比学生的回答更加丰富。有时，学生因为疏忽在作业中马虎出错，他从来不对学生进行严厉的批评，而是通过自己的实际行动影响学生，让学生真正认识到材料学科的魅力。很多学生会在下课后陪他一起走到住宅楼下，一路上向他请教问题、畅聊学术、畅谈人生，其间既有一丝不苟的专业探讨，也有日常生活的琐碎点滴。余老师时不时地还会和学生们开一些小玩笑，有时也会请学

生上去“喝一杯茶”，气氛轻松愉悦。余永宁先生的住处装饰普通，甚至有些简陋，而就是在这里，他为一名又一名的学生答疑解惑，指引他们踏进材料科学的殿堂。余老师经常在他的小屋里为学生讲解作业中的错误，作业纸上，他用红笔把错的地方都画了出来，讲完作业的问题后，余老师会用他沧桑但亦如他内心一样炽热的手抓着学生说：“只有把兴趣和努力投入到这门课的学习中才能学好，不要管哪些考哪些不考，也不要管别人不是很努力也得了高分，自己学到了知识又不会吃亏。要相信‘一分耕耘，一分收获’啊！”面对这一席话，学生们都会为之动容。

何为魅力？是严谨认真而不刻板，是德高望重又和蔼可亲，是精于学术又懂得生活，是虽已耄耋之年却仍然充满青春活力，是始终关心年轻人的收与获却又从不计较自己的得与失。余永宁的魅力不仅在于他的性格，更是在于他的胸怀。总有一些人，他们的心思不在于自己，他们的胸中有沟壑，把整个单位的发展、行业的进步乃至国家的兴盛都囊括在心中，一呼一吸尽是忧国忧民。偏偏又是这群志向远大的人最脚踏实地、聚焦细节。先严格要求自己，再感染带动身边人，没有叫嚣、没有抱怨，只有默默付出、勤勉进步。从高考报考的那一刻起，余永宁的命运就与“材料”二字紧紧相连，随着年华流转，他从北京钢铁工业学院的材料学子，变成之后一代又一代材料学子的引路人，让更多的学生认识材料、走进材料，用一生诠释着“学高为师，身正为范”的人生格言！

编辑　王进、陈星翰、姚惠迎、刘震

万物流转心不变，千锤百炼育人匠

——记物流领域专家　吴清一

吴清一，江苏涟水人，生于1935年，物流领域专家，在国内与国际物流界享有威望。原北京科技大学教授、物流研究所所长，中国物流与采购联合会副会长、托盘专业委员会主任，亚洲托盘系统联盟副会长，《物流技术与应用》杂志及《货运车辆》杂志主编，东京工业大学客座研究员。最早将物流的概念引入中国，长期与有关部门、学会合作从事中国物流事业的开拓与启蒙工作。组建北京科技大学物流研究所和物流工程教研室，在北京科技大学创立物流工程专业（本科），创办《物流技术与应用》季刊。曾获国家科技进步奖三等奖、冶金部科技进步奖二等奖。2002年被评为我国物流界十大风云人物之一，2006年被评为中国（首批）有突出贡献的物流专家，2008年被授予改革开放三十周年突出贡献物流专家，2016年被中物联授予“中国物流行业终身荣誉奖”，2018年被授予改革开放四十周年物流行业专家代表性人物。

敏而好学入钢院，深钻细研育桃李

1935 年，吴清一出生在江苏涟水县一个富裕的家庭，从小受“万般皆下品，唯有读书高”的思想熏陶，培养了他敏而好学的品质，也为他日后的人生转折埋下了伏笔。

吴清一本该在稳定、富有的家庭中成长，但事与愿违，随着抗日战争的爆发，他的家乡沦陷。为了躲避战乱，他随着母亲辗转到舅舅家里，度过了几年艰难的童年时光，这段经历也造就了吴清一坚韧的性格。1945 年，抗战胜利，举国欢庆。12 岁的吴清一沉浸在家庭团聚的喜悦里的同时，还面临着新的难题——上学。他没有上学经历，而 12 岁对于小学来说已经是大年龄。几经周折，吴清一被安排在小学中年级的班级作为插班生试读。虽然吴清一没有接受过系统的教育，但走进课堂后，他丝毫不比别的同学差，入学半年便在“写字与作文”等比赛中获得小组第一，也因此获得了跳级资格，成为高年级学生。

1955 年，吴清一面临高考。他成绩优异，高考取得数学 99 分、物理 98 分、化学 97 分的好成绩。但因为种种原因，他与自己研究原子物理的理想失之交臂，最终以优异的成绩进入北京钢铁工业学院（现北京科技大学）机械系学习。吴清一没有因为与梦想失之交臂而气馁，仍然保持着自己良好的学习习惯，认真对待大学期间的学习。在大学的学习生涯中，他一直品学兼优，还担任着班级的团支部书记一职。当时的大学还是五年学制，作为优等生的吴清一提前一年毕业，并留校成为了钢院教师。

1971 年，中国恢复了在联合国的合法席位，打开了与西方各国交流的大门。那时的北京钢铁学院（现北京科技大学）还没有一台计算机，也基本没有人了解计算机是什么，教师们便自发邀请计算机专家来校讲授相关知识。通过学习，吴清一在感受到计算机神秘的同时，也意识到其未来的前景，于是积极投入计算机的学习中。随着学习的不断深入，吴清一逐渐掌握仿真、建模等计算机新技术，也成为他后续教育事业发展的重要工具和助手。与此同时，学校广泛地组织教师进行外语学习，由于当时有学习英语意向的老师数量很多，吴清一将学习名额礼让给其他老师，自己则组织了一些有学习日语兴趣的老师进行自主学习。也正因为学习了日语，使得吴清一日后获得了去日本访问学习的机会。

因缘际会物流业，为国育人做先生

1985 年，50 岁的吴清一在机缘巧合下作为访问学者之一，前往日本神奈川大学访学，吴清一凭借扎实的学识和对计算机技术的熟练掌握，用了不到半年的时间便基本完成了访学的科研任务。但吴清一并没有因任务完成而放松，而是在空闲之余前往神奈川大学图书馆，学习知识、开阔眼界，他也在这里结识了神奈川大学的计算机课程教授北冈正敏。北冈正敏十分热爱中国文化，有天，吴清一与其聊到慧能法师的故事，当聊及慧能法师的“菩提本无树，明镜亦非台。本来无一物，何处惹尘埃”时，北冈正敏感慨道：“在宋朝，中国的佛学就能达到如此认识。”吴清一笑笑说：“慧能是唐朝人，所以此偈也是唐朝时期所做。”双方这样各执己见，进行了一番争论。两日后，北冈正敏给吴清一打来了电话，“吴先生，我回去查阅了书籍，确实是我错了”，北冈正敏还提到，“我认识一位老先生，也很喜欢中国文化，您要是能去拜访他，他一定很高兴。”吴清一欣然答应。

就这样，吴清一前去拜访这位喜爱中国文化的老先生，也是改变他学术研究方向、引导他走上物流之路的贵人、日本物流之父——平原直。他们畅谈古今，其中印象最深刻的还是平原直从物流角度看待中国的三首歌曲：一是聂耳的《码头工人歌》，二是和长城有关的民歌《孟姜女》，三是修建进藏公路的歌曲《二郎山》。这次谈话中，吴清一也深深感受到了物流的魅力，平原直将物流看作自己的价值标准，融入自己的血液，令吴清一很是敬佩。在平原直先生的推荐下，吴清一接过了《物流入门》一书，由此开启了自己的物流生涯。

新中国成立以来，我国对生产资料和消费品实行计划生产、计划分配和计划供应，各个行业依据物资流通所需各自设立供销公司、批发零售网点、仓储系统、运输队伍等，这使得整个社会的生产、流通、销售等环节被割断

打破、相互分离。这也导致物资周转缓慢、社会库存量大、资金占用额大等问题。20 世纪 80 年代以来，在改革开放背景下，国家针对流通领域的企业体制、批发体制等进行全面改革。但此时我国还属于传统物流阶段，吴清一认准这一历史大势，1986 年回国后便根据自身资源立即开展物流活动。

吴清一回国后，便立即向校长汇报了访日成果，校长充分肯定了他在现代物流科学方面的想法。吴清一依托起重机教研室，开设多门物流相关的选修课，并在 1986 年 9 月招收了中国现代物流教育历史上第一个明确以“现代物流”概念为专业方向的研究生。随着各项事业的相继开展，吴清一以起重机械小组的老教师为骨干，又吸收了几位青年教师，成立了物流教研室。此后，吴清一带领团队多次解决重要课题，如金川有色金属公司的高温镕砂输送技术研究。吴清一创办物流专业，编写《物流学》等多本物流专业教材，成功搭建了物流领域本科、硕士、博士人才培养平台，培养多位博士生成为物流领域的专家，为多位学生提供出国深造的机会，为国家源源不断输送物流人才，也加强了国际间物流行业的交流。

1994 年，吴清一出差去日本再次拜访平原直，并给平原直带去了物流事业在中国发展迅速的好消息。平原直欣喜之余，又陷入了沉思。“吴先生，中国现在应该很需要开展物流的启蒙教育和物流知识的普及活动，从这点来说，最好以媒体为工具，面向大众广泛宣传物流理论与知识。”他顿了一顿，坚定地说，“你应该创办一本物流杂志!”在日本得到了平原直的大力支持，吴清一回国后便开展了相关工作，这也得到校领导、国内专家学者的支持和鼓励，几经周折，这本以技术性、实用性为特色，兼顾中国物流发展水平的需要以及现代物流理论和知识的宣传的杂志《物流技术与应用》最终获批出版。

老骥伏枥再出发，献身物流育匠心

进入 21 世纪，全球经济一体化进程日益加快，从事物流的人员如雨后春笋般涌现。但与之形成鲜明对比的是，我国物流人才存在巨大缺口。时任中国物流与采购联合会的副会长之一的吴清一，也深知这一困难。恰逢国家委托中国物流与采购联合会制定国家职业标准，为物流行业的职业教育、职业培训和职业技能鉴定提供科学、规范的依据。吴清一得知此事后十分欣喜，马上着手开始制定标准。在与协会专家的共同讨论中，吴清一求同存异，提出三级物流人才金字塔，并进一步明确了每一级人员应该掌握的知识、具备的技能以及能够担任的岗位。正值“非典”期间，吴清一伏案三个月，将整个培训体系继续完善，并制定整理好培训教材。“非典”结束后，他马上组织开展全国培训，累计培训30余万名物流技术人员，很大程度地缓解了国内物流人才急缺的情况，他编写的教材也被考生们称为“金牌教材”。但与此同时，我国物流事业虽然在不断向前发展，进度却十分缓慢。70岁的吴清一在认真分析、走访多家企业后，得出结论：要想发展物流信息化、数字化，“托盘共用”是物流发展的必经之路。于是他便义无反顾地投向了这项事业。

随后，吴清一在中国物流与采购联合会的会长工作会议上力排众议，成立了中国物流与采购联合会托盘专业委员会。托盘协会成立还远远不够，更需要把名号打出去。吴清一带着工作人员大范围查找国内托盘生产厂商，并一一发通知，建立初步联系。终于在两三年后，托盘企业开始慢慢认同托盘委员会的工作，并有许多国内大型托盘企业加入协会。托盘协会在国内达到一定知名度后，吴清一开始着手国际的托盘协会，协调国际资源，学习发展经验。2002—2008年，吴清一多次到访日、韩等国参加国际物流对话会，屡次担任中方代表人发言。吴清一多次在会议上就物流标准化和建立国际物流无缝对接有关的托盘共用系统合作问题提出建议，并取得了会议各国的热烈反响，多次作为会议的焦点内容。他的足迹遍布欧洲各国、亚洲各国、美国、澳大利亚，为我国引入多条木托盘生产线，大大提高了我国托盘行业的生产水平和生产效益。在吴清一的带领下，托盘协会修订国内托盘标准，推动托盘共用系统，将我国物流行业的发展再次带入快车道。在吴清一的不断努力下，亚洲托盘系统联盟于2006年在东京成立，这一联盟的成立对于亚洲各国未来物流事业更好的合作与发展是至关重要的一步，以亚洲托盘系统联盟为载体，也将继续推动亚洲各国的物流交往活动。至今，吴清一仍然在推进我国的托盘共用系统，希望能够早日开花结果。

吴清一多年来致力于培养物流人才，作为老师，春风化雨，诲人不倦，至今已经培养出多位物流行业的领军人物，他们有的已经成为国内著名高校

的教授，继续为国家物流事业培养人才；有的工作在国家机关部门，为物流事业的发展争取更多政策与资源；有的奋斗在物流行业的头部企业，不断将最新物流技术与实际生产相结合……这些在国内相关领域取得成就的弟子们无不表达了对吴清一老师的感恩之情，并对他工作中的执着精神和认真态度十分钦敬，很多人都称他为“事业上的良师，人生中的楷模”。

2022 年 4 月，时值北京科技大学建校 70 周年校庆之际，吴清一与其培养的多位物流工程专业校友，联合社会各界人士共同集资 200 万元，成立了“北京科技大学吴清一物流教育基金”。在捐赠仪式上，87 岁高龄的吴清一回顾了自己多年来的物流教育工作，并希望能够通过设立“吴清一物流教育基金”，继续支持学校物流学科研究，让学校物流学科能够始终保持国内领先地位，继续培养更多的创新型物流人才。在场师生无不为老先生的奉献精神而感动，更有多位学生表示要以国家物流事业建设为毕生追求，将吴清一的精神弘扬开来。

吴清一通儒硕学、开拓创新、视野开阔、甘于奉献，始终将育人作为自身使命，将国家发展视为自己的责任，目前仍在物流行业躬耕不怠，为中国的物流乃至亚洲的物流行业发展作出了卓越的贡献！在国家高速发展的新时代，他以一种“大先生”的榜样，激励着一代代青年学者争当“大写”的教师，坚持特色，培养更多善于解决“卡脖子”问题、具有钢筋铁骨的时代新人，为科技强国建设发展作出新的贡献。

编辑　杨明明、孟楷清、李晓彤

锡有博学之高，善如春风之温

——记高温合金领域专家 谢锡善

谢锡善，浙江慈溪人，生于1935年，国际知名高温合金专家。北京科技大学材料科学与工程学院教授、博士生导师。国家特殊津贴获得者和冶金部突出贡献专家。1956年毕业于北京钢铁工业学院（现北京科技大学），1961年取得捷克奥斯特拉发矿冶大学技术科学副博士学位，归国后在北京钢铁学院（现北京科技大学）任教。1979—1981年在美国哥伦比亚大学做访问学者。曾任北京钢铁学院高温合金教研室主任、北京科技大学研究生院副院长、中国金属学会常务理事、中国材料研究学会和中国机械工程学会理事。现任中国机械工程学会材料委员会名誉理事长、中国金属学会荣誉会员、中国机械工程学会荣誉理事、国际矿物金属材料联合会（IOMMMS）

常务理事。曾获国家科技进步奖二等奖、三等奖各 1 项，发表论文 300 余篇，参与出版《高温合金学》《GH132 合金》《物理冶金进展评论》《中国工程硕士专业学位研究》等著作。

心无旁骛求真知，青春誓言立初心

1952 年 8 月，教育部“(52) 院调字第〇一二号”文件指示：在北京成立钢铁学院，暂附设在清华大学，准备次年成立独立的专门院校。同年秋天，谢锡善顺利考入北京钢铁工业学院[1]。大学四年里，谢锡善勤于学习、敏于求知，专攻博览，把所学知识内化于心，不仅为后来的科研工作打下了坚实基础，也从此树立起“为党和国家奋斗终生”的人生观。

1953 年，北京钢铁工业学院由清华大学迁入满井村。回忆起在钢院求学的时光，谢锡善感慨良多，点点滴滴虽时隔多年，却仍历历在目。他回忆说，当时的大学生活是非常艰苦的，那时的钢院没有自来水、没有电，甚至没有像样的教室。没有自来水，大家就靠着满井村的一口水井洗脸刷牙；没有饭厅，大家就在宿舍走廊伴着烛光共进晚餐；没有教室，大家就在涂满泥巴的工棚里上课。盖“以中有足乐者，不知口体之奉不若人也”，虽然条件艰苦，谢锡善却感到十分满足。

大一年级的政治课教员是一位老革命，教授的是“新民主主义论”。谢锡善回忆道，这位革命前辈结合党史和他的亲身经历，从 1921 年建党讲起，串联起长征、抗日战争、解放战争，将共产党人义无反顾、前仆后继、“为有牺牲多壮志，敢教日月换新天”的奋斗历程讲活了。青年谢锡善的内心被深深地触动，他真切地感受到新中国的来之不易，也感受到了自己肩上的责任与使命——守护好、建设好伟大的新中国，把先辈们开创的事业不断推向前进。他以《钢铁是怎样炼成的》中主人公奥斯特洛夫斯基说过的话为座右铭，“人的一生应该是这样度过的，当他回首往事时，不因碌碌无为而悔

[1] 北京钢铁工业学院于 1960 年更名为北京钢铁学院。

恨”，激励鞭策自己珍惜时光，奋发图强。

大学四年里，谢锡善深受柯俊、章守华等名师大家的影响，在恩师们的谆谆教诲下，养成了作为一名科研工作者实事求是、敢于创新，注重理论结合实践的优良作风。忆起柯俊的绪论课曾讲到中国古人在《天工开物》中描述制剑的一句话“清水淬其锋”，此乃今日之“淬火”热处理也。就这样，谢锡善被金属学的魅力深深吸引，在心中埋下了从事科学研究的种子。他还记得，先生们常对大家说，绝对真理是没有的，科学就是在相对真理的长河中不断摸索。1956 年，即将本科毕业的谢锡善因成绩优异被选派赴外留学深造。带着国家的期望和重托，他申请提前毕业进入北京第二外国语学院集训，同年 8 月坐上了前往捷克斯洛伐克的火车专列，开启了研究生阶段的求学之路。

有名师指点，有同学切磋，在钢铁学院的每一堂课、每一本书、每一位恩师都是谢锡善在之后科研和育人路上一直追随的光，一路不忘的初心。心无旁骛求真问学，胸怀壮志砥砺奋斗。从 1956 年大学毕业到 2023 年，谢锡善已经为祖国工作了六十七年，但他并不满足于此，至今仍坚持开展科研工作，他说：“我还要为祖国和人民工作到七十年、八十年……”

勇担重任攀奇峰，矢志报国解难题

1961 年 8 月，谢锡善顺利取得捷克奥斯特拉发矿冶大学技术科学副博士学位，归国后被分配到北京钢铁工业学院任教，从此开始了他三尺讲台上的授课生涯。20 世纪 60 年代的中国，航空发动机工业刚刚起步就遭到西方国家的技术封锁和产品断供，国家急需大量自主研发的能够在高温和应力负荷条件下长期服役的高温合金。在这种情况下，北京钢铁工业学院接到任务，在北京市委和原冶金部的指示下紧急成立特种冶金系并下设高温合金专业，扛起了为我国培养第一批高温合金专业人才的重大使命。特种冶金系刚刚成立时急需教师，学院慎重考虑后决定将谢锡善分配到特种冶金系。谢锡善临危受命、勇挑重担，主动承担起“高温合金”教学、实验、实习等诸多工作。由于谢锡善有着扎实的专业基础和丰富的科研实践经历，讲起课来深入

浅出、贴近实际，备受学生们的认可和喜爱。以教促学，以学助教，谢锡善坚持一边教学一边钻研，为一代代钢院学子讲授了一堂又一堂生动多彩的高温合金课程，为国家培养了一批又一批专业素质过硬的优秀人才，昔日的学生中，不少人后来都成了谢锡善高温合金战线上亲密的战友。

1981 年 9 月，结束了美国哥伦比亚大学访学之旅的谢锡善再次回到母校的高温合金教研室工作。教学之外，谢锡善始终奋战在高温合金研发的一线，先后解决多个事关国计民生的重大课题，促进我国的高温合金研究迅速发展起来。

20 世纪 80 年代初期，我国民用烟气轮机涡轮盘大多依靠进口。当时，抚顺石油二厂装备的国产轮盘在运行了 806 小时后破裂，造成了十分严重的生产事故，石油部总工程师专程来学校寻求专家们的帮助。谢锡善想到如果能将军用的 GH132 盘件应用于民用大涡轮盘，那将为当时的中国石油化工产业带来巨大的进步。然而从军用到民用，不是简简单单地照搬技术就可以实现的，工艺上存在着诸多困难。民用石化工厂烟气轮机的轮盘尺寸比航空轮盘大得多，现有工艺生产出来的轮盘质量根本无法满足需要。不做调研就没有发言权，谢锡善等人在陈国良为主任的教研组内组建团队，认真审查了我国从美国进口的烟气轮机所使用的合金涡轮盘，证实了 GH132 合金应用于民用大涡轮盘的可行性。之后谢锡善又带领团队深入生产一线，多次到冶金厂实地调研。他们发现冶金厂生产的 GH132 合金大钢锭的质量符合生产要求，但是需要用更大吨位的压机进行模锻处理。为此谢锡善找到西南铝加工厂开展合作，借用当时国内最大吨位的三万吨水压机来生产模锻盘。在此期间，谢锡善团队一方面监督生产，保证质量；另一方面进行了大量的实验，确保冶炼、锻压、热处理等各个方面的工艺方案都科学可靠。功夫不负有心人，在团队的不懈努力下，合格的 GH132 烟机大涡轮盘终于生产出来了，并经石油部验收后成功应用于民用烟气轮机，真正地实现了产学研用的良好结合。在此基础上，随着我国石化工业的发展，GH132 合金烟机大涡轮盘逐步实现了批量化生产并且不断升级改良，该课题也在 1987 年获得了冶金部科技进步奖一等奖。

言传身教做表率，甘为人梯铸钢魂

科研与育人相结合是谢锡善一直秉承的教育理念。在当时，高温合金是应国防建设和经济发展需要设立的一门新专业。如何把应用中所蕴含的基本知识、基本理论讲清楚；如何让同学们更多地学习到高温合金中所包含的思路与方法；如何锻炼学生们的思维，做到举一反三、触类旁通，是谢锡善所孜孜追求的。在给研究生讲“时间相关形变及断裂”时，他把蠕变理论、高温强化机制以及失效结合起来，并将最新的科研成果充实到教学内容中，深受研究生们的欢迎。“自古言行唯有谨，从来学问只关勤”，谢锡善治学严谨，循循善诱。在解惑方面尤其注重对学生的引导和启发，充分发挥学生的自主性、积极性，激发学生的潜能。因此，在谢锡善的课堂上，你总能看到他用幽默风趣的语言与学生互动。学生们都说谢老师百问不烦，总愿意回答他们千奇百怪的问题。谢锡善还时常教育学生们珍视时间，辛勤工作，他常跟学生们说起自己年轻时在国外留学的故事。那时候的谢锡善常常工作到夜里十一二点，以至于后来得了肺炎住院。谢锡善注重“言传”，更注重“身教”，他始终以身作则，学生们吃完早餐来到实验室的时候，经常发现他已经在办公室工作很长时间了。

尽管工作非常繁忙，谢锡善从不放松对学生研究工作的指导，他始终强调：“研究生的培养要按最高层次的标准来，最重要的不在于给予研究生多少知识，而在于提高研究生的学习能力，尤其是开拓创新和独立科研的能力，要为他们以后从事研究工作打下坚实的基础。”在学生们的记忆里，每次向谢锡善汇报学习和研究进展时，他总是十分认真地倾听并提出自己的意见和建议。他非常尊重学生自己的想法，大多时候都是讨论和“请教”的口吻。谢锡善还经常带着学生的科研报告上飞机，在飞机上逐字逐句修改，下飞机紧接着又去参加学术会议。谢锡善的博士研究生，现清华大学教授张丽娜谈道：“谢老师知识渊博，外语水平非常高。在我博士期间参加的几次国际高温合金会议上谢老师都兼任国外重要专家的现场口译。我的英文文章，谢老师是逐字逐句仔细修改的，我的论文稿纸上经常都是谢老师修改的词句，密密麻麻

但书写得很整齐、很漂亮。”

谢锡善不仅重视基础理论研究工作，支持学生公开发表科技论文，同时更加重视和鼓励学生从国家和社会需求中寻找问题、解决问题。他总是说：“科学研究要为实际应用服务。”从教的六十余年里，谢锡善接收培养了众多来自企业的技术骨干攻读研究生，指导他们结合实际生产需要开展研究，帮助他们所在的企业突破了众多的技术难关。

除了学识渊博之外，谢锡善给大家留下另一个深刻的印象就是平易近人。他总是亲切地和学生说话，一点都没有老师的架子，聊平常的事情，就如同好朋友一般，有时候还会逗得同学们哈哈大笑。谢锡善将学生当作自己的孩子一样对待，总能及时协调或解决学生在学校生活和学习上存在的各种问题，多次亲自带领学生参观各类实验室、图书馆，介绍学校各种生活设施，引荐相关院系老师和学校管理人员给学生们认识，使大家很快地适应了在北京科技大学的学习和生活。谢锡善的平易近人也体现在与其他校外合作单位人员之间的合作中。在与企业合作完成科研课题的过程中，无论是普通工人、技术人员，还是高层管理者，只要曾经接触过谢锡善的人，无不称赞他的人格魅力、渊博知识、平易近人的态度以及极具号召力的言语，大家都将他看作自己的良师益友。

面容清瘦、言语缜密、内心坚定。谢锡善先生是一位纯粹的学者、师者和理想主义者，是把科研和育人工作融入血脉中的人。作为世界著名科学家，虽然成绩斐然却于平实、平凡的工作中展现着他身上与众不同的、朴素的学者风范与气质。且持梦笔书奇景，日破云涛万里红。谢锡善常说，“现在我们国家正在大力提倡创新，我想在这样一个大好形势下，我的高温材料‘中国梦’是完全有可能实现的。”严谨治学的理念与甘于奉献的精神贯穿了谢锡善的人生，谢锡善的成就已经成为书写在世界材料发展历史中浓墨重彩的一笔，也成为材料领域科技进步重要的一级阶梯。

编辑　王进、陈星翰、许婧、袁正臣

纸上得来终觉浅，绝知此事要躬行

——记钢铁冶金领域专家　姜钧普

姜钧普，山东烟台人，生于1943年10月，钢铁冶金领域专家。1960—1966年就读于北京钢铁学院（现北京科技大学）物理化学系冶金物理化学专业（学制五年半），北京科技大学冶金学院教授，2003年退休以后于2007—2018年担任北京科技大学老年科协分会会长。2004—2015年，多次应中国金属学会邀请负责学会年会以及相关专业性国际会议的英语同声传译工作；2004—2007年，在校内作为副导师协助在职教授辅导数名博士生科研及论文撰写；2007—2009年担任苏州工业园珉泰克（MINTEQ）公司顾问；2009—2015年担任北京神网创新科技公司顾问；2012—2014担任北京铁本工程公司顾问；2006—2014年负责冶金工业信息标准院英文周刊 *China Metals Weekly* 校对。先后获得国家教委科技进步奖一等奖，河南省冶金建材厅科技进步奖一、二等奖，

河南省科委科技进步奖三等奖以及上海市科学技术进步奖三等奖等省部级以上奖项，主编、参编著作4部，1995年享受国务院有突出贡献专家政府津贴。

求学之路勤奋克艰，一心为国奋勇向前

1960年9月，十七岁的姜钧普一个人背着铺盖卷儿，来到北京钢铁学院求学，自此与北京科技大学结下不解之缘。刚参加开学典礼过后不久，同学们就被学校安排到首钢进行为期十周的现场实习。当时学校贯彻实行“两参一改三结合”的方针，即“干部参加生产劳动、工人参加企业管理”，强调企业领导干部、技术人员、工人“三结合”。“当时适值国家困难时期，劳动条件艰苦，同学们吃不饱饭是常见的。有的学校体育课都停上了，但大家的精神状态很好，都积极地学习和生活。”姜钧普回忆道。工厂的劳动锻炼提高了他们的实践能力，艰苦的劳动条件磨炼了同学们的意志。

1966年初，姜钧普从北京钢铁学院物理化学系毕业，继而被分配到天津钢厂工作。得益于在大学期间多次接触过钢铁厂一线的生产实践，能与工人迅速打成一片。在天津钢厂第二炼钢厂的实习与转正后的工作期间，结合自己在大学所学，他把学校里学到的理论知识应用到生产实践中。1973年天津日报曾经在头版报道过他与现场工人们一起，对我国国内第一台15t氧气顶吹转炉炼钢工艺进行改革的一些事迹。他从第二炼钢厂氧气顶吹转炉炼钢工段工艺技术员干起，后又担任了转炉工段工段长。1975年调到厂办工人大学里负责安排教学工作，并结合他在氧气顶吹转炉炼钢的实践向学员们讲授“冶金物理化学基础”和“炼钢学”两门专业课程。

1978年3月18日，全国科学大会在北京召开，邓小平重申了“科学技术就是生产力”的论断，极大地提高了知识分子向科学进军的积极性。1978年全国全面恢复高考，姜钧普积极响应号召，报考了“文革”以后北京钢铁学院冶金系炼钢专业第一届研究生，并以专业第一名的成绩被学校录取。1981年3月学业期满后，被学校挑选留校任教。1985—1987年从加拿大MacMaster

大学两年进修期满回国以后，1988 年起担任冶金系冶金原理教研室主任，其间主讲冶金系硕士与博士研究生的“冶金物理化学”学位课程、“冶金物化研究方法”选修课程，以及本科生“钢铁冶金原理”“冶金专业英语”等课程。多年来先后担任 15 名硕士研究生导师，并作为副导师协助指导苗治民（导师黄务涤教授）、倪红卫（导师苍大强教授）、杨素波（导师蔡开科教授）3 名博士生的博士毕业论文。

1983 年姜钧普随林宗彩、周荣章教授一起被学校派往日本国立金属材料研究所进行为期三个月的合作科研，该国际合作项目于 1988 年获得日本科技厅“注目发明奖”。1989 年 6—9 月，他作为炼钢专家组组长，赴非洲津巴布韦钢铁公司讲学。1993 年，题为“含铌锰磷及其他一些元素生铁冶炼技术的研究”的科研项目获国家教委科技进步奖一等奖。

1991—1992 年，姜钧普在加拿大 McGill（麦吉尔）大学采矿与冶金系作为中、加两国政府间交换学者访问进修，时长 10 个月。期间对各种非高炉炼铁新技术（如 Iron Ore Smelting Reduction 等）作了综合、深入的了解，并在回国以后及时与国内同行交流。在国外的合作科研交流访问大大提高了姜钧普的英语水平，特别是在科技英语方面的交流能力。他多次作为口语翻译，不仅为本专业领域，也为其他相关领域的对外交流工作作出了自己的贡献。

脚踏实地求真探索，坚持创新躬身实践

姜钧普的科学研究方向以炼钢学为主，包括粗钢冶炼、炉外精炼、连续铸锭以及钢质量控制等实际生产应用领域的专业研究。在科研道路上曾遇到过很多棘手的难题，但他始终坚持孜孜以学，勇于探索未知领域，不断突破自己的知识盲区。当被问到如何利用理论知识解决生产中的实际问题时，姜钧普说：“毕业以后，遇到的大部分实际问题是在学校里没有接触过的，那就一定要去向实践学习，并深钻其他有关的专业领域。”

姜钧普回忆，他在上大学期间十分注重实践能力的锻炼，在实习实践中感受真知灼见，将所学知识合理运用到实际生产实践中。当他发现在学校里

学到的知识不能完全解决实际生产应用中的问题时，他便踏踏实实寻根源，仔仔细细查文献、深思考，在实践中不断探索。正所谓“纸上得来终觉浅，绝知此事要躬行”，他始终相信“知行合一”才是正确的治学方法。他常说：“等到真正走入生产一线，你会发现很多现象用在学校里学到的知识是解释不了的，那就必须结合当时的生产实际做研究、下功夫。”他在产学研相结合中开展研究，不断在实际生产现场验证自己的想法，充分诠释了学术研究的工程价值和意义。正因如此，姜钧普也经常勉励同学们一定要走知识与实践相结合的科学研究之路，将前人好的研究成果同当前碰到的生产实际问题紧密结合起来。

1981 年研究生毕业以后，1983 年姜钧普作为冶金系讲师跟随导师林宗彩、周荣章教授一同到日本国立金属材料研究所进行铁水提铌项目合作科研，最终成果获日本科学技术厅“注目发明奖”（中日间政府合作项目——“包头铁水提铌”），这是他第一次出国访问。1985—1987 年，他作为访问学者到加拿大访问学习，1991—1992 年又作为高访学者到国外高校进行交流合作。“这些出国访问、进修的经历为我的学术生涯添上了一笔重要色彩。”姜钧普说道，与不同国外同行的思维碰撞也使他收获颇多。在多次出国访问学习中，他都保持虚心学习、实事求是的态度，并以这种学风教育和影响自己的学生。往后的十余年间，姜钧普先后多次赴美国、芬兰、德国、法国、荷兰、比利时、奥地利等国参加专业学术会议及访问，2001 年 9 月至 2002 年 12 月受聘担任中国金属学会国际部主任，为我国钢铁行业科技人员与国外同行技术交流作出自己的贡献；2010 年 5 月姜钧普受聘担任北京神网创新科技公司顾问，先后赴美国、印度访问多个著名钢铁公司；2012 年 1 月应北京铁本工程咨询公司安排，赴菲律宾某钢铁公司参与电炉炼钢工艺诊断与咨询。

一段时期以来学术界出现了“一切围绕科研经费为核心”“谁英雄谁好汉，科研费上比比看”的不良风气，在这种大环境下，他始终能够坚持自己的做人底线、不为所动，坚持实事求是的学风，不跟风，不比谁的经费多，只比真知识。他还教育自己的学生绝不在学术论文里弄虚作假，例如在实验数据处理时只采用认为对自己有利的实验数据，而忽视实验过程中所谓的“不利数据”的主观研究方法。他最崇尚的格言是：“做老实人，说老实话，办老实事”。

在2004—2015年期间，姜钧普多次应中国金属学会邀请在许多学会年会以及相关专业性国际会议上负责随团翻译、英语同声传译等工作。2006—2014年，姜钧普为冶金工业信息标准院英文周刊 *China Metals Weekly*❶ 校对文章，1989年曾在冶金部的组织下前往非洲讲课，此后他还受邀担任一些国外在华企业的技术顾问等。自退休以后，2007—2018年，姜钧普担任北京科技大学老年科协分会会长，并先后担任离退休老干部处退休十一支部党支部副书记、书记直至2022年。

姜钧普在从事科研工作的道路上始终保持着一颗探索真知、寻求真理的初心，秉持“活到老，学到老”的理念，退休后他仍对我国的钢铁冶金事业念念不忘，继续深耕钢铁冶金领域。

言传身教谆谆教诲，默默耕耘敢为人先

姜钧普一直保持吃苦耐劳、积极上进、敢为人先的科研态度，不仅为我国冶金工程领域作出了巨大贡献，还将毕生所学奉献给教育事业，默默耕耘在教育教学一线。从教二十余年主讲“冶金物化理论与应用”“冶金物理化学”“钢铁冶金原理”“现代冶金物化研究方法”“炼钢工艺与设备”“实用科技英语”“专业英语”等课程。他在一堂堂课程中言传身教，甘为人梯地为我国钢铁冶金事业培养了一批又一批优秀的人才。许多他带过的学生毕业多年后在各自的岗位上都已成为重要骨干力量。

在教学过程中，姜钧普非常注重培养学生在面对实际生产时发现问题、解决问题的能力，因此他经常带领学生们下钢厂、进一线，他说，“‘教育与生产实践相结合，知识分子与工人相结合’这个理念我一直觉得是十分重要的。”他回忆到，有一次他带着一批初次进入钢厂一线生产的学生参观实习，看到出钢环节时，耀眼的钢水从出钢口极速下泻，钢花四溅，初次见到这种场面的同学们会害怕躲闪。在他的耐心讲解和指导下，很多同学们从不适应

❶ *China Metal Weekly* 是由世界金属导报社发行的英文电子周刊，于2003年成立。

生产环境到能上岗实际操作，他们在经历一番磨练的同时也感受到了这份职业所肩负的使命。姜钧普感慨道，“相比于我们那个年代，如今的智能化生产在节省了人力的同时也大大提高了生产的安全性。但目前国家钢铁工业发展仍面临许多难题，同学们只有紧贴生产一线潜心研究，了解相关领域最需要攻克的技术难关，在日后才能做得出真正有意义的研究成果。只有在企业实习实践当中，才会更清楚地感受到课本上的知识在实践中的鲜活而立体的体现，从而对于课本知识有更加深刻的感悟和理解。”

随着近年来我国国民经济与科学技术的飞速发展，高校的科研环境也得到了很大的提升。“还记得自己当年准备本科毕业论文的时候总要去钢铁研究总院借用仪器，现在回想当年的钢铁研究总院里的仪器设备也不见得有现在咱们学校一个冶金学院里面的设备齐全。”姜钧普欣慰地说。在科研物质装备条件完善的新时代，他希望同学们充分利用好学校的科研环境，并且争取多到生产一线观摩学习的机会，实践探索与理论研究齐头并进，真正践行“求实鼎新”的校训精神。除此之外，他还期望新时代的北科学子能够德智体美劳全面发展，他说，“作为一个年轻的学生，体是基础，德是灵魂，不要光追求考试100分，要尽可能地运用自己所学到的理论知识，弄清并解决科研与实际生产中的具体问题。”正如他所言，如今的青年大学生有了更广阔的学习实践平台，我们要结合国家和行业的具体需求，牢记“科技报国”初心使命，把握好实现自身价值的道路。

从教数十年来，姜钧普始终秉承“甘为人梯”的奉献精神，一届又一届学生在他的谆谆教诲中丰满羽翼、精进学识，一批又一批地投入到一线生产和教育科研等领域，毫无保留地继续为我国钢铁冶金事业作出突出贡献，而姜钧普的鬓发也日渐斑驳。“春蚕到死丝方尽，蜡炬成灰泪始干。”他将自己的宝贵年华和毕生所学奉献给了国家的教育事业。

“纸上得来终觉浅，绝知此事要躬行”，姜钧普践行“知行合一，实事求是”的治学风范，一步步成为钢铁冶金领域的资深专家。从教数十载，他注重每一次教学实践，甘为人梯、默默耕耘，即便青丝渐白，也初心不改毫无保留地谆谆教诲。他始终如一地秉承一颗赤诚为国的心，将对母校的感激之情化作严谨治学、潜心从教的优秀精神，为以后的北科学子树立了卓越的榜样，为我国钢铁冶金事业作出了自己应有的贡献。

编辑　王斌、李福龙、霍文堉、周道敏

刻苦严谨求真学，孜孜不倦育英才

——记分析化学领域专家　鲁毅强

鲁毅强，山东牟平人，生于1944年6月，分析化学领域专家。北京科技大学原应用科学学院院长，现任化学与生物工程学院顾问，曾就读于中国科技大学、北京师范大学，对大学化学教学的改进、稀土的研究、分析化学等领域的科研都作出过巨大的贡献。1967年毕业于中国科学技术大学近代化学系，1968—1980年于青海地质局担任野外队技术员，1980—1982年于北京师范大学化学系攻读硕士研究生，1982—2009年担任北京科技大学应用科学学院化学系分析化学教研室主任、系主任、学院院长（教授、博士生导师）。曾获青海地质局、北京科技大学先进工作者、研究生优秀导师称号，以及研究生和本科生教学改革成果奖、本科生优秀教材奖，任教期间累计指导硕士、博士研究生49人。作为专题负责人和导师参加了国家自然科学基金和北京市自然科学基金的合作项目3项，国家“八五”重点科技攻关项目一项，国防科工委重点课题一项，在国内外学术期刊发表论文70余篇，获国家发明专利5项。

心怀国家志在化学，坚韧不拔苦练本领

鲁毅强受“两弹一星”成就的感召，于1962年考入中国科学技术大学，并选择了放射化学专业作为主攻方向。当时读大学的生活条件十分艰苦，鲁毅强回忆道：“那时候吃东西缺少油水，每天有一半的时间都是饿着肚子的。课程也很繁重，每周专业课的作业一交就是一大本，而且还要同时做三个不同学科的实验，做实验常常达不到老师标准，所以常常也是不分白天黑夜，要在平时和单休日重做许多次……”在物质条件十分艰苦的情况下，鲁毅强凭借不拔的精神克服困难，完成学业。毕业之后，正值青年下乡，鲁毅强服从分配，在青海地质局工作。分配到青海地质局后，他并没有在中心实验室工作，而是分配到中心实验室下属的放射专业队。在工作时，鲁毅强与工人们从事着一样的体力劳动，学习探矿的基本手段，冒着缺氧的危险，在4000多米的海拔上工作。鲁毅强当时所接触的矿油等物质，都是具有放射性的，他们用生命健康发掘着国家珍贵的矿产资源。因为鲁毅强是化学专业出身，几年后他争取到了回基地实验室学习的机会，发挥自己的专业能力。在这段时间里，鲁毅强克服了极为艰苦的学习环境，接受了严格的训练，巩固和加强了自己的专业能力。

研究生考试制度恢复后，鲁毅强参加了研究生考试。时间紧迫，条件有限，鲁毅强依靠着自己本科期间扎实的知识基础，考入了北京师范大学。当时的中国急需人才，鲁毅强的学业任务十分繁重，那时的他甚至很少周末休息。鲁毅强需要学习“无机化学”“有机化学”“物理化学”“高分子化学”“近代物理”“电工”等多类课程，且都按一类课程学习。鲁毅强的导师年纪很大，因病住院，鲁毅强的毕业课题要靠自己独立完成。在当时的实验环境下，各个化学试剂公司均无法提供鲁毅强的实验必需品光气❶，具有制备能力的研究所也因制备光气导致人员伤亡而拒绝提供。因此，他自己冒着危险

❶ 光气，又称碳酰氯，是一种重要的有机中间体，是非常活泼的亲电试剂，容易水解，是剧烈窒息性毒气，有剧毒。

去制备这种危险的气体，让同组同学的实验都得以进行下去，而鲁毅强也利用光气，合成了三种新物质，发表了高水平期刊。

从北京师范大学毕业后，鲁毅强迫切希望可以找到专业对口的工作。当时北京钢铁学院的钱志鹏教授的专业方向是光谱，正在招募助手，这与鲁毅强的专业恰好对口。两人联系后，鲁毅强便开始了在北京科技大学的学习与工作。鲁毅强承担了学校的分析化学设备工作，并担任实验室主任，负责管理分析化学教研室。

严谨求学勇攀高峰，严谨治学一丝不苟

“严谨”的治学态度，正是鲁毅强所具备的，也是鲁毅强从求学到科研乃至为师一以贯之的。

求学严谨。鲁毅强读研究生时，环境简陋，条件艰苦，便和油漆工一起刷实验台、制作通风橱，一步一步搭建实验室；实验用到的仪器、设备通通没有，鲁毅强便通过各种途径、想各种办法得到当时稀缺、现在却很容易见到的一些实验设备；研究需要的各种配体也没有，也得自己利用最基本的原料进行配制。最为惊心动魄的一次，是鲁毅强需要光气来作为合成新的化合物的中间体。多方寻找无果，鲁毅强决定自己制备。从仪器到原料，从实验设备到防毒工具，包括紧急预案等，一切能考虑到的、需要的东西他都准备好了，只剩最后一步反应的进行。但光气的实验危险巨大，鲁毅强深思熟虑之后，在一个周六晚上独自一人来到实验室，用氨水作为隔离屏障，开始了制造光气的实验。由于防毒面具会对制备过程造成较大不便，为了更好的实验效果，鲁毅强放弃了防毒面具的保护，在光气产生之后，憋着一口气去检查光气是否完全被苯吸收，然后又跑出来呼吸一口新鲜空气，又憋着一口气进去继续实验……如此反复多趟，最终制成了 500mL 的碳酰氯（光气）的苯溶液。也就是用这 500mL 溶液，鲁毅强制成了三种新的化合物，并且完成了他的科研项目。

治学严谨。鲁毅强担任教师以来，一直秉持着严谨的治学态度，也一直把这种严谨的态度贯穿于日常的授课和实验指导中。采访中，鲁毅强讲到过

去生产实习时做玻璃工的经历，看似很简单很单一的重复性工作，实际上有很多学问。控制玻璃温度、把握用力力度、掌握操作方法，需要通过反复练习，不断严格要求自己，最终才能熟练地做出美观实用的玻璃仪器。在日常的授课教学中，鲁毅强也非常重视操作的严谨。比如实验室中常用的分析天平，在每次使用前，他都很重视调平步骤，他提道："良好的开始是成功的一半，分析天平的调平在整个分析实验中是非常重要的。"除此之外，还有称量纸的回称等。他对待学生总是"严"字当头，对研究生的毕业论文要求十分严格，做不好必定要返工，哪怕是延期毕业也在所不惜。鲁毅强对学生不但业务要求严格，在道德方面要求也相当高，经常告诫学生，绝不可以有"海盗行为"。鲁毅强认为做学问必须一丝不苟，严格谨慎。他自己写文章严谨认真，格式、符号都要核对再三，指导学生也是逐字逐句把关，一位博士留学生谈到，"鲁老师对我们留学生一直耐心细致地指导，非常有幸能遇到这样一位老师。"

除此之外，鲁毅强还注重备课与阅卷的严谨，他经常走进教室，走进办公室，听老师讲课，抑或询问老师的备课情况。当考试周来临的时候，鲁毅强还会亲自检查试卷的质量，以及老师阅卷的公平性和严格性，确保每名学生的分数公正合理。

鲁毅强还谈到做科研时候的严谨。他强调，"搞学术研究、搞科研，我们要锻炼的，首先是实验工作能力。"掌握基本的实验技能，确保实验过程中的人身安全，完成相关文献的阅读和整理，这些都是在进行一个课题前应该熟知并且充分准备的。提前设计实验方案、认真规划实验时间、充分准备实验器材，这些都是科研中提高效率甚至提高成功率的方法。他希望我们在今后的科研工作中，也能保持着这种严谨的作风和态度，做一名合格的科研人。

精益求精追求卓越，开拓创新诲人不倦

锐眼察世以言化人，循循善诱桃李天下。《礼记》中有言："为人师者，必先正其身，方能教书育人，此乃师德之本也。"教育者，养成人格之事也。高尚的道德情操是鲁毅强的优良品质，更是鲁毅强的崇高精神。树人先树德，

育人先育心。鲁毅强作为教师，不仅有渊博的学识，更有为人师表的责任意识。

鲁毅强来到北京科技大学任教之后，承担学校分析化学设备管理工作，担任实验室主任。同时也负责当时分析化学教研室的管理。在1996年，鲁毅强担任了北京科技大学化学系主任。他特别注重实验室的建设和团队的合作，在经费短缺的条件下带头艰苦奋斗，与同事们一起把萌芽的创新思维转变成实实在在的实验研究系统。“80年代咱们学校师资力量还不够强，学院里没什么科研设备，条件非常简陋。一直到90年代的时候，世界银行贷款时咱们才进了一些先进仪器设备。比如物理化学中电化学测试仪、等离子发射光谱、热分析仪等等仪器，在那时才都在我校配备上。”鲁毅强回忆道。

鲁毅强致力于改革教学计划、设立新课程，给学生新的知识结构。同时，他增加实践安排，让学生提早参加科研、熟悉生产、熟悉工程，形成立足生产需要而学习知识的思维习惯和学习模式，全面提高人才素质和能力。

针对学院学生的实验课程，鲁毅强坚持“实验时候每一个‘怎么样’都要做”。他坚信创新发展和素质教育的重要性，谨记让传统文化教育从课本走向生活的信念。故而，鲁毅强针对学生实验方面多次调研，加强学生实验锻炼。“之前我碰到学生用重量法做坩埚恒重实验——四个坩埚两个样品，有的同学做了两三次都不恒重。我一看这坩埚就觉得有问题，我说：‘你这个不对，要按照顺序，以1234的顺序，或者4321的顺序放进去，拿出来的时候还得按照顺序号，因为它在空气里的停的时间要恒定，这样两次就能恒重了，而不是乱拿。’这里头就说明实验操作是需要磨炼的。”

针对学院学生实习，鲁毅强立足国情校情实际，克服20世纪80年代教学资源不足、教学资料不够、教学体系不全的困难，联系上海上钢五厂、上海钢研所、药楼化工厂等院厂，带领学生们开展认识实习和生产实习，为学生学习新知识、掌握新技术搭建了平台，帮助学生提升了专业素养、开阔了专业视野。鲁毅强回忆道，“80年代时期，我联系了稀土化学试剂方向的厂所，带领学生们去实习。那个年代咱们学校的设备条件较差，去实习时候发现人家都是最新的设备，但是我们的学生去了之后都学习领会得非常快，同学们接受了全面的训练，对专业的感悟也不断提升。”

春风化雨师道传，鲁毅强在为师者时始终主动发挥联结师生关系的作用，营造春风细雨般良好的教育熏陶氛围，以师德端正为先决，不偏独不排忌，善于从学生身上找寻价值和意义所在。鲁毅强为师勇于开拓又不计名利，积极吸引、团结和培养教师人才，为北京科技大学师资队伍建设和人才培养工作作出了杰出贡献。教育人生，讲台春秋，凝聚一生执着的追求；肩负使命，诲人不倦，尽显一代师者的情怀。教育关系到学生的青春，关系到国家的千秋万代，鲁毅强主张教育思想和教学实践同步创新。在北京科技大学任教期间，他讲授“发射光谱”“原子光谱学”“光谱选读”“光谱实验”等课程，受到学生们的广泛好评。

热爱，是鲁毅强的教学信念，在他的教学精神传承中，尤其注重对青年教师的培养。通过不断走在一线听课调研，鲁毅强发现这些青年教师思想活跃，对待课程非常认真。他也常常叮嘱青年教师对待科研必须严谨，对待工作必须先以身作则，不能误人子弟。

八十载光辉岁月，鲁毅强历尽艰辛，终成大器。他是一名心怀人民、心怀国家的共产党员，受国家号召选择放射化学专业，积极上进、勇为人先，用实际行动体现着共产党员的先进性；他是一名严谨认真、一丝不苟的学者，在艰苦环境中成长起来，以求真务实的科学精神和不怕苦、能吃苦的人生态度，在平凡的岗位上作出了不凡的成就；他是一名甘为人梯、勇于创新的老师，他致力于改革教学计划、设立新课程，给学生搭建新的知识结构、增加实践安排，孜孜不倦地教授一代又一代的青年。鲁毅强用“我想参加人生的每一场考试”的人生哲学度过了他大半辈子的峥嵘岁月，直面每一场考验，谱写了人生的辉煌答卷，指引着一代又一代的青年勇毅前行。

编辑 苏靖、许云凤、俞浩博、杨志伟

赤诚学子报国路，躬身追求志弥坚

——记机器人领域专家　余达太

余达太，江苏江阴人，生于1946年1月，机器人领域专家。1970年毕业于北京钢铁学院（现北京科技大学），1982年毕业于日本九州工业大学研究生院，获自动控制工学硕士学位。曾任北京科技大学机器人研究所所长，校长助理，自动化信息工程学院、信息工程学院院长，国家教育部科技委学部委员，国家自然科学基金委员会评审委员，国家计委高技术产业化重大专项评审专家等，现任国家发改委东湖产业基金首席科学家。长期从事机器人控制、工业智能控制、电动汽车智能控制、氢燃料电池控制技术与武器自动化等方面的研究开发，在国内外学术刊物发表论文80余篇，出版机器人学方面的专著3部。作为主设计师成功领导研制我国第一台全部自主技术的工业机器人，获冶金部、机电部、北京市等科技进步奖一等奖、二等奖、三等奖若干。

求学之路严谨务实，一心为国敢为人先

“少年强则中国强”，余达太和科学技术的缘分，要从他小时候说起。余达太自幼就对各种各样的家用电器感兴趣。他小时候最崇拜的人是他哥哥，因为哥哥可以鼓捣收音机，能让一个小匣子唱出歌来。9岁的某一天，看到哥哥又抱着收音机，余达太就忍不住伸出手来，哥哥却说：“去去去！小毛孩子懂什么？别搞坏了！”余达太郁闷之余花了两分钱买了一张景山公园的门票，径直奔向北京少年宫，因为他知道少年宫里有个无线电小组。在那里，余达太学会了组装、焊接单管机、五灯机、扩音机、电视机……16岁时，他第一次参加全国性的无线电测向比赛，在与众多职业选手的比拼中，取得了全国第11名的好成绩。在少年宫学习的时光，在余达太幼小的心里埋下了一颗“求索”的种子，为他日后投身机器人及电动汽车事业打下了兴趣基础。他始终认为，“兴趣才是最好的老师”，因此他鼓励即将进入研究生阶段的同学们，应该树立远大的目标，思考自动化领域的未来发展方向，再结合自己的兴趣爱好选择合适的课题。余达太时常对学生说起，热爱最能够激发不断深入研究的决心，推动研究者持续投入其中，不断钻研。“你不爱它，你怎么可能去钻研它，你只有喜欢它，你才可能去钻研它。”

1979年，余达太刚过而立之年，在北京钢铁学院任助教。他从20万名考生中脱颖而出，作为新中国成立后政府第一次大规模派遣的20名留学生中的一员，远赴日本九州工业大学进行深造，当时的他对神奇的机器人还抱着一种将信将疑的态度。“机器人，真的如此神奇吗？”余达太来到九州工业大学，参观了“日本机器人鼻祖”山下忠教授的机器人研究室，成为了山下忠的学生，他从此便与机器人结下了不解之缘。

在日本求学的时光是艰苦的，不仅要努力克服语言障碍，还要体验作为异国学者的艰难，但余达太凭借个人努力，最终以优异的成绩获得了日本政府的研究生奖学金。完成硕士学业后，他希望能够到工厂里去工作。他认为在大学里学到的缺乏实践的经验，远不如真正动手开发来得实在。为了检验自己的学习成果，余达太进入日本一家著名机器人制造公司——安川电机公

司工作。安川电机公司是世界著名的机器人制造厂家，在这里，余达太开阔了视野，看到了日本机器人在当时很高的发展质量和由此带来的国际地位，也深刻感受到我们国家在机器人领域还有很长的路要走。这更加坚定了他回国后要大干一番，为中华民族争一口气的决心。余达太谢绝了安川电机公司技术部长和研究所所长的再三挽留，放弃了直接升入博士深造的机会回到了祖国，在他临别时，老师山下忠对他说道："你若不能超过我，就不是我的学生！"

在安川电机公司工作的这段经历，让他深刻认识到，不论研究多么深奥的课题，首先要选择合适的手段与工具，仅仅依靠计算机进行仿真模拟的理论研究往往与实际应用相差甚远。他认为，在他的机器人研究生涯中，九州工业大学的学习经历为他打下了坚实的基础，安川电机公司则是教会他真正的动手能力，教会他怎么做、怎么开发。回国后，余达太将他在日本学到的理论结合实践的经验应用到了机器人的研究当中，他认为，将科研成果转化为经济成果，正是推动中国社会发展的关键。

咬定目标攻坚克难，配合默契奋勇向前

回国前，余达太带着对研制机器人的设想和对这一事业的憧憬，进行了技术准备，用他平时节省下来的生活费购置了大量的技术书籍资料、预订了有关机器人的杂志等。回国后，余达太除了进行技术准备还开展了广泛的国内调研。

"中国有10亿人口，你还造机器人，那样不是要使更多人待业?"一些起步较早的单位在这种舆论之下，步履维艰。余达太走访了一些工厂，看到工人在半封闭的环境中承受高噪音的冲击和高强度的工作，他为自己作为一名科技人员不能为在危险和恶劣的环境下工作的工人改善劳动条件贡献力量感到内疚。从此，一颗要改变这一切的希望种子在他心底默默埋下。

他满怀科技振兴中国的热情，将在日本调查到的第一手资料整合凝练，给学校领导写了一份关于"机器人应该上马"的报告，申请组建机器人研究室。但研制机器人是一项投资多、周期长、难度大的跨学科项目，没有几十

万、上百万资金是无法起步的，钢院领导虽然支持这项开创性的事业，但一时也拿不出这笔巨额资金。按照国家的规定，科研课题必须有副教授以上的头衔才能立项，而余达太只是个 36 岁的助教。“钢铁学院不研究钢铁，搞什么机器人，还是干点儿正事吧!”舆论纷纷，但是余达太并没有被击倒，他的执着精神，感动了中国科学院计算中心技术服务公司的领导，他们从有限的资金中拿出了 30 万元。“你们干吧，不成功算我们交学费，豁出去宿舍不盖了。”冶金系统控制专家、自动化系主任孙一康教授出来给余达太撑腰：“你挂我的名，具体的你们去搞吧！成果是你们大家的，失败了，责任由我承担。”

学校领导授权余达太“自由组阁”的权力，这在 1983 年的北京钢铁学院是破天荒的。捧着北京钢铁学院对立项报告的批复和一纸公文，余达太内心一阵激动，耳畔回响起导师山下忠的教诲：“要记住，你个人有再大的本事，若不能团结一批优秀的人才，充分发挥他们每一个人的作用，你将一事无成。”在他的不懈努力和多方支持下，来自材料、控制、机械、力学、数学等领域的 12 位老师组成的机器人研究室正式成立。

18 平方米的屋子、十几个人，几张桌子、几把椅子还都是借来的。1983 年 3 月 13 日，机器人研究室在钢院的一隅宣告成立。这里气氛和谐，配合默契。在“3 年攻下机器人技术”的誓言下，不分老少，不分师生，他们常为一个技术问题吵得面红耳赤，但最终都会服从最佳方案。经过无数次痛苦的失败后，他们终于研发出了自己的机器人控制系统——智能系统。也就是说，中国机器人从此有了自己的“大脑”。这个“大脑”，听得懂汉语，能够按照中国人的思维方式去工作。1985 年 12 月，我国第一台完全国产化的机器人诞生。这台命名为“北京人一号”的机器人，在实验室里完成了俯身、翻转、挥臂、组装、焊接等一系列动作，让专程来中国的山下忠等日本专家震惊不已。经过严格的检测后，这些挑剔的专家们也不得不给出结论：该研究室研制成功的机器人样机的计算机控制系统、伺服系统、各种接口、机构等，都不是使用现成的产品，而是完全独立设计、制作、调试的，特别是其控制系统的硬件、软硬件以及各种接口等，已经达到了 80 年代国际机器人的先进水平。1987 年，余达太作为主设计师，成功领导研制了我国第一台全部自主技术的工业机器人，机器人一经问世便得到了各方关注。

余达太的治学态度、治学方法和治学精神都体现了对科学研究的高度负责和追求卓越的精神。他的执着精神和团队的合作精神使得中国机器人技术得以发展，为国家的科技进步作出了重要贡献。

笃学仁爱秉烛铸魂，身正令行一世为范

余达太培养了一批又一批具有强烈的社会责任感、扎实的专业基础、勇于探索的创新精神和善于解决问题的实践能力的自动化学科领域人才。他时常强调，育人是身为老师最重要的任务，要做好爱国主义教育。立足于北京科技大学，做好爱国主义教育的比较现实的途径之一便是培养学生科技报国的热情，让同学们提高自身科技实力，让中华民族不断强大起来，让中国得到世界的尊重。

余达太先后讲授“晶体管电路”“晶体管脉冲技术”“自动控制系统”“机器人系统理论及设计”等课程，长期从事机器人控制、工业智能控制、电动汽车智能控制、氢燃料电池控制技术与武器自动化等的研究与开发。从教多年来，他培养出几十位研究生，在祖国的各行各业发光发热。余达太经常鼓励学生要追求个人理想，他说，“只有国家有实力才会受到尊重！民族如果要站起来，首先需要提升自身的实力，自身实力的提高就需要学生深入学习专业知识，提高自身专业技术。”余达太认为，学有所成，将才干用到国家发展中才是青年学生践行使命的最好方式。他鼓励学生们钻研技术，利用学校优势平台，发挥自身创新能力，将所学发挥到工程中来，将目光放在国家最需要的地方，用实际行动报效党和国家。

余达太在工作之余始终关注国家发展情况，也清楚地了解到行业发展现状，他深知很多核心技术还没有掌握在国家自己手中，在与学生平时的交流中，他鼓励学生们锤炼本领攻克关键核心技术，解决“卡脖子”问题，真正接过前辈手中的接力棒。

生活中的余达太还是位篮球爱好者，作为一名北京钢铁学院的“钢小伙”，年轻时的余达太一直活跃在学校篮球队，他谨记学校优良的体育传统和

深厚的体育文化，坚持锻炼身体。他时常与学生谈及要有一个强健的体魄，才能保证足够的学习和工作精力。年近八十的余达太仍然坚守在科研一线，他说："七十多岁其实也算是青年。"他用这种年轻的心态影响着一代又一代的学生。

"找到发展痛点，让自己的科研成果成为推动中国经济发展的不竭动力。"这是余达太对学生们的殷殷嘱托，他总是着眼于祖国最需要自己的地方，践行"将学到的东西真正运用到实践中去"的科研信条。耄耋之年继续攻关新能源领域，他在科研路上从不停歇；面向工程坚守一线，他将工业难题一个个攻关。余达太为我们带来的不仅仅是发挥团队力量干大事的独到经验，更有深耕实践迎难而上的不朽诗篇。中国的机器人控制之路，离不开余达太一般的铆足干劲的带头人，他始终保持着年轻的心态，不断为国家机器人与控制领域的发展贡献智慧！

编辑　陈建帮、田济、强珺、杨志伟

立德修身求真理，甘为人梯育英才

——记教育理论研究专家　毛祖桓

毛祖桓，生于1948年12月，籍贯江西吉安，中共党员，教育理论研究专家。1983年于北京师范大学教育科学研究所获教育学硕士学位，1988年于北京师范大学教育基本原理专业获博士学位。1988年3月起在北京科技大学工作，曾任北京科技大学文法学院副院长、高等教育研究所所长、副所长，教育管理系系主任，中国高等教育学会第一届~第五届理事。1990年英国兰开斯特大学教育研究系访问学者，1992年香港大学教育学院访问学者。作为学科带头人，毛祖桓为北京科技大学科技与教育管理二级学科博士点以及教育经济与管理、高等教育学两个硕士点的学科建设作出了突出贡献，并负责科技与教育管理硕士点的行政管理工作。发表学术论文70余篇，其中在核心期刊上发表论文20余篇。出版专著、译著及教材十余部，承担了中国工程院、教育部、中国高等教育学会、北京市教委等委托的多项课题。其中有多篇论文、多部论著、多项研究课题成果获奖。

启学业于艰难之中 谋发展在北科之势

毛祖桓的求学生涯跌宕起伏，青年时期他作为知青参与了上山下乡运动，而后被分配进入工厂接受劳动锻炼，在1978年才进入北京师范大学学习，这时他已经三十岁了。每当提到中间这十年光阴，毛祖桓觉得这段蹉跎岁月也是一笔宝贵的财富，更加珍惜来之不易的学习机会。在北京师范大学经过一年的本科学习后，因刻苦努力成绩优异，毛祖桓提前进入研究生阶段的学习，并顺利完成学业，取得了硕士学位。

毛祖桓在硕士毕业后选择了继续在北京师范大学教育系教育基本原理专业攻读博士学位，从事教育科学方面的研究。1988年毛祖桓从北京师范大学取得博士学位之后，在众多高等学府中选择了北京钢铁学院任教，因为北京钢铁学院当时承担着“钢铁强国”的希望与重任，并在全国的高等教育管理领域卓有建树。通过不断努力，毛祖桓一路从讲师、副教授晋升至教授、博士生导师，并于1990年和1992年两次只身前往国（境）外进修，分别在英国兰开斯特大学教育研究系和香港大学教育学院做访问学者。在2010年正式退休后，毛祖桓因热爱教学事业被学校一直返聘工作到2017年，直到现在他依然担任数名博士生的导师。

毛祖桓进入北京科技大学的第一年恰巧遇上了学校更名，学校由北京钢铁学院更名为北京科技大学，他见证了学校这一大巨变。后来遇上教育体制改革，在确定校际课题立项时，北京航空航天大学教务处长带着八名教务处同事在北京市高教局声势浩大地争取课题立项。而毛祖桓仅凭一人之力舌战群儒，从理论、现实各个方面分析论证，成功为北科争取到课题主要负责权，

最终北京市高教局将其认定为共享课题，由北京航空航天大学和北京科技大学共同负责。校际课题最初的启动经费只有五万元，在筚路蓝缕的创业之初并不算是大额经费，但在两校教务处的协同配合和不懈努力下，这个课题最终发展成为由 15 所高校参与的重大课题，涉及各高校的上百门共享课程。毛祖桓参加了这一课题，并指导自己的学生完成了博士论文《高等学校教学资源共享研究》并获得好评。此前我国的工科学院发展都是学习苏联模式，但这种模式也在一定程度上制约了发展，主要问题是学科体系涵盖面过窄、不同学科间壁垒高筑。例如学校的材料科学专业主要涉及的是冶金材料，而对其他金属材料以及非金属材料（后来有了陶瓷材料）、高分子材料、生物材料等涉及较少。后来在教育部的领导下，成立了七院校课题组。学校通过顶层设计，柯俊院士亲自指导，教务长朱荣华教授实际运作，整合了全校的教学资源，开启了学校“大材料”的课程体系改革的研究与实践，这一课题最终获得国家教学改革一等奖。毛祖桓在课题中也在理论探索方面尽了自己的一分力量。他作为七院校课题组的执笔人，有关论文先后在《中国高等教育研究》和《中国高等工程教育研究》上发表。

求实鼎新铸北科魂，刻苦钻研育自强心

毛祖桓认为北京科技大学的校训“求实鼎新”正是对于“严谨治学，甘为人梯”精神内涵的最好体现，对于“求实鼎新”的内涵，毛祖桓提出了自己的见解。“求实”，意为坚持从实际出发、通过客观理性的研究来探求对客观事物的正确认知，亦有脚踏实地、跬步千里的内在要求。他认为，北科大的教学课程要基础扎实，不打马虎眼；工厂实习则“质同劳动”，“钢小伙、铁姑娘”踏实劳动、实践历练。“鼎新”，语出《周易·杂卦》——“鼎，取新也”，意为树立新的标准、风气等。毛祖桓以诗人陆游教育其子关于如何写诗的典故阐明治理学问的道理：写好诗的功夫在于人生经历的浓缩、体会、提炼和升华，治学也是如此，要敢于刻苦钻研，从平时的生活中提炼和发现科研问题。此外，毛祖桓认为治学也要立足现实，展望未来，通过深入的理论研究引领科研的趋势，紧跟新时代对研究型大学的新要求。

毛祖桓十分热爱教师这个职业。他出自教师世家，祖父于1937年卢沟桥事变、抗日战争爆发后在江西吉安创办了私立学校文山中学，校名是为了纪念爱国英雄文天祥，激励青年学子的抗日斗志。他的曾祖父曾担任吉安县的教育局局长，德高望重，亲自担任文山中学校长。父亲是中山大学经济系王亚南先生的学生，也任过教，是上海有一定影响的经济学家。由此，从事科研和教育工作的精神和信念一直传承到了毛祖桓身上。“当老师是辛苦的，发不了财的。”毛祖桓如是说。20世纪80年代各个高校的许多老师都选择出国发展，谋求更高的待遇和更好的出路，而毛祖桓始终坚守在北科大的教育岗位30余年，严谨治学，为国培养教育科研人才、教学人才和教育管理人才。

在培养学生方面，毛祖桓认为大学教育中教师和学生的关系与手工业“师徒制”中师傅和徒弟的关系是不同的。在工厂里，师傅担心徒弟会把技能都学会，会抢师傅的饭碗。但在教育领域，教师不但呕心沥血地传授学生知识，而且希望青出于蓝而胜于蓝。毛祖桓强调，在教学过程中，教学相长，老师和学生两个频道要能够共振，若是学生不专心听讲、对老师所讲的内容不感兴趣，则没有共振，教学没有交流，就是无效教学。在给博士生授课时，学生收获良多，毛祖桓也被这种共振和共鸣所感动。

毛祖桓在指导学生撰写学术论文时，经常提及国际教育研究思想中的一个非常重要的概念，即批判性思维。中国父母在孩子小时候总是问“听不听话”“在学校守不守规矩”，在这样的文化氛围下并不鼓励孩子“多嘴多问”；而国外家长可能喜欢问“今天在学校问了什么问题”。毛祖桓认为学生一定要培养Critical Thinking（批判性思维）。毛祖桓对学生们说：“在做学问和研究问题时，我更喜欢能和老师争得面红耳赤的学生，这说明这个学生是在认真动脑思考问题，而作为老师，我在治学时也时刻提醒自己要保持批判性思维，敢于提出质询，这样才能有利于问题的进一步研究和深入。”

毛祖桓的博士学位论文《从方法论看教育学的发展》，因选题新颖、前沿，答辩时受到答辩组老前辈的一致好评。但他仍不满足，反复修改，反复打磨，最后由重庆出版社正式出版，此书后来成为许多师范院校博士生的必读书目之一。这种踏实钻研的精神也影响了毛祖桓的学生们，在科研过程中，老师更多的角色是师傅领入门，真理却要靠学生自己刻苦钻研才能获得。毛

祖桓在科研过程中充分体现了自立自强的精神，在治学中始终秉承精益求精的态度，做什么事情都尽力要做到最好。作为博士生导师，毛祖桓提倡要仔细地、认真地去思考研究的问题。他在给博士生做指导时始终说，研究问题一定要是真研究、真思考，所得出的成果要经得住学术上的推敲。他每次都会一针见血地指出学生在学术方面存在的问题，这也是他的学术高度和实力的鲜明体现。

毛祖桓在教育理论研究方面拥有深厚的造诣，治学态度认真，讲求实事求是，始终保持自立自强、刻苦钻研、独立思考和精益求精的精神，倾尽全力为国家、为社会培养人才，影响了一批又一批青年学子。

润物无声春风化雨，教导有方良师益友

三寸粉笔，三尺讲台系国运；一颗丹心，一生秉烛铸民魂。毛祖桓始终对教书育人充满着热爱和激情。毛祖桓常常说："对教师的职业要始终怀有热情和热爱，要享受教书育人的乐趣，这样才能源源不断地培养人才。"在做学问方面，毛祖桓鼓励学生们要提出真问题，并进行细致和认真的思考，在钻研和研究的过程中培养独立和自立的精神和始终如一的学习品质。同时，毛祖桓积极教导学生们用多种方式和思维去尝试解决问题，带给学生们很多的启发和灵感，这也给学生们带来了终身受益的影响。毛祖桓对工作和学习态度严谨、一丝不苟，对于学生们在学习和工作方面存在的问题，会进行耐心地教导，指出问题所在，并督促其解决，在指导学生们自主进行学术探究方面，他提供了大力的支持和帮助，常常为学生们无私地提供课程所需的一切教学资料，毫无保留地将毕生所学奉献给学生们。

毛祖桓对学生的生活方面也十分关心。他的学生当年在刚入职北科大时，住在筒子楼里，整个房间只有一间厕所和一张床，其他什么都没有，条件十分简陋。学生刚搬进去的时候，厕所门是坏的，毛祖桓就带着装修师傅到筒子楼的寝室里面，亲自去帮学生们把厕所门修好。毛祖桓还倾心指导和帮助青年教师的学术研究和教学工作，他会常常走进青年教师的教学课堂，并在课下为青年教师提供教学的建议指导和帮助，提升青年教师在教学岗位的授

课能力，帮助青年教师快速融入工作环境。毛祖桓非常愿意投入时间和精力帮助青年教师成长，邀请他的学生们加入他的研究课题中，为学生们提供锻炼和成长平台。他十分注重人才的自主培养，总是手把手地向学生传递和教授知识，丰富学生们的学科素养和研究能力。毛祖桓用自己的实际行动践行着甘为人梯的精神。

除此之外，毛祖桓还有很多兴趣爱好，他喜欢诗和远方，国内外的旅游增长了见闻，诗歌创作则带来了无穷的乐趣。他把自己出版的诗集《秋叶晚晴集》送给学生，与学生共勉。学生们很喜欢找毛祖桓聊天，他也很乐意为同学们答疑解惑。他淡泊宁静，为人谦虚，十分乐于提携后辈，重视对学生们的言传身教。他以身作则，为学生们树立了优秀的榜样和典范，倡导学生们树立自立自强的学习精神，培养学生们形成优良的学习品质和作风，在甘为人梯的过程中默默地为学校、学院的发展作出贡献。

润己泽人，毛祖桓用人格魅力呵护学生成长，以学术造诣开启学生智慧，用实际行动谱写着甘为人梯、无私奉献的瑰丽篇章。数十载埋头科研、潜心教书育人，为国家发展、人才培养鞠躬尽瘁，毛祖桓以严谨治学、授业解惑的师者风范诠释了教书育人的广度和高度。他把自己的温暖和情感倾注到每一个学生身上，让学生们都能得到发展，树立起北科的精神标杆，引领着一代又一代北科学子找到人生航标，孜孜以求、矢志报国。

编辑　王旭、谢屹桐、张彤、吴静、陈睿

以理立德求真知，秉数树人为人梯

——记运筹学科的建设者和开拓者 范玉妹

范玉妹，上海人，中共党员，生于1948年，国务院颁发的政府特殊津贴获得者、北京运筹学会理事，《高等教育论丛》杂志编委，北京科技大学数理学院教授、北京科技大学教学名师。曾任北京科技大学校级课程负责人。2006年、2011年分别当选为北京市海淀区第十四、十五届人大代表。自参加工作以来，范玉妹坚守基础学科教育教学一线，主要研究方向为运筹学、系统工程的理论及其应用。先后主持完成多项国家级、省部级的教学研究课题，多次获得国家级、省部级教育教学成果奖，其中所参与的教育部立项的“大材料”教学改革课题已获国家教育成果奖一等奖。多次获评北京市优秀教师、宝钢优秀教师等荣誉称号。已公开发表学术论文70篇，出版教材6部，主编出版的《数学规划及其应用》获评北京市精品教材。

远赴东北拓大荒，四十余载驻课堂

范玉妹1948年出生于上海市，1969年她响应党和国家的号召，怀着保卫边疆、建设边疆的豪情壮志，以知青身份奔赴“天低昂，雪飞扬，风癫狂”的北大荒，为饥饿的共和国“向地球开战，向荒原要粮”。近四年的知青岁月，“艰苦奋斗、勇于开拓、顾全大局、无私奉献”的北大荒精神深深根植于范玉妹的心中。她常说：“那个年代的人们都比较单纯，单纯地奉献、单纯地做好一件事，大家都是不怕苦、不怕累地去做，反而会感觉到特别的幸福。”东北拓荒时条件艰苦，十几个人挤在一间宿舍中是常态，范玉妹和其他知青们就是在这样艰苦的条件下在垦荒之余兼顾学习。1972年，范玉妹以优异的表现被黑龙江生产建设兵团推荐到北京钢铁学院读书。

大学期间，范玉妹刻苦读书，每天都在课余时间阅读大量书籍，遇到不懂的问题，经常去查找资料，反复研读，直至弄明白为止。1975年，范玉妹从北京钢铁学院数学专业毕业后，以优异的成绩留在数学教研组担任教师，开始了数十年扎根于基础学科一线的教学时光。刚开始工作时，条件比较艰苦，没有为教师提供专门的备课纸张，范玉妹经常用学生用过的草稿纸背面进行备课，她常常要写数十页的教案，只为了能够用更精准的数据、更通俗易懂的术语为学生呈现精彩生动的课堂。

四十年来，范玉妹坚守岗位，平凡中处处彰显伟大。她对于教育事业有发自内心的热爱，四十年如一日地认真备课、授课，对课堂始终怀有一颗敬畏之心，对授课抱着严谨和一丝不苟的态度。任教期间，她一直坚持在基础课教学的第一线，为全校本科生开设“高等数学”“线性代数”“概率论与数理统计”“数理统计”“数学规划及其应用”等课程；为研究生开设“运筹学”“运筹学通论”“统计与优化”等课程。

在教学实践中她不断更新教育理念，注意教学改革与实践、锐意进取与创新，为学校基础课教学的建设与本科生、研究生教学质量的提高作出了重要的贡献。范玉妹主编出版的《数学规划及其应用》教材于2011年12月被评为北京市精品教材，是当前高等学校工科专业本科及研究生的经典教学用

书。该书还为从事最优化研究与应用、现代技术和管理的科技人员提供了重要参考，同时也为北京科技大学的理工学科建设与发展发挥了重要奠基作用。

无论是远赴东北拓大荒，还是四十余年驻课堂，她始终兢兢业业，无私奉献，她的故事和精神深深打动着身边的每一个人，激励着大家坚守初心、敢于担当。

言传身教付真心，栽桃种李一生勤

范玉妹以三尺讲台，揽星辰大海，她用自己的实际行动诠释着“栽桃种李只为一生勤，言传身教毫无半日轻”的无私奉献精神。她热爱教学、敬畏讲台，以仁爱之心培养和教育学生，深受学生喜爱和信任，是学生的良师益友。她在工作中大公无私、甘于奉献，尽心尽力为学科发展多方奔走，热心为学生解决各种困难，深受同学们的尊敬与爱戴。

“严谨治学”是范玉妹从教生涯的真实写照。对未知领域的好奇心和求知欲是她治学的重要驱动力，她对于如何成为一个好的治学者有着自己独到的见解。她在实践中锤炼了勤奋钻研和坚毅的品格，始终保持对知识的渴望和终身学习的习惯，持之以恒地进行研究和探索。面对新的观点和理论，她秉持着开放的态度，尊重多元观点，从不同的角度思考问题，同时保持批判性思维，对现有理论和观点进行深入的分析和评估，不盲目接受新理论，而是通过批判性思维和质疑精神来评估其合理性和可靠性。治学中，她具有高度的合作精神，乐于分享自己的研究成果，与其他学者、教师共同推动学术进步和学科发展。

正是她对待教学研究的这种“包容兼蓄、辩证批判”的精神，使其一直致力于打造一个有广度、有深度、有温度的课堂。

面对学生，范玉妹始终展现出包容和尊重的态度，与学生平等交流，耐心解答学生的问题和困惑，从不轻视学生的想法和观点；她时常鼓励学生勇于面对挑战和困难，激发他们的潜力，并给予必要的支持和指导，对学生的努力和进步从不吝啬夸奖，给予学生充分的肯定和赞扬。范玉妹注重用启发式的教学方法，她不是简单地传授知识，而是将学生作为课堂的主体，通过引导学生思考、发现和解决问题来帮助他们掌握自主学习的方法。她鼓励学生积极参与课堂讨论，并通过提出问题和分享实际经验来激发学生的兴趣、培养学生积极思考的能力。

“教师所面对的是一个个鲜活的生命，付出了真心，那么得到的也一定是真心，这是一个交互的过程。”范玉妹用真情实感与学生交心，极具亲和力的教学也获得了学生积极的反馈。她常常举一个例子——有一年三八妇女节，她去上课的时候，有同学在讲台上放了一束鲜花。在那个年代，学生都不富裕，很少有人能够通过这种方式来表达感情，当她看到讲台上放着的那一束花时，她觉得教师这个职业是特别神圣的，是只要真心付出就会有回应的。

春风化雨，甘为人梯。她用自己的倾情付出赢得了学生的爱戴，成为了学校深受学生欢迎的一名教师，连续八年被学生评为“我心目中最优秀的老师”、首届感动北科的老师。她在无数北科学子心中种下“科研报国”的种子，成为无数北科学子和青年教师的榜样。

教书育人守初心、工匠精神永传承

百年大计，教育为本；教育大计，教师为本。从教数十年，范玉妹既是中国教育面貌改变的见证者、亲历者，也是教育事业蓬勃发展的耕耘者、推动者。2023 年是中国共产党成立 102 周年，也是范玉妹入党的第 52 年，她表示“虽然现在已经退休了，但对自己的严格要求不会变，我将履行好作为一名老党员应尽的责任和义务，做到教书育人守初心、工匠精神永传承。”

退休后，范玉妹一直在学校督导组工作。作为学院数学学科的老一辈楷模，她一直心系学院发展，热心学院和系所工作，年逾 70 岁的她仍每周积极参与团队讨论，一心扑在青年教师的培养上，将多年积累的宝贵教学经验感悟倾囊相授，引领青年教师传承学院优良传统，在青年教师培养“传帮带”方面作出了贡献。

“念、背、讲、授”是范玉妹对教学工作四个层次的心得体会。这四个字是她在数十年教学生涯中总结提炼出来的，简简单单的四个字充分展现了她对教书育人事业的热爱，还有对青年教师踏实认真对待教学工作、将教学

事业代代相传的殷切期望。范玉妹结合自己从教四十余年的经历和体会，时常叮嘱青年教师育人要更注重润物无声地言传身教，要将教书育人的责任感和使命感内化于心、外化于行。“教师应该以平和、理解、简单的心态全身心投入到教学中去，用心去做，用爱去教，把教师的魅力充分展现在45分钟的课堂上。”她身体力行，用实际行动将“热爱、敬畏、责任”传递给青年教师。在她的影响下，学院青年教师把无私奉献和爱岗敬业作为根植于心灵深处的信仰和信念，真正使“爱岗爱生、敬畏讲台、责任担当”入脑入心，不断开创学院教学科研发展新局面，数学学科先后荣获“北京市工人先锋号”“全国工人先锋号”“北京高校优秀本科育人团队”及“北京市三八红旗集体”等多项称号。

多年来，她以一颗爱心，满腔热情地关心年轻一代的成长，成为青年教师的良师益友。2011年以来，在以范玉妹为核心的团队指导下，北京科技大学数学学科先后有5位青年教师在北京市高校青年教师教学基本功比赛中荣获一等奖，其中4位教师代表北京市参加了全国高校青年教师教学基本功决赛，并取得了四连冠的骄人成绩。2018年，范玉妹也荣获“北京市教育系统关工委先进个人”。

范玉妹始终谨记自己的育人初心，履行自己的职责，做好本职工作。作为一名老师，她爱护学生，教导学生，心系学生，教授学生掌握数学严谨的知识体系，引领学生成长成才；作为学校督导员，她关心关爱青年教师的生活、工作、发展，全心全意培养青年教师，为学校本科教学贡献力量；作为老党员，她充分发挥先锋模范作用，忠诚党的教育事业，为党的事业终生奋斗；作为海淀区人大代表，她不仅代表数理学院，更代表学校以及学院路地区的群众，为民生问题奔走呼号。她有很多种身份，每一个身份都代表着一种责任，无论是作为教师、作为督导员、作为党员、作为人大代表，范玉妹都秉承工匠精神，履行好自己的责任和义务，将工作做到了极致，担当二字在她的身上体现得淋漓尽致。

范玉妹的故事展示了一种以谦虚尊重为基础，激励和鼓励学生、真心实意对待学生的为师态度、为师方法和为师精神。四十多年来，范玉妹始终坚守教学一线，以满腔的热情投入到工作之中，做到了对学生尽心、对工作尽职、对社会尽责，她踏踏实实做事，兢兢业业工作，在平凡的岗位上作出了不平凡的业绩。范玉妹宛如和煦的春风，对学生们倾注爱与关心，温暖北科学子的心灵，同时也以自己的亲身经历激励学生们要爱岗敬业，严谨细致地做好本职工作。范玉妹将自己的一生奉献给北科大的教育事业，用她“热爱、敬畏、责任”的朴素信念诠释了教师职业的深刻内涵。

编辑　陈雷、郭启航、周道敏

从部队到讲台，永远为祖国活着

——记原北京科技大学经济管理学院院长 管理科学与工程专家 张群

张群，湖北黄冈人，1950年11月生，教授、博士生导师，研究领域为管理科学与工程，曾任北京科技大学经济管理学院院长（1995—2011年），现任管理科学研究所所长。曾作为铁道兵荣立部队三等功。自1976年9月张群于北京钢铁学院（现北京科技大学）毕业并留校从事教学科研工作至今，用实际行动践行报国初心和爱校深情，致力于教育国际化、办学特色化，为师生争取更多更好的办学资源，不断夯实学科建设的根基，在国内外重要学术刊物上发表高水平学术论文100余篇，亲自培养的本科生中涌现了极兔快递总裁李杰、阿里巴巴副总裁项煌妹等商界英才，为学校学院的建设发展作出了重要贡献。

“活着！活着！活着！”

从在金沙江边修筑铁路，到在北京钢铁学院求学，近七年的时间，如果引用马斯洛需求层次理论来解释，张群实现了需求层次的跃迁，从生命安全的基本需要逐步迈向自我实现的需要。

时间回到20世纪60年代末，全国各地教育体系运转停滞，正读初中的张群，怀着一颗淳朴赤诚的心，决定投身部队，成为一名铁道兵，驻扎在祖国边陲，在金沙江边的陡峭山坡上修筑成昆铁路。

当时的张群才17岁，三年的军旅生活完全是他意料之外的模样，在深山里修筑铁路碰到的除了蛇虫鼠蚁，还有频发的塌方、泥石流。三年间他身边12名战友因意外事故死亡，“活着！活着！活着！”活着修筑好铁路是他当时唯一的想法。

三年军旅时光，爱国的感情如一株破土新生的嫩芽，张群从中不断汲取生命力，让自己在艰苦的环境里坚强活下去。

1972年，因为表现优秀，荣获部队三等功表彰的张群作为工农兵大学生被推荐进入北京钢铁学院。作为所在部队中唯一走入大学校门的人，张群十分珍惜这次机会，“感谢祖国给了我求学的机会，我不想浪费一分一秒，我将用一生为之奋斗。”

但这段时光充满着挑战。为了跟上课程的进度，张群花了8个月的时间恶补高中课程，然后才开始学习大学课程。“我出身部队，钢院严谨扎实的学风让我倍感亲切，让我找到了自己的归属。”在跟随师长学习的过程中，老师们甘为人梯的敬业精神和精益求精的学术态度使张群终生难忘，也深深地影响了他此后的人生选择。

发愤忘食，乐以忘忧，在钢院的学业生涯中，张群始终保持着优异的成绩，最后他作为优秀毕业生顺利完成学业，并获得了留校任教的资格，成为了北京钢铁学院的一名教师。

“我要回来，回到母校、回到祖国大地上，为祖国培育更多的接班人”

学海无涯，为了探寻研究领域的前沿知识，张群在 1983 年再次踏上求学之路，远渡重洋来到德国亚琛工业大学攻读经济学博士学位。海外的生活风俗与饮食文化和国内大相径庭，但对于张群来说，语言障碍才是最难跨越的鸿沟。虽然留德之前他在语言班取得了不错的成绩，但在全德语授课的课堂上学习专业内容、参与科研工作，依旧是一个很大的挑战。对此，张群刻苦学习，比别人付出千倍万倍的努力。他的留学生活，难有休闲娱乐的时间，即使是周末，仍在研究室里研究学习、撰写论文，刻苦攻坚，夜以继日，最终取得了优异的成绩。

“活着，不仅是生理上，更在精神上。”在德国留学期间，张群不仅是学业上的好模范，更是爱国主义精神的传播者，即使身在他乡，他依旧心系祖国。当时发给张群的学生证上，国籍一栏的中华人民共和国之后特意加上了一个括号，标注“西藏”。“它（西藏）本来就是我们中国的一部分，为什么再打括弧？”这刻意的区分引发了张群的强烈抗议，在他和同学们的据理力争下，学生证很快得到更正。作为一名党员，他还积极联系当地大使馆在校内开展宣讲活动，将邓小平南方讲话精神传达给更多的学生。

取得博士学位后，张群又一次站在了选择的三岔口：留在德国、从商或是回到母校继续从事教育事业。“我有份朴素的感情，我觉得我所有的成长都离不开党和祖国的培养，离不开学校的培养。如果没有获得这些帮助，我可能一辈子就是一个农民，所以我要回来，回到母校、回到祖国大地上，为祖国培育更多的接班人。”

历尽千帆归来，愿报祖国恩情，也正是这份“朴素情感”让张群选择回到魂牵梦萦的母校任教，以更先进的知识储备投入为祖国培育人才的伟大实践中来。

“管理实践便是将复杂的问题精简化、实践化”

作为经济管理学院的教授，张群对于管理学科有着独到而深刻的见解。他认为，管理是讲求效率的，在管理实践中不能空谈对错，而是要着重于解决问题。“管理不像其他事情可以用对或错来衡量，当你找到对的方法时，可能已经错过了最好的时机，这时方法再对也没有任何意义。”而这份见解正是来自于丰富的实践经验。所以，每次张群带着学生做项目时，总是不厌其烦地强调实践分析的重要性，当学生只执著于“对与错”而忽略实际进展时，他总会及时进行指正，提高管理效率。

在管理问题上，张群则力求精简化——“教授讲知识的时候，可以把管理理论讲得非常复杂、完善、系统，但学生在具体实践时却要非常简单，因为教授的逻辑与企业经理的逻辑是相反的。”他表示，“教授的逻辑是把一句话变成八句话，把问题复杂化、系统化，尽可能把问题的所有环节都讲到，让学生透彻理解这个问题，这是教授的作用；而企业经理的逻辑则是把八句话变成一句话，把问题简单化，不管多复杂的问题，只要化繁为简，找到解决办法就可以。”所以，在给管理专业的学生授课时，张群一再强调，不管遇到多复杂的问题，要力求简单化，化繁为简，找到解决的办法。“管理实践便是将复杂的问题精简化、实践化。”看似简单的路径背后，是张群多年从事管理学研究的深刻领悟。沿循这一研究思路，他最先把环境因素引入生产函数，多项研究课题获国家级及省部级科技进步奖，在国内外重要学术刊物上发表高水平学术论文 100 余篇，主编的专著、译著先后 8 次印刷出版，多次被邀赴德国、加拿大、英国等交流其在环境管理方面所取得的成果。

“师生间每时每刻的互动，都是正在进行的心灵接触”

教育不仅有知识的传播，而且也包括德行的引导。张群将做人之道融入教育事业之中，为学生们指明人生的方向。

“为人师者，首先就要做到由衷地爱学生，‘亲其师’才能‘信其道’，

师生间每时每刻的互动，都是正在进行的心灵接触。”在教学过程中，他注重与学生的心灵碰撞，是良师更是益友，用心与学生交流，在情感上引发学生的共鸣。在基本的教学工作以外，他还常常去了解学生的思想状况、课题进度、就业情况、生活小事。因此学生们无论是学习上的不解，还是生活中遇到的困惑，都喜欢向他请教和诉说。

每年毕业生就业的高峰期，他都会在百忙之中抽出时间以各种方式与学生交流沟通，为他们分析往年的就业情况、当年的就业形势，指导学生填写就业推荐表，并及时提供一些单位的招聘信息，以导师的身份向企业推荐学生。对于出国的学生，张群也在申请出国的过程中为他们提供学校的相关信息、研究重点和国外教授的相关资料，指导他们选择学校，并为他们撰写推荐信。

极兔速递创始人李杰曾是张群的学生。初入大学的李杰，因家庭条件困难，在省吃俭用的同时不得不到处打工以维持生活。了解到他的情况后，张群让他到自己的办公室负责一些助管工作，使李杰能够以勤工俭学的方式获得生活费，直到大学毕业。时光荏苒，离开学校后，李杰用四年时间带着极兔速递从自立门户到成为印尼市场占有率第一的快递公司。求学时学校和张群给予他的温暖，让他心怀感激。在北京科技大学建校 70 周年之际，李杰校友回到母校，向母校捐赠 350 万元用于资助困难学子，点点薪火就此代代相传。

凡此种种，执教期间，他总是尽己所能帮助那些有困难的学生，无数学子就这样在他的支持下成长成才，绽放青春的光芒。枯荣新岁，几度春秋，他总是扮演着这样亦师亦友的角色，引导莘莘学子走向光明的未来。

“学科建设如一座金字塔，根基坚实，才能稳步发展，愈发蓬勃”

担任经济管理学院院长的十六年间，张群知道，祖国的发展需要国际化的经管人才，于是他致力于教育国际化、办学特色化，为师生争取更多更好的办学资源，不断夯实学科建设的根基。

他认为，学科建设如一座金字塔，若无根基，终究是飘若浮萍。“在学科建设这件事上，学科点就是金字塔的塔尖，学院的教授资源、精品课程、精品教材、科研课题，以及部级实验室和研究基地的建设，都是金字塔的坚实基础。”有着海外留学经历的张群外语基础非常好，针对优秀教材缺乏的状况，他主动翻译研究大量外文书籍，并结合自身丰富的教学实践经验加以改进，最终形成多部精品教材和配套课程。他负责的课程“生产管理”入选“国家精品课程”；主编的教材《生产与运作管理》（第 2 版）入选“国家精品教材”。同时，张群也格外重视双语教学，他主讲的“管理学原理”被评为全国双语教学示范课程。在北京科技大学——得克萨斯大学的合作项目中，为了确保项目的高质量实施，张群亲自担任一门主课的主讲，并为每门课精心挑选了辅导老师，保证了项目教学的一贯高质量和学位的高含金量。2009 年，在学校和学院的大力支持和张群等人的努力下，教育部工程研究中心正式在学院落成。作为我国钢铁生产制造执行系统技术创新与开发孵化中心、新成果转化与工程化应用示范辐射中心、行业人才培养和培训基地，工程研究中心的正式建成进一步为学科建设夯实了基础，为学院的发展增添了浓墨重彩的一笔。

足够的办学空间是学院学科建设的重要基础，张群一心想为师生营造更好的教学环境和学习空间，建设管楼的想法在他的脑海萌生发芽。但要建一栋楼，谈何容易？选址、立项、设计、建造……其间的困难数不胜数，但张群没有退缩，从资金筹集到功能安排，他与学院领导班子成员深入调研，亲身参与到管楼的建设规划中。“不能拿着图纸就直接办，每一步每一层，我们都要参与到其中去，都要有设计。”大到院楼大厅中庭的打通，小到座位旁 USB 接口的安排，张群和当时的领导班子都做了细致的考虑。2006 年，经济管理学院院楼落成。走进这座建筑，温暖的阳光透过圆顶洒落，玻璃外墙映照着“德性实践，学道创新”的院训。越过十数载光阴，院楼的设计依旧独树一帜，堪称学校的地标性建筑。管楼内设备先进、全面开放的实验信息中心和装备现代化的多功能报告厅、科研实验室，为管院师生的学习科研活动提供了完美的环境。

愈是前行，愈是坚定；所见弥广，所信弥坚。从活着，到为祖国活着，永不变的是张群的爱国情；从一株嫩芽成长为培育下一代人才的参天树，更坚定的是张群的报国心。张群身上“严谨治学，甘为人梯”的精神在未来将代代传承，在实现中华民族伟大复兴中国梦的征程上，接续谱写北京科技大学的崭新篇章。

编辑　杨志达、尹希尧、张洪榛、许师旸、马开

筚路蓝缕开基立业，匠心育人德行为先

——记日语领域专家　侯国姿

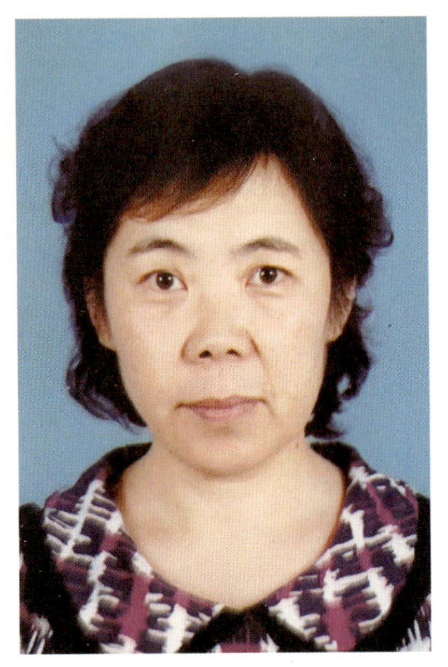

侯国姿，生于1954年2月，日语领域专家，北京科技大学外国语学院筹建者之一、日语系主要创始人和开拓者。离退休职工党委退休十九党支部支部书记。1994年9月，日本留学归国后，进入北京科技大学任教。1998年，担任文法学院外语系副主任。2002年，担任文法学院语言研究所副主任。2001—2003年期间，于全国唯一的日语普及性月刊《东北亚外语研究》（曾用名为《日语知识》）期刊发表《日语中的季节性寒暄语》《常用动词类义语误用例分析》《常用名词类义语误用例分析》等有代表性的高质量论文数十篇，为日语及日本文化普及事业作出巨大贡献。

率先垂范不畏难，勤耕不辍开先河

1995年9月，侯国姿进入北京科技大学日语教研室任教。1996年，初侯国姿挑起了日俄德法教研室负责人的大梁。当时的日俄德法还没有细分专业，共用一个教研室。因为当时办学条件有限，教学设备简陋，图书资料匮乏，教研室“百废待兴”。一处狭小的房间、一张勉强挤得下三人的破旧沙发、一张桌子、一个简易的柜子，便是教研室的全部了。当时教研室的老师们想要开会都很困难，教研室里除了那张“千疮百孔”的破旧沙发之外，连一把椅子都没有。于是，侯国姿带着教研室的老师们四处筹集，终于筹来几把椅子。另外，那张破旧沙发，扔掉又太可惜，手头上也没有资金去置办一张像样的沙发，教研室的同事们凑了一些布进行一番缝缝补补，就这样又勉强凑合使用了很多年。在侯国姿和教研室同事们的努力下，教研室的工作环境得到了改善。接下来就是关键的问题，也是最主要的矛盾点——教材和教具等一系列教研资源的严重匮乏。既没有资金又没有教学参考书，就更别提打字机那些带有科技元素的设备了。侯国姿立即代表教研室向学校提出申请，打字机终于搬进了教研室，也购入了一些参考书、教学磁带等。在侯国姿的带领和指导下，教研室的各位老师们分工明确，相互合作和扶持，完善了各学科的教学大纲和培养计划，使教研室的建设和管理步入了正轨。

外语系想要独立成院，有更好的长远发展，迫切需要日语专业的组建和落地，这个重任自然就落到了侯国姿的肩上。当时，侯国姿还担任着多门课程的教学工作，教学任务繁重。白天本科生、博士生的课程、晚上选修课程，延庆分校的课程，每天至少四节课不停歇地“赶场”是侯国姿的日常。在保证每日教学进度不落下的同时，还要花很多的精力探寻开创新的系所之路，筹备成立日语专业。这是一条无比艰难的崎岖路。当时负责日语的老师就只有侯国姿、庄凤英和胡莉梅三位老师，人手不够，资源和经验更是少之又少。最棘手的问题就是招生标准和专业定位的确定。想要解决这个问题，坐在教研室空想肯定是行不通的，于是侯国姿利用教学间隙，去清华、人大、林大、农大等各大兄弟院校进行考察和调研。教学任务繁重、和其他高校教师的交流时间冲突、操作一个连表格都难以完成的电脑……但即便如此，侯国姿和教研室的老师们还是克服了一切艰难险阻，在系领导的大力支持下，终于向学校递交了成立日语专业的可行方案，最终得到了学校的认可和批准，2003年9月日语专业正式成立。

日语专业成立后，招生工作也逐步开展起来。侯国姿和日语专业老师们一起接待前来咨询的家长，靠老师们的坚持、用心和真心来进行宣传，也正是这份真诚和锲而不舍的精神，日语专业从招生一个班，到招收两个班的学生。同时师资队伍的建设、师资水平也得到了加强，越来越多有海外留学经验的中国青年教师、日本籍外教都加入了北科大日语系这个温暖的大家庭。

结合学科发展与学校特色，克服困难探索与实践

侯国姿治学严谨，敢于探索与实践，将学科发展与学校特色相结合，探索研究“科技日语”的授课内容。日语公外的学生通过两年的基础日语学习以后，大三要给他们开设“科技日语”这门课程。当时没有成熟的科技日语教材，不过这并没有难住侯国姿，她不断学习，不断探索，课堂上，她向同学们介绍大量关于科技方面的日语术语。在课下，她查阅大量资料，浏览大量的杂志，去了解我国最新的科技成就，把这些内容变成一节节有意义、有价值、有知识含量的“科技日语”课程。不仅调动了同学们学习日语的积极性，也扩充了同学们的知识面，同时也拓宽了侯国姿的教学广度与深度，提高了她的教学水平。明代思想家黄曦曾有云：“道之未闻，业之未精，有惑而不能解，则非师矣。”古代思想家韩愈说：“师者，所以传道受业解惑者也。”可见，教书育人是一项职责重大的严肃工作，不可有半点虚假、敷衍和马虎，教师必须具备深厚的业务功底和科学的思维方式，以实事求是、科学严肃和认真负责的态度来对待自己的工作。侯国姿就是时刻以这样的态度对待自己的教学工作。

侯国姿克服困难，坚持讲课，深受同学们的尊敬和感激。她热情的工作态度和严谨的工作作风深受师生们的一致好评。当时授课没有电脑，没有大

屏幕，没有麦克风，选修课又是大班上课，她就尽自己所能用最大的声音讲课，生生地喊出了咽炎。但是尽管嗓子已经疼得说不出话来，侯国姿还是积极承担教学任务和其他各项工作，时刻以最饱满的热情和认真的态度对待工作，以培养优秀人才为己任。她谈论最多的不是疼痛，而是她的教学事业和她培养的学生。几十年来，正是这种对事业和学生的挚爱，使她获得了学生们至深的尊敬和感激，赢得了同事们无限的敬佩。后来，学校安装了电教室，侯国姿努力学习先进设备的使用方法。尽管当时侯国姿老师即将退休，但为了更好地教学，为了更好地投入工作，侯国姿老师经常早出晚归，加班加点，兢兢业业，毫无怨言地学习使用先进的设备。侯国姿顾全大局的思想境界，强烈的集体荣誉感让人佩服；她扎实的工作作风，无私奉献的敬业精神，以身作则的榜样力量深深感动和激励着身边的每一个人。

侯国姿以严谨治学的态度，认真上好每一堂课。在浩瀚知识的海洋中，牵引着学生一起去探索、去发现、去创造，绝不满足现状，努力使自己成为知识渊博、能力超强、经验丰富的老师。同时，把全部的知识毫不保留地传授给每一位学生，激励学生用勤劳和智慧去创造美好的未来。“命令只能指挥人，榜样却能吸引人。”她是一名普通而又平凡的日语教师，她只是做了她该做的工作，但她的人生是有价值的，她用实际行动诠释着：“师者，所以传道受业解惑也”。这一经典论述；她的生命是有意义的，因为她践行着“学高为师，德高为范”这一诺言。

教法树德谆谆教诲，匠心独运润物无声

善为师者，既美其道，有慎其行。侯国姿一直强调认真负责的师德师风，而她更是用一生的实践在进行诠释。侯国姿说道：“教师这个职业是一个良心的职业，教师对学生要认真负责，不仅教书，也要育人。”侯国姿关心每一位学生的成长、不厌其烦地悉心教导。这是对于学科知识的尊重，更是对于教师职业的敬畏与对学生春风化雨般的慈爱。就这样，侯国姿日复一日，年复一年，坚守着一块黑板、三尺讲台。任世界喧嚣，任年华苍老，依旧放飞出了一个个年轻的梦想。

为人师者，教法为要。宋朝李觏的《广潜书》中有："善之本在教，教之本在师。"对于日语的学习，发音是极其重要的一个环节。侯国姿采用"捏鼻子"的方法，纠正发音问题。日语的五十音中，有些学生的发音受地域的影响会出现问题。东北地区的平翘舌问题，特别是南方地区的前后鼻音问题等会成为学生们在学习日语发音时的障碍。例如有的学生因受家乡方言的影响，将"刘"发声为"牛"，将"梨"发声为"泥"，这种方言也影响了日语五十音图中两行字母的发音。针对这个现象侯国姿想出了"捏鼻子"的方法，既解决了日语发音的问题也纠正了母语的发音问题。教若渡河，教法乃舟，无舟则望洋兴叹；教若登山，教法如绳，无绳则见山徒呼。欲得教法，贵在辗转思索，由表及里，由浅入深，去粗取精，去伪存真，升华为理。科学教法，贵在勇立潮头，独辟蹊径，开拓创新，因材施教，人本为先。

为人师者，重在树德。"认真负责"四字正是侯国姿教育生涯的真实写照。为了带给学生们更好的课堂体验及能回答学生们提出的问题，侯国姿备课十分认真。她预想出学生对于知识点可能提出的问题，并从多角度思考，用最清晰简单的话语解释说明。这样严谨的治学精神和认真负责的态度也在潜移默化地影响着一代又一代学生们。书本之外，侯国姿工作非常细心，经常能观察到学生的异常。以至诚之德泽润学子，方能教学相长，同得学问，成就大业。师德永居高处，传厚德之道；学问远争上游，播载物之理。

为人师者，唯匠心以致远。《张伯苓教育言论选集》中说："中国教育之两大需要：一为发达学生之自创心；一为强学生之遵从纪律心。"侯国姿一直强调自觉学习、主动学习的重要性，培养学生们养成早读的好习惯。"书上的课文读得多了，一些表达就自然而然地记住了，语言习惯也就养成了。"有一次早上去上课，因为电梯故障，侯国姿被关在电梯里足有十五分钟，故障解除后在赶往学校的路上，侯国姿想：学生们现在是一个什么样的状态？是否都回宿舍了。当她推开教室的门，展现在眼前的景象是学生们都在大声地朗读课文，没有一个人缺席。爱出者爱返，侯国姿的教育如春风化雨，润物无声般影响了学生们。桃李不言，下自成蹊。

师者，人之模范也。师者似水，至善，纯净通透润物无声；师者若山，至刚，去伪存真，升华为理；师者如风，至柔，春风化雨，诲人不倦。侯国

姿以德为先，甘为人梯，经师易求，人师难得。

侯国姿在艰苦的条件下克服重重困难创建了北京科技大学外国语学院日语系，为日语系的学科建设与发展立下了汗马功劳。从侯国姿的身上我们感受到敢为人先、无私奉献的师者风范，侯国姿用自己的一言一行为日语系的全体师生作出表率，是我们人生前行道路上的一颗闪耀的启明星。今后，日语系全体师生也将继续追随侯国姿的脚步，保持严谨的学术作风，将日语知识与科技内容相结合，充分发挥学科优势，为北京科技大学外国语学院日语系的发展贡献自己的力量。

编辑　陈曦、王丹蕊、李晓彤

学为人师育桃李，行为世范系民生

——记自动控制理论及应用领域专家　童朝南

童朝南，安徽无为县人，生于1955年，自动控制理论及应用领域专家。曾任北京科技大学自动控制研究所所长。1971年参加工作，1973年9月进入北京钢铁学院（现北京科技大学）学习，1976年12月留校工作，1980年起在北京钢铁学院自动化系攻读硕士研究生，1983年6月获工学硕士学位，1992年破格提职副教授，1997年破格提职研究员（后转为教授）。长期从事控制理论及应用方面的科研工作，以主要身份参与过多项重大工程科研项目，并多次获得国家级和省部级科技奖项。担任《自动化学报》《控制理论有应用》《信息与控制》等刊物审稿人，“国

家自然科学基金”、国家“863 计划”项目、“教育部博士点基金”评审专家。主编《冶金生产过程计算机控制（1993）》《冷轧生产过程自动化（2006）》书籍，在国内外核心刊物上发表论文百余篇。

铭记党恩严谨求实，心系民生不求回报

童朝南的求学生涯是充满挑战的，他在小时候勉强完成初中的课业，没有读高中，通过推荐直接进入北京钢铁学院求学。大学的学业非常繁重，从高中升学的学生学起来都很吃力，尤其是对于数学的要求很高，这对于本就基础薄弱的童朝南来说艰难，但他凭借自己不服输的韧性咬牙坚持，加倍努力自学，以优异的成绩考上北京科技大学的研究生，最终成为一名大学老师，他从教 40 余年来辛勤耕耘，培养了一批在各行各业表现出众的优秀人才。

童朝南始终牢记自己是在党和国家的资助下上的大学，他坚信是党和国家将他培养成人，希望为党和国家奉献自己的力量，也正是这样坚定的理想信念让他始终心系人民、不求回报。1996 年年底，东北轻合金加工厂资金周转不开，此时距离春节只剩不到一个月的时间，工人们已经三个月领不到工资，甚至没钱回家过年，万难之中，厂里来了一位带着 240 多万现金的客户，要生产一种东北轻合金加工厂可以生产的特殊铝箔产品，但偏偏厂里生产的轧机有问题，电气系统频繁跳闸，很难按时完成生产任务。工厂之前 8 年中找过很多专家也未能将轧机修好。此时解决机器的技术问题迫在眉睫，了解情况以后，作为这方面专家的童朝南带着任务当即出发，赶往东北实地解决问题。

工厂曾经排查故障的方法是把 16 个控制器遥站逐个替换法。换一个，如果故障还存在，那么就再换另外一个，但工厂一共只有两个备品。这种代换和排除的办法，是建立在只有一个地方故障的前提下的。要是有两个以上的

故障就无法排除，工厂里的人没有想到这一点，童朝南却敏锐地意识到了这一点，以他熟练的检测方法，很快解决了问题。

晚饭期间，厂长十分激动地对他表达了感激，厂长表示童朝南解决了工厂的机器故障，就是解决了整个工厂员工以及他们家庭的民生问题。240 多万元现金到手，不仅能补发全厂所欠职工的工资，职工的过年费也能一并发放。厂长提出童朝南有任何需求，尽管开口。面对厂长如此丰厚的奖励，童朝南只是思考了片刻对厂长说自己并没有什么需求，就是来哈尔滨太急，他只穿了一双单鞋，在零下三十多度的天，脚冻得厉害。厂长听完当场就给工厂劳保科的科长打了个电话，一双劳保棉鞋就成了童朝南的奖励。这反映了一位党员教师高尚的道德情操。晚饭后，厂长担心机器再出故障，请求童朝南能留在工厂里，一直等到这价值 240 多万元的产品生产完成。童朝南十分理解厂长的忧虑，他自己也担心工厂工人拿不到工资，便答应下来。

时间来到腊月二十三，正值小年，童朝南到工厂的食堂去吃饭。所有职工都兴高采烈，边走边说今天工会发福利，吃红烧排骨，吃完还能带走一包饼。工会主席大声地对大家说："今天这一餐，工会为大家准备了免费的红烧排骨，听说这是得益于北京科技大学的一位姓童的教授，他把工厂 8 年都没解决的故障一个小时内就解决了，工厂机器能正常运转，才能有今天的福利。"就在这时，有人看见了童朝南，大声喊道童教授来了，工人们原本排好的队伍，在没有任何命令下分散开来，为童朝南留出了一条路。打饭的大叔告诉童朝南让他不用排队，喜欢吃肥的还是瘦的随便挑。童朝南不好意思地让大叔随便打了一份饭。工会主席对他说他是厂里的恩人，请求他为大家讲几句。工人们也敲着饭盆表示赞同，气氛十分热烈。童朝南向大家问好以后，谦虚地说："大家不用客气，我能解决这个问题，只是愚者千虑，偶有一得罢了，刚好让我碰上了，我也是工人出生，十几年前是一个工厂的修理工，是党和国家让我免费上了大学，这也有你们的辛勤劳动成分，学习到了的知识，理应回报于你们。我应该谢谢你们。"童朝南的感恩心态终生坚守。

一腔热血攻坚克难，一片丹心回报祖国

1998 年，佛山一家不锈钢厂在生产钢板的过程中因效率太低，便找了美国摩根公司生产一台全新的动态飞剪，生产安装工作顺利完成。但是在生产测试时却出现了问题——无法保证钢板精度。这给不锈钢厂造成了不小的损失，但摩根公司以费用过高和数据图纸有问题为由拒绝派人前来维修。就在两家公司僵持不下之际，摩根公司有一位中国的老工程师，曾与童朝南有过合作，便向公司老总引荐了童朝南。这位老朋友刚和童朝南形容事情经过，童朝南立马应允“我过去，但是我是代表北京科技大学过去，我先过去看看究竟是什么情况，至于能不能帮忙解决问题，我也不敢说！”

到了佛山以后，童朝南马不停蹄赶到工厂，检查设备，看到设备参数与运行状态以后，与工厂厂长充满担忧的神情相反，童朝南笑了笑，心中已然有了答案。童朝南从系统原理到系统硬件装配再到解决方案一一列数，语毕，在场的工作人员无不拍手称赞，感叹着他超强的业务能力，感叹着他处理起专业问题游刃有余的自信。经过国内工厂、摩根公司与童朝南三方商讨后，童朝南应允半个月的时间帮助解决问题。这十五天来童朝南每天在工厂测试设备，调整参数，不知不觉，半个月过去了，时间来到了验收成果的一刻，这一次，果然分毫不差，现场响起雷鸣般的掌声！

事后，摩根公司向童朝南抛来了橄榄枝，他们愿意出高薪聘请童朝南赴美国担任摩根公司此类设备的设计师，他们对童朝南说，中国目前技术落后，如果他去了美国将会有更好的发展。童朝南没有犹豫地表示：“谢谢，以目前的发展速度不出几年中国一定有我的用武之地。”短短几个字，童朝南说得无比坚定，无比自豪。在那个年代童朝南身体力行地体现了坚定的理想信念对人能产生多大的影响，他不仅拥有丰厚的知识储备，更难得的是，在自身利益面前，他义无反顾地选择了这个培养他的国家，选择将自己一生无条件奉献给祖国！

湖南长沙望江县晟通公司的厂里有两台轧机，速度一旦升高，负荷增大，轧机电流就会产生波动，发出异响，三相电流表指针就会分别偏到两边。因此，两台轧机从设计投产以来，速度从未达产。另外，外国人还在轧机配套的操作软件中做了手脚，若不每月向外方交钱就无法正常使用机器。工厂老板只能每个月重装一次软件。为彻底解决电流震动和软件封锁的问题，工厂老板请了许多国内电气传动的专家，但都没有解决问题。直到有一天工厂的技术工程师王国平向老板引荐了童朝南，称童朝南一定能解决工厂的问题。听闻此话，老板马上邀请童朝南和他的学生前来。童朝南带学生来到工厂考察后，非常自信地告知老板，“我能解决!”应承下工厂的任务，童朝南和他的研究生们便马不停蹄地开始解决问题，临近年关仍不懈怠。终于，在当年的正月初三，童朝南不负众望地把两个问题都完美解决。工厂老板看到终于能够在预设速度运行的轧机且再也不用重装的软件，激动万分，对童朝南的专业能力和敬业精神赞不绝口。

春风化雨温暖心田，匠心独具流芳伟业

学高为师、德高为范。在三尺讲台上，童朝南是教学先锋，不断为学生授业解惑，培养扎实基础，他讲授多门硕士生、本科生课程，包括“线性系统理论”“系统辨识与参数估计”“模式识别”“过程控制系统工程设计”“电路分析与网络理论”“轧制过程自动化”等；在日常生活中，童朝南又是育人楷模，他有如春风暖人心，以实际行动关心和呵护每一位学生，大到学生的生涯规划，小到学生的日常学习生活。

爱生如子，甘为人梯是对童朝南教书育人最真实的写照。对童朝南而言，只要是为了学生，自己的一切都可以放弃。在一次前往山西太原出差工作的途中，与童朝南随行的学生突发心肌炎，亟需手术治疗。在当时，由于学生的户口不在本地，在当地就医，需要提前支付大额押金。童朝南身上恰有用来购买单位自建房的几万元现金，他果断选择了将这笔钱垫付给了学生。“房

子没了可以再有，学生命没了可找不回来了！”在童朝南的帮助下，学生顺利完成了手术，并在后来成为了童朝南的一名博士生，而对于那套“交不上钱”的房子，也在学校领导的亲切关怀下特批延期交款。

在传道授业上，童朝南是当之无愧的良师，在师生情谊上，童朝南也是众望所归的益友。童朝南对学生们最常说的一句话就是“人呐，做学问，不要夸夸其谈，要学而致用”。孔子曰：君子要敏于行，讷于言。童老师在生活中和学生们的关系非常融洽，常常向学生们分享自己的生活经历和读书经验。童朝南不仅认真钻研专业书籍，也喜爱阅读《四书五经》《资治通鉴》等书籍，还喜欢与同学们交流读书所得。课余时间，童朝南常向学生们讲述自己作为工农兵大学生的经历，告诉同学们自己也曾有过学不懂的情况，有过“听天书”的体验，一段苦熬之后才终于学有所成，以此来勉励同学们要不畏困难，刻苦努力。以身作则、言传身教，童朝南用自己过硬的专业素养和日复一日的勤奋刻苦深深地影响着自己的学生们。在童朝南的教导下，他的学生们大多都出类拔萃、品学兼优。谈到学生们，童朝南如数家珍，流露出发自内心的自豪感。

童朝南荣休之后，虽然走下了自己默默耕耘了几十年的教学一线，但他依然关心着学院的发展和学生的成长，在诸多场合继续发挥着自己的光芒。偶有机会和学院的学生们相处，童朝南还会向他们分享自己的学习经验，教导学生们要带着问题学，才能提高学习效率，提醒学生们一定要认真学好数学和电路这些基础知识，如此定会受益无穷。作为学院的老教师，童朝南将自己为教育事业孜孜不倦的感想收获无私分享给了他的后来者，将高尚的师德师风继续发扬。作为一名光荣在党五十年的老党员，童朝南用自己的经历书写着对党的忠诚，为新党员立好了党性标杆。而作为学院中的“文艺达人”，童朝南组织排练话剧《矢志》，将恩师孙一康先生矢志向前、英勇奋斗的激情岁月原汁原味呈现给观众。而《矢志》也成为了每年自动化学院“榜样自动化”学生表彰大会舞台上的经典节目，激励着一代又一代的自动化学子将学风发扬光大，做矢志前行的逐梦人。

几十年风雨如一日，童朝南在自己平凡的岗位上撰写着不平凡的故事，培养了一批又一批投向经济建设等领域的学子，为社会发展作出了卓越贡献。而在他的影响下，也有越来越多的学生走上了科研和教学岗位，不断接续传承，作为学院发展的中坚力量继续谱写着“为党育人，甘于人梯”的时代故事！

编辑　陈建帮、田济、戈誉阳

但寻风向携热爱，创新为念育人才

——记物联网与电子工程领域专家　王志良

王志良，河南项城人，生于1956年，物联网与电子工程领域专家，中国人工心理与人工智能领域拓荒者，北京科技大学物联网工程专业主要创办者之一。1991年于浙江大学电工博士后科研流动站毕业后至北京科技大学就职，历任自动化、自动控制、智能科学、电子信息工程、物联网系主任，北京科技大学首席教授。任教期间曾主持完成国家自然科学基金、国家攻关、教育部重点科研、教育部博士点基金等项目，荣获国家教育成果奖二等奖和北京市教育成果奖一等奖。2007年，创办中国人工智能学会人工心理与人工情感专业委员会并任主任，2013年创建北京物联网学会并担任理事长，先后出版物联网专业相关教材20余本，部分教材印刷量高达3万册，任“十二五”北京物联网产业首席科学家，为物联网和人工智能行业科研攻关。

求学孜孜不畏艰苦，办学卓越敢于当先

高中毕业的王志良和当时许多学生一样，下乡进行教育改造，由于学历较高，他被安排在乡下的民办高中当一名教师。于是，他便以一名高中教师的身份，开启了他的教育生涯。“玉经磨琢多成器，剑拔沉埋更倚天”，他秉持着自己求学的初心，在1978年金榜题名，被东北重型机械学院（今燕山大学）工业自动化专业录取。本科毕业后，他前往哈尔滨工业大学和浙江大学继续深造，先后获得工学硕士、博士学位，并从事博士后工作。1991年毕业后，王志良可以选择留在浙大等南方高校工作，但出于对首都热切的向往，他放弃了稳妥的分配机会，毅然决定辗转北上，成为从外地赴京的第一个博士后，并最终在北京科技大学任职。

回忆起刚来北科大的光景，王志良历历在目。20世纪90年代初的北京科技大学规模尚小，满目尽是荒地和农田，生活条件较为艰苦。当时的天工大厦，还只是一个破落的小厂房，设施简陋，热水都需要跑远路去打。但王志良却并未抱怨，而是沉潜内心、勤勤恳恳，将科研工作者和高校教师的责任置于己肩。他深耕科研三十余年，始终保持着对前沿技术的浓厚兴趣，研究领域横跨多个专业，从自动控制到智能科学，再到物联网工程，均有较深入的钻研。回首往事，王志良笑着说：“咱们学院除了计算机系，剩下的系主任我都当过。”不仅如此，他还将热情灌注教育工作中，为国家培养出一大批深研专业知识、熟习专业能力、坚守专业精神的人才。

百川朝海，流行不止。科技的发展日新月异，各个学科的交织也越来越深，原本的专业划分已无法满足教育需求，学校亟须对专业进行重新规划和分配。王志良义无反顾地担起责任，当即便参与到学院的建设工作中，助力学校于1996年设立了信息工程学院。在2010年，王志良敏锐地捕捉到物联网专业领域在中国的空白，于是自发联合其他老师一同创办物联网工程专业。

当时国内很少有人认识到物联网的潜力，对物联网专业更是知之甚少、了解甚微，甚至市面上没有任何的相关教材。为了填补这份空白，他带领团队先后编写了共24本物联网教材和专著，其中由他主编的《物联网工程概论》入选“十二五”国家级规划教材，被近百所高校选为专业教材。功不唐捐，玉汝于成，在王志良和其团队的努力下，北京科技大学成为国内首批成立物联网专业的28所学校之一。

时代创新筑梦不休，潜心专注一路向前

王志良是国内最早进行人工智能研究的专家之一，深耕专业领域三十年。1998年，王志良作为优秀学者代表赴日留学，共融机器人理论研究，当他目睹日本研发的机器人表情能够呈现出丰富的“心理活动”时大受启发。通过调查，他还发现美国的麻省理工学院也早有人作出了一系列的理论研究。震惊之余，王志良也洞察到人工智能与心理学的交叉契机，于是在回国后阅览大量心理学书籍，准备在中国也开展相关的研究。敢为人先、勇于开拓的他进行了深刻的总结和反思：“我们为什么要跟在国外身后，我们能不能提出一些新的概念?”在这种信念的支持下，王志良提出更为宽泛的“人工心理”概念，一经披露便受到国内外广泛关注，也为北京科技大学科研团队以及国内人工智能研究提供了重要理论指导。

但是徒有创新意识是远远不够的，在王志良看来，一个人只有专注，对自己的研究领域有持之以恒的热情，才能真正成就一番事业。王志良当初学习感性工学和情感计算时正值寒假，老师和同学们都陆续回家，他就待在暖气不足的厂房中，一边挨冻，一边读书。功夫不负有心人，经过潜心钻研和沉淀，他终于提出了“人工心理”的新概念，开创了人工心理和人工智能领域的新局面。

如今的王志良颇有建树，受到学术界的广泛认可，可谁又能想到当初迎接“人工心理”新概念的声音却大部分是质疑和批判。“这只是一个想法，它的数学表达是什么?”“研究的工具是什么?”“它对人类的好处是什么?”

“你能够做个啥?”这一系列的问题现实而又残酷。尽管备受打击，但他并没有就此止步。对于错误的部分，他勇于承认；对于正确的部分，他敢于坚持。他坚信人工心理的方向是正确的，于是坚持不懈，努力尝试将人工心理的理论应用于实际场景中，创办了中国人工智能学会人工心理与人工情感专业委员会，使人工心理得以发展得更深更广，最后的成功也印证了他的坚持。由他领导的课题组所发表的人工心理和情感计算主题研究论文（中文）被引用1000余次，其成果综述作为特邀文章发表在2013年第1期《中国自然基金》杂志上，其研究成果《情感计算、人工心理的理论与应用》获得中国人工智能学会创新奖一等奖。

他坚持到底的决心和敢于开拓的前瞻性精神在2010年北京科技大学物联网专业建立时再次大放异彩。当初国内很少有人关注物联网的发展，甚至是国内知名的高等学府也尚未意识到物联网的潜力，王志良觉察到当下的科技发展多是学科交叉，而物联网正是学科交叉技术集成的产物。2010年电子系细分时，他敏锐地洞察到当时国内物联网专业的缺口和物联网发展的重要性，毅然决定要让北京科技大学引领全中国的物联网办学。为完成这一目标，王志良带领电子系的教师们创办了物联网系。在他们的努力下，北科大获批国家首批“物联网工程”专业办学资格，并获批国家特色专业。由于国内尚未开辟物联网专业教育的先河，缺乏严谨完备的教学指导体系，王志良便敢为人先、勇担重任，他主责的《物联网与科技强国》课程入选国家“精品视频公开课”建设选题名单，主编的两本教材被百所高校采纳，共印刷4万余册。揆诸当下，物联网行业成为智能科技行业不可或缺的一部分，大部分的电子智能和信息系统都是物联网的架构，这和王志良等一批老师的倾心付出是密不可分的。

古语云：“惟保守也，故永旧；惟进取也，故日新。”王志良相信一分耕耘一分收获，他始终保持着对新鲜事物的兴趣和执着，选择正确的道路，并一往无前地向前探索。正是这样守正创新、锐意进取的精神引领着王志良在人工智能方面作出杰出贡献，并于2019年荣获中国人工智能学会“杰出会员”称号。

庠序谆谆诲人不倦，弟子四海满园皆春

王志良自1991年来到北京科技大学以来，历任自动化系、智能科学系、电子系、物联网系主任，“乐于奉献，甘为人梯”是他的真实写照。几十年间，他不但醉心研究、锐意创新，更极其重视教书育人，始终将立德树人当作自己的第一要务。

王志良正色说道：“要做好一件事，第一要有创新的思维，第二要脚踏实地地去做。”他自己便是这句话的笃实践行者。物联网专业建立之初还是个新兴学科，连概念都模糊不清，如何开办、如何教好学生又成了巨大的难题。为了不辜负学校的信任，办好物联网专业，他身体力行、事必躬亲，将首批开办物联网专业的28所学校的教学大纲全部搜集起来，尽取其精华，编写出《物联网专业的学科规划和教学体系规划和学科建设》。时至今日，这本书依然是全中国物联网专业的办学指导。在此之后，王志良又根据自己的研究和教学经验，编写了《物联网概论》《物联网导论》等教材，被全国一百多所高校使用至今，切实完成了他“引领全中国的物联网办学”的目标。他负责教学工作时，每年都要牵头召开教学方案讨论会，认真听取各方意见，探讨更好的教学规划，以民主投票的形式确定必修课的条目，最大限度地保证课程设置的合理性。“哪几门课应该是我们的必修课？我说了不算，大家一块才说了算。”朴实的话语之中，不仅仅体现出他对工作认真负责的态度，更体现了他从不摆资格、端架子的谦逊精神，虚心地向同事讨教，尊重晚辈的意见。

一朵云推动一朵云，一个灵魂唤醒一个灵魂。在教学上，王志良严谨细致、推崇创新。在面对难度较高的教学任务时，他更是率先垂范、迎难而上。“电机学”这门课难度很大，要求很高，但对于构建学生的知识体系、继续在学科领域探索却不可或缺。王志良深知它的重要性，便主动担起授课的重任。在讲授“人工心理与情感计算”这门课时，他更是下足了功夫，搜集国内外该领域的最新进展和研究成果，将这些内容以最好的方式呈现在学生面前，力求使学生对这一科目有更深的感悟。治学之余，王志良还注重对学生科研精神的培养。他教导学生要乐于创新，培养独立思考的意识，不能因循守旧沿着既定的方向走，要有自己的想法，勇于突破。同时他也时刻提醒学生，创新要建立在理论的基础之上，唯有理论知识过硬，创新才会有实际意义。他感叹道：“凡是新东西，首先受到的就是嘲讽和边缘化，但只要你沿着正确的道路在创新，在为人民谋福利，在为国家做贡献，就大胆地坚持。这就是我干一辈子科研的体会，不要害怕困难，不要怕人家的质疑或看不起，你只要做得好，就往前做。”殷殷教导，字字珠玑，以身垂范，率队前行，王志良的学生们纷纷受到深深的触动。

从教 31 年，门下早已桃李芬芳。王志良指导了两百多位硕士生和博士生。高山仰止，景行行止，虽不能至，然心向往之。在他的悉心培养下，学生们对学术的热忱和无尽的潜力都得到了充分激发，学生中不乏教授、博导，赓续教书育人的奉献精神，传承为人师表的优良作风。其中石志国更是成为了北京市大数据中心的副主任。“他都成了我领导了！应该说现在他们都干得比我好，干得都挺好。”谈起学生，王志良神采奕奕，言语中难掩骄傲。对深深扎根教育事业的他来说，学生的成才、成功正是最好的赞扬，他所培养出的一大批人才，正是他无上的人生价值。庠序谆谆述新知，青年莘莘沐荣光，在三尺讲台上发光发热，王志良奉行严谨负责的学术态度与为人师表的责任意识，堪称人梯精神的代表。

始于好奇，续以热爱。王志良从未停下探索星空的脚步，终日乾乾，与时偕行。他扎根于北京科技大学，在科研上孜孜不倦，在学术上守正创新，在教育上鞠躬尽瘁，他不仅是知识的传播者，更是求学的引路人和灵魂的工程师。良师益友是他的本色，青蓝冰水是他的追求，从严谨治学到教书育人，他将满腔热忱倾注于学术研究，乐于奉献、务实创新，实现了自己的人生价值。为人师表，他真正做到了甘为人梯，奖掖后学，广受学生敬仰。愿君如长风，皎皎皓月明，王志良杰出的贡献和高尚的师德始终光辉！

编辑　邵丽华、吴思婕、崔园昕、戈誉阳

鹤发银丝映日月，丹心热血沃新花

——记冶金物理化学领域专家　郭汉杰

郭汉杰，山西河津人，生于1957年5月，冶金物理化学领域专家。1978年考入北京钢铁学院（现北京科技大学）物理化学系冶金物理化学专业，1992年3月在北京科技大学获博士学位，后留校任教。现为中国金属学会特种冶金学术委员会委员，中国直接还原铁学会专家委员会委员，“高端金属材料特种熔炼与制备”北京市重点实验室专家委员会副主任，北京科技大学冶金与生态工程学院钢铁冶金系教授，博士生导师。长期从事冶金熔体热力学和动力学、冶金新工艺、新流程、冶金能源综合利用等方面的研究，获发明专利26项，发表学术论文300余篇。所负责的冶金物理化学课程被评为“北京市精品课程”“国家级精品课程”

和“国家级精品资源共享课”。曾获北京市教育教学成果奖一等奖，北京市教学名师，北京市师德先锋，北京科技大学鼎新学者，第十三届、第十八届、第二十届北京科技大学“我爱我师——我心目中最优秀的老师”等荣誉。

勤学不倦困知勉行，笃思明辨惟实励新

一届又一届的北京科技大学校友有这样一个传说，在北京科技大学有三大“天书”，余永宁老师的“材料科学基础”、郭汉杰老师的“冶金物理化学”和程树森老师的“传输原理”，如果能同时把这三本“天书”学好，将在冶金材料领域“天马行空”！同时这三位大师也是能把“天书”讲好的老师。有一个现象可以佐证郭汉杰讲的“天书”得到学生的普遍认可，“冶金热力学理论与应用”（2006 年之前为“冶金物理化学（Ⅱ）”）是北京科技大学冶金工程专业硕士研究生的必修课，每年最后一节课结束时，学生们都会排着队请郭汉杰在他编著的“冶金物理化学教程”扉页上签名。

郭汉杰出生于一个教育世家，1978 年全国全面恢复高考，他经历了百里挑一的选拔，考入北京钢铁学院物理化学系冶金物理化学专业进行本科学习，之后硕、博连读师从林宗彩、周荣章、赵玉祥三位先生，在满井村这片沃土上开启了对冶金物理化学奥秘世界的无限探索。他回忆，当时学校是六至八个人一间住上下床的宿舍，生活很艰苦，每个学生每周发一张澡票，一周才能洗上一次热水澡。郭汉杰回忆，1978 年的北科大南校门外还没有四环路，学校的东南角没有院墙，与外连接的是一片稻田，一条斜道直通塔院。教室、宿舍连电风扇都没有，更不要说空调了。进入盛夏直到秋末，同学们晚饭后会在金色的稻田间散步、读书，也算是满井村的一道风景。与那时相比，学校现在有智能化的热水房、洗衣机、浴室等，同学们在冬暖夏凉的图书馆、教室读书学习，赶上了国家富强的好时候，更应好好珍惜这些优质的学校资源，把握好自己的求学之路。

郭汉杰说：“想在高手如林的全国重点大学站稳脚跟，不靠自己的努力是

要被淘汰的。”1992 年 7 月，郭汉杰博士毕业留校，分配到冶金原理教研室任教，时任教研室主任是姜钧普教授。姜老师给他的任务是下个学期给研究生讲授“冶金物理化学（Ⅱ）”，当时所用的教科书是陈镶武老师编写《钢铁冶金物理化学》，内容很多，一些公式是从文献上直接引用。为了上好这门课，郭汉杰 1993 年春节几乎没有休息，每天都在钻研陈先生这本 60 余万字的“天书”，补齐了书中近百个公式推导。功夫不负苦心人，1993 年他协助姜老师讲授的“冶金物理化学（Ⅱ）”后半部分一举成功，得到学生好评，一年就成为能把高等级“天书”讲好的老师，很多学生至今还保留着当时上课的笔记。直到 2023 年退休，郭汉杰持之以恒地每年给本校本科生讲“冶金物理化学（Ⅰ）”，给本校研究生和企业工程硕士班讲授“冶金物理化学（Ⅱ）”，2012 年前给博士生讲授“冶金物理化学（Ⅲ）”，在讲“天书”的讲台上，一站就是 30 年！

他的课信息量很大，也很易懂，听过他的课的学生都有一个共同的体会，每节课都有意犹未尽的感觉，他经常把物理化学的基本原理与社会学、经济学、哲学等学科的相关规律进行类比，他是能把“天书”讲活、讲透的老师，是北京科技大学课堂上一道靓丽的风景线，几乎每节课结束后学生都报以热烈的掌声！

青衿之志履践致远，行远自迩赓续前行

郭汉杰认为，大学的课程是基础，科研是在基础上盖高楼大厦，学生根植于良好基础才能成为栋梁之材。大学老师能否给学生打好基础，是决定学生能否真正成才、国家科研能否领先世界之大事。郭汉杰说：“我在北京科技大学的成长过程，就是在一个个名师的指导、教育与启发下，逐渐找到了自己在治学道路上的正确方向。”

郭汉杰回忆，在他的求学及科研生涯中，最让他难忘的有两件事。

第一件事是对“活度”进行质疑。在研究生的第二学期，得益于本科期间打好的物理化学基础，在听张鉴教授讲授炉渣“离子-分子共存理论”时郭汉杰受到启发。如果熔渣熔体中简单分子间可以形成复合分子，且可以用

其平衡时的摩尔分数取代纯物质标准态的活度，那么这个规律能否也适应多元金属熔体？如果成立，那岂不是没有“活度”了吗？于是，课后他立即查阅文献，找到了 Mg-Si、In-Sb 两个二元金属熔体的活度和形成金属间化合物的标准自由能，用炉渣共存理论的方法进行了类似计算，验证了他的猜想成立。他将此验证写成论文并交给张鉴教授评阅，得到了高度评价，张鉴教授拿着他的论文找到校长，力荐他直读博士。郭汉杰回忆到，“活度”的消失，简化了多元多相平衡计算，使得他博士课题的研究变得异常高效，复杂的多元多相化学反应通过在电脑上进行理论模拟计算，获取最佳工艺条件后，只需少量的实验就可验证得到最优的工艺参数。他的博士论文最终也获得校级优秀论文，但论文评审过程却令他终生难忘。当时需要国内该领域最具权威的 15 人评阅，最令郭汉杰为难的是到魏寿昆先生家送、取论文，魏先生是国内公认在活度理论的研究中最有成就的教授，博士论文中公开否定活度不就是在学术上和他作对吗？当他硬着头皮走进魏先生家时，万万没有想到老先生说，“你的论文写得非常好！”并鼓励道，年轻人就是要敢于挑战权威。郭汉杰感动地暗暗发誓，在先生有生之年，其质疑活度的论文绝不发表。这一等就是 22 年，魏先生于 2014 年 6 月仙逝，同年 9 月郭汉杰在全国冶金物理化学会议上作了“活度质疑”的报告，引起轰动，当时楼道都站满了人。2017 年他将“活度质疑”一文发表在北京科技大学期刊《工程科学学报，2017，39（4）》上，将论文献给自己的母校！

从敢于质疑活度，到将其观点写入博士论文，受到张鉴教授力荐直博，再到魏寿昆先生博大的胸怀和热情的激励，郭汉杰深深感受到了北京科技大学这些大师的风度、治学风格、谆谆教诲和无私的激励，这对他后来的成长产生了非常大的影响。

第二件事是傅杰教授对他的科研之路产生的重大影响。“傅先生不仅带我走入特殊钢电渣冶金领域，也为我科研理念的形成奠定了基础。”郭汉杰说：“与傅先生结缘于硕士期间的课堂上，他给我们讲授电冶金课期间我经常与他讨论一些炼钢理论方面的问题，傅老师发现我的基础比较好，非常乐于与我讨论，从而受到先生的关注。”郭汉杰留校后，傅老师看到他长时间没有确定

好科研方向，看在眼里特别着急。于是自2005年起，傅先生经常与郭汉杰探讨并建议他选择电渣冶金方向，傅先生语重心长地说，“你基础好，如果选不好科研方向，会浪费你的天赋和良好的理论基础，电渣冶金对国家在高端金属材料领域领先世界是非常重要的，可以解决当前国家在特殊钢方面取代进口的问题，我们这一代都退休了，国家得有一批基础好、踏实肯干的年轻人接班。”从此郭汉杰便下决心从事电渣冶金的科研，完成傅老师老一代未竟的事业。在傅先生的帮助下，郭汉杰与钢铁研究总院陈希春博士合作，从此进入科研成果高效率产出期，不到一年时间就突破了H13这一“卡脖子”的难题，材料的各项指标达到世界先进水平。

H13的突破，使郭汉杰找到了我国在高端金属材料方面被“卡脖子”的密码，此后作为国家自然科学基金重点课题负责人，他先后承担了被世界上称之为大飞机“心脏”的“航空发动机涡轮盘高温合金直径大型化”课题；攻克了大国重器“盾构机”刀头用钢难题，结束了我国盾构机在硬岩时必须采用他国某品牌的历史；与东方汽轮机公司合作攻克了630℃超临界状态下发电机转子用钢的难题，结束了持续多年被他国“卡脖子”的状态；与酒钢合作为某国际知名品牌手机研发了要求极为苛刻的不锈钢板，目前仍于国际领先水平；与首钢合作将我国的电热合金的质量提高到国内最好、国际领先。

深厚的物理化学基础也使郭汉杰意外地成为中国的石灰专家、中国系统研究活性石灰烧制理论的第一人。1992年，他刚留校不久，在听冶金部一位领导的讲座时了解到，我国的石灰质量问题严重影响了钢的质量，因此他下决心搞清楚碳酸钙分解形成活性石灰的原理及工艺。化学工业出版社有位编辑看到他发表的相关文章后，约他写一本有关活性石灰的专著，他在之后的5年将其作为本科生结业的课题，完成了一部国内独一无二的《活性石灰生产理论与工艺》的专著，多次受到相关机构的邀请作大会报告，受到石灰行业的高度评价。

郭汉杰一丝不苟、始终如一的治学态度，帮助他在冶金理论研究和应用研究的前沿取得多项突破，他经常鼓励学生们说：“踏踏实实把基础打牢，勤勤恳恳将实验做好，在科研中就能起到事半功倍的效果，在实现人生理想上也能起到至关重要的作用。”

秉心克慎奉植惟勤，芳华待灼砥砺深耕

“既然选择做一名老师，就要想清楚如何做好一名老师。”郭汉杰这样认为，也是这么践行的。他在博士毕业留校任教后，便在内心定下了一个“名师工程”的计划。从1993年给研究生开讲冶金物理化学课程（Ⅱ）获得学生好评，连年被评为学校优秀教师。2004年他将自己10年来教学心得和讲稿编著为教材，名为“冶金物理化学教程”。郭汉杰回忆道，那个时候敢独自编写“天书”并自称“天书教程”是需要底气的。因为这十年，他在备课时将国内几本较有名气的“天书”反复研读，吸取各自特长，回避其不利于做教材的短板，用自己的语言重新编辑，经过10年间每次备课过程的不断修改，语言、文字和内容已近精品，倾注了他无尽的心血。这是十年磨一剑的成就，此书在冶金出版社一经出版，立即得到国内兄弟院校的认可，东北大学等高校之后几年都将其作为考研的参考书。

一枝独秀不是春，百花齐放春满园。2004年，郭汉杰开始担任冶金物理化学课程负责人。郭汉杰回忆，当时压力很大，冶金物理化学是北京钢铁工业学院建校后魏寿昆先生开创和建立的，一直在全国处于领头羊的地位，在世界上也极具影响力，他深感压力。为此他确定了三个目标：一是10年内要把课程建设成为国家级精品课程；二是成为省市级乃至全国名师；三是要在高等教育出版社出版一本经典的冶金物理化学教材。之后10年，他与周国治院士一起，将最初只有4人的冶金物理化学课程小组打造成一支老中青结合、学员结构合理的15人的高水平教学团队，并一手培养出11名中青年教师，将冶金物理化学教学带到一个新的高度。冶金物理化学课程先后获得北京市精品课程、国家级精品课程、国家级精品资源共享课，北京市优秀教学团队，北京市教育教学成果一等奖。他本人也先后获得北京市教学名师、北京市师德先锋等荣誉。他用自己的一言一行向我们诠释了“师者，传道授业解惑也”的含义，是值得我们一直学习的师德榜样。

教学的成功促进了他科研的长足发展。自2008年他开始进入电渣冶金领域，一系列的科研成果是他带领着由他的硕士生、博士生组成的科研团队取

得的。“我自己的经验证明，培养学生打好深厚的理论基础，科研课题研究时，会少走弯路，也会直击要害，快速高效”。郭汉杰说：“北京大学著名的物理化学教授傅鹰曾经说过，物理化学学一遍是不可能学懂的，我自己讲了30年物理化学，到现在每讲一遍都有新的收获。所以我形成了独特的培养学生的模式，不论是硕士生还是博士生，进入我的科研团队第一学年必须到本科课堂把冶金物理化学内容重新学习一遍，博士生必须给本科的冶金物理化学课程当一个学期的助教，批改作业、答疑，由此打好理论基础。”

郭汉杰回忆，每次有学生来找他讨论问题，他都会让学生先“吃透”冶金物理化学，因为只有把理论完全理解，并有自己独立见解时，才能对科研方案有正确合理的思路，这样也能最大限度地把学生的潜能释放出来。他的一个学生叫段生朝，由于家乡教育水平落后，高考未能理想的他在考研进入郭汉杰的实验室后第一件事就是学习冶金物理化学，还在郭汉杰的指导下到某校教了一遍冶金物理化学。段生朝凭借扎实的理论基础，将当时日本著名学者Suito教授花费10年时间都没能准确计算的渣钢间Mn的分配比，用避开“活度”简化的多元多相平衡热力学模型方法准确计算，解决了这个堪称世界级的难题，研究成果在国际顶级期刊发表，并获得了英国钢铁协会2018年度的最佳论文奖。

三十年来，郭汉杰兢兢业业，将自己的全部倾注到冶金物理化学的教学、科研中。十年磨一剑，《冶金物理化学教程》(第1版、第2版）由冶金工业出版社出版；二十年成就北京市教学名师梦！郭汉杰以“一生做好一件事”来要求自己，踏踏实实、认认真真把教学真正做精做好，无愧于初心、无愧于责任、无愧于学生。他始终将党和人民的教育事业放在首位，30年来平均每年授课超过150学时；他备课、讲课精益求精，一丝不苟，深得历届学生好评。

握三寸粉笔，立三尺讲台，紧系家国运，一心铸“钢魂”。三十年克勤尽力，润物无声，郭汉杰用这一份“始终如一”的细心、耐心、诚心、决心，践行着一名教师的初心与使命。春风育桃李，教诲如春风。掬取天池水，勤恳育新苗。郭汉杰严于律己、脚踏实地、至诚报国，在北科大这片沃土上，用岁月不倦的辛勤汗水浇灌一代代钢铁青年，用始终不渝的赤子之心践行教书育人之本，真正成为恪尽职守、为国育才的“大先生”。

编辑　王斌、李福龙、李晓彤、杨志伟

精在利其镞，杰自求真时

——记金属材料应力腐蚀领域专家　乔利杰

乔利杰，山东人，生于1957年7月，金属材料应力腐蚀领域专家。1978年考入北京钢铁学院（现北京科技大学），1988年获得博士学位并留校任教。乔利杰是国家级杰出青年科学基金获得者、“973计划”材料领域专家咨询组成员、“863计划”项目首席专家。曾任北京市材料基因工程重点实验室主任、北京材料基因工程高精尖创新中心副主任、北京科技大学腐蚀与防护中心主任，兼任中国腐蚀与防护学会荣誉理事长，Anti-Corrosion Methods and Materials、《中国腐蚀与防护学报》《材料保护》《自然科学进展》等多本杂志主编、副主编、编委。先后主持完成了多项国家自然科学基金、“863计划”“973计划”、国家支撑计划课题。

出版专著2部、编著2部，发表SCI论文约600篇。曾获“全国优秀科技工作者”荣誉称号、霍英东优秀青年教师奖二等奖，获得省部级科技进步奖一等奖3项、二等奖6项。

深耕不辍矢志报国，攻坚克难敢为人先

1957年7月，乔利杰出生于山东省临沂市付庄镇劳模店村。劳模店村是中国铸铁业的发祥地，铸铁的历史可以追溯到隋唐年间。村民几乎家家户户都会一门铸铁技术，铸造的铁锅、铁壶、铁盆、锅盖、鏊子等铁器几乎垄断了周边市场。孩童时期乔利杰经常站在铁匠铺旁边，看铁匠铸铁，从那时起，他就与金属材料结下了不解之缘。

1975年，乔利杰高中毕业，回到村里的小学教书。1978年10月，恢复高考的消息传来，乔利杰年轻的心被希望掀起，对知识的渴求越发强烈。填报志愿时，乔利杰打定主意，国家需要什么就学什么。他脑海中浮现出中学课堂上学过的催化剂，催化剂可以大幅提高化学反应效率，乔利杰立志要做祖国科技事业的催化剂，通过自己的学习研究“加速”祖国的建设和发展。1978年2月，乔利杰以优异的成绩考入北京钢铁学院金属腐蚀防护专业，自此开启了他在金属腐蚀与防护领域深耕不辍的人生旅途。

乔利杰经常和学生们说，要老老实实做人、踏踏实实做事，多用动词和名词，少用形容词和副词。要能吃苦、吃亏，克服多大的困难，就能上多高的台阶，本事是在不断克服困难中积累锻炼出来的。乔利杰读书时，学校的科研环境较为简陋：没有自己的实验室，只能在公共制样室里放置简单的设备做实验；没有凳子，只能站着进行操作，一站一整天；白天在实验室忍受抛光机的噪声；晚上回到宿舍腿累得抽筋……艰苦的条件没有浇灭乔利杰的科研热情，反而磨练了他苦中作乐、克服困难的本领，也为他后来的科研生涯打下了坚实的基础。

1988年，乔利杰获得博士学位并留校任教。乔利杰所在的实验室是我国最早开展金属材料应力腐蚀的研究单位，他在我国著名冶金材料学家肖纪美

先生的指导下开展飞机起落架的应力腐蚀研究，开创了我国应力腐蚀和氢脆研究的先河。乔利杰在这个方向上持续深耕，从研究生阶段一直到退休，从没变过方向。他深入研究材料薄膜力学性能、涂层的耐磨耐蚀以及氢脆和应力腐蚀，建立氢-应力-腐蚀三者的影响机制，并基于该机制分析和解决实际工程问题，成为了该领域首屈一指的专家。1997 年，乔利杰获得国家杰出青年科学基金，2005 年获评教育部创新团队带头人，2010 年获评全国优秀科技工作者。

多年来，乔利杰始终不忘当年填报志愿时的初心，聚焦材料的环境断裂机理、低维材料的纳米力学研究、材料的摩擦磨损研究、材料的失效分析等研究方向，敢于挑战困难领域，敢于走别人没有走过的路，在攻坚克难中追求卓越，勇于创造引领世界潮流的科技成果。

坚定方向刻苦研究，不忘初心开拓创新

“学贵知疑，小疑则小进，大疑则大进。”科技创新特别是原始创新要有创造性思辨的能力、严格求证的方法，不迷信学术权威，不盲从既有学说，敢于大胆质疑，认真试验。研究生阶段乔利杰的第一个课题是探究不锈钢应力腐蚀机制。当时学术界有两种观点，一种观点认为不锈钢应力腐蚀是因为氢脆，另一种观点则认为不锈钢应力腐蚀是因为阳极溶解。乔利杰的导师认可第一种观点，安排乔利杰做实验证明。乔利杰摸索了很长时间，想尽了各种办法，对实验样品、实验方法、实验内容等进行了大量研究，始终没有进展。既然一条路走不通，会不会另一条路才是正确的呢？乔利杰秉承严谨求实的科研作风，对导师的观点提出了大胆质疑，他进行了大量实验，最终证明了阳极溶解在不锈钢应力腐蚀过程起决定作用，而氢对阳极溶解有促进作用。正是乔利杰从学生时代开始的刻苦钻研，开创性地研究了氢、应力和化学介质多因素对材料的非线性耦合作用以及氢对阳极溶解型应力腐蚀开裂敏感性的影响，使得他在行业中能够一直保持国际领先水平。

乔利杰团队研究发现在奥氏体不锈钢应力腐蚀过程中氢能在裂纹尖端富集，使奥氏体不锈钢腐蚀电位降低，钝化电流增大 1~2 个数量级，急剧加速

裂纹尖端材料的快速溶解，增加应力腐蚀裂纹扩展速度，降低开裂门槛值。基于氢也会增大点蚀敏感性，团队提出了氢在缺陷处富集加速局部腐蚀的新机理，发现氢可以大大缩短点蚀形核时间，氢使点蚀由不发生到快速发生，引起质的变化。同时还直观呈现了点蚀在相界和晶界上形核，并向奥氏体扩展的演化路径。

他不一味追求论文的数量，项目的多少，而是从研究本身出发，以严谨治学的态度进行学科前沿研究，努力将研究成果写进教科书，推动学科发展。团队承担了“973 计划”“863 计划”“支撑计划”、国家自然科学基金（国际合作、重点、面上）项目等国家纵向课题和航空航天领域、大型国有企业等横向课题，如大型运载火箭、导弹发动机、天宫二号等航天器关键部件的失效分析和安全性评价，以及新一代超高强汽车用钢板、线材等的研发。为环境断裂机理的基础研究，以及我国重大工程、军事装备和航天器的安全服役作出了重要贡献。

乔利杰不仅在科研上取得了卓越的成就，也在教学中倾注了大量的心血。他曾先后承担多门本科生和研究生课程的教学任务，培养了一批又一批的优秀材料人才。他的教学风格严谨而生动，既有理论的深度，又有实践的广度，既有科研的创新，又有工程的应用。他常常用自己亲身经历来启发学生的思维，让他们感受到材料学科的魅力和价值。他对北京科技大学有着深厚的情感，曾担任学校新材料技术研究院副院长、北京材料基因工程高精尖创新中心副主任，在学校发展的过程中不断贡献着自己的智慧和力量。

以生为本因材施教，甘为人梯提携后学

乔利杰深植“以生为本”的教育理念，一切从学生的实际需求出发，尊重学生的个性和特点，为学生成长成才提供良好的环境。在学生的眼中，乔利杰是一位治学严谨又和蔼可亲的老师，他尽心尽责、以德立身，把学生视为自己的孩子，把立德树人的工作视为自己的使命。

在乔利杰看来，每一个学生都有其独特的个性和能力，每一个学生都应该接受适合其个性特点的教育，实现个人的价值。因此他总是设身处地为学

生考虑，为学生提供理解、信任和关爱。在课堂上，他因材施教，根据不同学生的特点和需求，采用灵活多样的教学方式和手段。在担任副院长期间，乔利杰坚决反对一些学校不允许优秀学生推免至外校的“潜规则”，鼓励学生根据自己的兴趣和发展规划选择推免学校，还经常将学生推荐给国内外知名高校和科研机构，为他们打开了更广阔的发展空间。曾经有一名学生申请读博，计划在读博期间出国攻读博士学位，很多老师担心出国交流会耽误科研进度，不愿意接收他。这名学生屡屡碰壁，直到遇见了乔利杰，乔利杰爽快地接收了他，并且十分支持他出国交流的想法。

德国教育家第斯多惠认为，教学艺术的本质不在于传授知识，而在于激励、唤醒和鼓舞，乔利杰深以为然。对于学生的选题，乔利杰从不直接指定，而是鼓励学生深入思考，根据自己的兴趣确定选题，确保学生能够选择自己感兴趣的方向，在兴趣的驱使下更好地完成科研任务。在科研过程中，乔利杰给予学生充分的自主权和发挥空间，他不会过多地干涉学生的具体实验方案和步骤，而是鼓励学生自己去探索和尝试，从中发现问题、解决问题。只要学生实验需要，乔利杰从不吝惜经费和资源，为学生自主探索提供最先进的仪器设备和充足的材料试剂。对于科研成果，乔利杰不在乎一城一池的得失，而是注重引导学生主动参与和积极思考，培养学生的科研能力和创新精神。乔利杰认为，科研是一种探索未知的过程，不可能一帆风顺，也不应该急功近利。只要有热情、有方法、有耐心、有信心，就一定能够取得突破。

乔利杰对学生十分关心爱护，他将科研训练和综合素质训练有机结合，不仅传授专业知识和技能，也培养学生们的科学素养和创新能力。他经常组织课题组内部的学术讨论和交流会，邀请知名专家学者作报告，促进课题组成员之间的思想碰撞和知识共享。他还鼓励学生积极参加各种国内外的学术会议和交流活动，拓展知识和视野。学生求职前，他会帮助学生分析自己的优势所在，为学生进行职业规划，帮助他们更好地择业就业。如果学生继续深造，乔利杰会把自己多年积累的科研经验和资源毫无保留地分享给学生，为他们提供良好的科研平台和发展机会。即使毕业多年，乔利杰也与学生们保持联系，了解他们的工作和生活情况，给予他们必要的帮助和指导。不少学生把乔利杰视为终生的挚友，建立起深厚的情谊。

乔利杰不仅是爱生如子的“大先生”，也是提携后学的领路人。他甘为人梯，言传身教，慧眼识才，积极发挥传帮带作用。鼓励年轻教师开辟新的研究领域和研究方向，为年轻教师配备基础相对好的学生。做好年轻教师的后勤工作，而不是让年轻教师配合自己的方向开展研究。乔利杰积极参与北京市材料基因工程重点实验室、北京材料基因工程高精尖创新中心等平台的建设和管理，为年轻教师提供了良好的科研环境和条件。他经常与年轻教师们交流，为他们提供指导和建议，帮助他们解决科研中遇到的困难和问题。同时，乔利杰也经常受邀去国内外科研机构作报告、当顾问，帮助许多同行解决实际问题，在业内有着很高的评价。“一花独放不是春，万紫千红春满园”，乔利杰用自己的行动和言传身教，为年轻教师树立了榜样，体现了他对科学事业和人才培养的无私奉献和责任担当。

乔利杰经常对学生说，做研究要有扎实的基础和远大的目标，能力是在不断克服困难中积累起来的，能够克服多大的困难，就能上多高的台阶。这不仅是他对学生的期许，也是他科研之路的真实写照。从乡村青年、潜心求学的奋斗之路，到结缘应力腐蚀、坚守研究方向的深耕之旅，乔利杰始终怀着深厚的报国情怀在科学前沿不断探索，他也会继续坚持以生为本、因材施教的育人理念，发扬严谨治学，甘为人梯的精神，培养更多具有为国奉献钢筋铁骨的高素质人才！

编辑　高晓丹、刘家宇、杨雨月、袁正臣

初心不改勤恳耕耘，言传身教桃李芬芳

——记金属塑性加工领域专家　韩静涛

韩静涛，黑龙江人，生于1957年7月，金属塑性加工领域专家。1995年3月毕业于清华大学金属塑性加工专业，获博士学位。1975年开始参加工作；1984年10月至1991年9月在西安冶金建筑学院任助教、讲师、副教授；1995年4月至今在北京科技大学工作，曾任教研室副主任、系副主任，现任材料加工工程专业委员会主席。1999年11月至2002年3月在德国亚琛工业大学和马克思-普朗克金属研究所任访问教授。现任中国钢铁工业协会理事、中国钢结构协会常务理事/冷弯型钢分会理事长、中国金属学会名誉理事、国际新材料学会会士、美国钢铁技术学会会员等。曾获国家科技进步奖二等奖等国家、省部级科研成果奖14项，出版学术专著译著10余部，发表科研论文270余篇。

心无旁骛学无止境，上下求索乐在其中

因父母在“文革”中受冲击，韩静涛很小就被迫离开家乡，辗转多地来到河南开封。在年幼的韩静涛懊悔悲伤之时，中学的图书馆向他敞开了大门。在管理员的默许下，他和小伙伴如饥似渴地阅读了起来。“从看第一套《十万个为什么》开始，我就对天文学产生了兴趣。”韩静涛笑着回忆起小时候懵懂的天文梦，他还用找到的老花镜与凸透镜自制了一台100倍的天文望远镜。因为读书，在那个物质匮乏的年代，韩静涛的精神却是富足的。

从小学到高中，韩静涛的学习成绩一直名列前茅。1975年高中毕业，因时代的限制，他没能继续自己的学业，而是进入一家电机厂翻砂车间成为了一名铸造工人。飞扬的红砂、火红的铁水、高温炙烤下的汗水、厚茧遍布的双手……尽管车间环境艰苦，韩静涛却干劲十足。他回忆，当时青工的任务是一天做35个电动机外壳的砂型，其他人做满35个就交差了，他却坚持要做到50个，超额完成任务，“我的想法很简单，不管做什么都要尽力做到最好。”业余时间，韩静涛始终没有放弃读书，常常在结束了一天辛苦的工作后继续去“七二一工人大学”旁听，努力学习文化知识。

机遇总是垂青有准备的人。1977年，韩静涛迎来了恢复高考。正在车间一线工作的他几乎没有多余的时间备考，然而扎实的知识基础还是让他考出了连自己都意外的好成绩，顺利拿到了大学的录取通知书。大学时期的韩静涛也依旧保持着“学霸”的水平。作为国家高考政策恢复后的第一届高考考生，虽然大家都已经是“天之骄子”，但起步还是有一定的差距，特别是外语、数学、机械制图等课程。韩静涛则因外语水平较高，本科期间即作为省政府英、日文翻译多次参与外事接待和国际会议同传的工作。由于在英语、日语、机械制图等课程学习上节省出了大量的学习时间，韩静涛还旁听了数学分析和固体力学专业的专业课。在本专业的考试中他也总是交卷最早、分数却最高的那位。聪颖的天资加上刻苦的努力让韩静涛的理论基础更加扎实，为以后的科研工作打下了坚实的基础。

正如韩静涛自己所言，77 级毕业的大学生面对新中国万物复苏、人才紧缺的社会现状，一直都身负建设祖国的重担。多年来，不论社会大环境如何变化，韩静涛始终坚守初心，一次又一次坚定地站在科研许国的最前沿。

不畏质疑攻坚克难，笃定初心勇攀高峰

韩静涛的办公室像是一个小型的金属加工厂，桌子上、窗台上摆满了各种形状的材料和构件，这些都是他多年来的研究心血。自 1982 年进入金属塑性加工研究领域以来，韩静涛将科研和创新融为一体，始终以解决国民经济建设中的重大问题为己任，为中国制造作出了卓越的贡献。

1995 年，韩静涛创造性地提出了金属材料内裂纹自修复理论，该理论一经提出便在国际材料界和力学界引起一片哗然，并成为材料领域至今热度不减的研究重点。裂纹怎么可能自修复？这在一般人的观念里简直就是天方夜谭，业内的众多学者也纷纷投来不信任的目光。面对众多质疑，韩静涛坦然而又从容，他所做的便是在实际生产中证实自己的理论，用实践为自己发声。依据该理论，韩静涛提出了关于大型饼类、模块类、轴类、法兰类、筒体类锻件的控制裂纹锻造工艺，解决了长期困扰大型锻件的锻造裂纹问题，使我国大型锻件合格率由 44%迅速提高到 98%以上，并使我国大型与超大型核电锻件、火电锻件、加氢反应器等锻件的经济、可靠制造成为可能，为我国重大装备制造业的快速稳定发展奠定了重要的基础。

20 世纪 90 年代中期以前，我国铁路运输客货混线运行，火车的最高通行时速不能超过 120km/h，因为一旦超过时速限制，传统带孔火车车轮腹板上的孔周边将产生严重的裂纹，想要提高车速就必须开发出我国自己的实心腹板车轮。为解决这一难题，韩静涛和他的团队迎难而上，承担起国家“九五”重点工程“太重火车车轮生产线建设”项目的工艺技术开发任务，创造性地提出了轮盘件逐次成形理论、环盘件错位移心轧制等工艺理论，形成了我国自己的火车车轮轧制理论与工艺，并与太原重型机械集团公司共同建成了我国第一条实心腹板火车车轮生产线，为我国铁路提速列车、高速列车用车轮的开发和应用及我国铁路七次大提速奠定了坚实的理论和工艺应用基础，

再次对国家经济发展作出了重要贡献。

自2004年开始，为了服务“一带一路”倡议和“城市综合管廊”“海绵城市建设”等国家战略领域，韩静涛团队率先开展一系列重要研究并向国内推介波纹钢管技术，并于2012年组建成立了全国唯一的波纹钢管研究与推广团队。韩静涛牵头编写的冷弯波纹钢管“GB/T 34567—2017”等系列国家行业与地方标准，形成了巨大的社会影响，使波纹钢产品成为钢铁深加工产品的“新宠”。2012年，韩静涛还创造性地提出了“冷热复合成形技术”，很好地解决了高强、厚壁、复杂断面钢材的成形技术难题，开发出多种新型钢材深加工产品，其中就包括1500~2100MPa冷热复合辊压成形超高强异形钢管。该种材料大幅度降低了运载装备的整体质量，提高了设备的承载能力和安全性，推动了汽车与运载工具的轻量化发展，目前已大批量应用于宇通、金龙等客车车身主要构件以及轿车防撞杆、保险杠、稳定杆等重要结构件，创造出每年大于10万吨的汽车用钢市场。

21世纪初，我国航天器急需高可靠性的一维弹性伸杆机构，能将探测器伸展至远离星体的位置，同时满足本体的结构稳定。伸杆机构承担着将卫星所携带的多个荷载送入卫星外太空的任务，能否将这些传感器安全、高效、准确、可靠地送入太空指定位置，是标志航天器发射任务成败的最终环节。面对这一迫在眉睫的技术难题，韩静涛带领团队深入工业生产一线，从伸杆机构原理设计、材料研制与定型、成形工艺理论研究、装备技术研究、装备设计制造与逐渐改造优化、样件试制改进，到形成工业化生产车间，经历了数不清的失败与艰辛。在4年的时间里，经过近80次的太空环境实验与搭载实验，终于获得了中国航天科技集团的完全肯定，并确定以张衡一号为标志，韩静涛团队开发的一维弹性伸杆机构开始全面装备中国发射的航天器。目前，已有天问一号、嫦娥四号等多颗航天器装备了此类展开系统。

“材料学科首先是一门实践的学科”，这是韩静涛一直坚持的原则。他认为，要勇于从纷繁复杂的原理中挣脱出去，放开手脚，贴近实际，大胆实践，才能发现那些隐蔽在“杂草青苔”之下的真理，实现真正的技术突破。四十多年来，韩静涛始终站在材料加工工程学科的前沿，不断发现新的科学现象，提出并引导新的理论和技术变革，开发了许多国民经济建设和行业发展亟需

的新材料和新产品。

春风化雨润物无声，言传身教桃李成蹊

“大学前教育的目的是教会学生如何做人，大学开始的教育是教会学生怎么做事”，秉承着这个理念，韩静涛向他的学生强调最多的就是科研方向的重要性。他认为，正确的科研首先应该朝着对人类进步有贡献的未知方向前行；其次要坚定地沿着自己认定的正确方向踏实前进，而不是跟着潮流拾人牙慧；最终的结果也必须同实践相结合，人无我有、人有我优，才是最朴实根本的技术诉求。

日常里，韩静涛十分重视学生科研素养的提升和进步，密切关注着每一位同学的课题进展，总能在学生有疑惑和困难的第一时间为他们提供指导和帮助。他希望通过日常的积累和学习教会每一位学生在接到新任务、遇到新困难时如何思考、如何解决。从课题选题到中期汇报再到答辩展示，韩静涛的耐心指导给学生们留下了深刻的印象。在他看来，用心用情是教育好一个学生的根本，只有投入了才能有收获。除理论知识外，韩静涛严谨治学的态度和爱岗敬业的精神也深深地影响着学生们。不管是攻关怎样的技术难题，不管是面对怎样的工作环境，韩静涛都坚持带领团队深入生产一线一探究竟，与企业的专家和工人们交流探讨。回忆起和韩静涛一起到企业调研的经历，学生们总是收获颇丰。在韩静涛的带领下，团队为企业解决了一个又一个难题，取得了一个又一个成果。学生们说韩静涛不止一次说过：“科学不是真理，真理是解析解，而科学仅是可行解。我们科研人员只能在一次次的失败与否定中接近那个当前最佳的可行解。”

课堂之外的韩静涛是平易近人、善解人意的。他会组织学生们一起去工厂参观学习，会组织他们定期秋游与春游，闲暇时还会在他那间满是苍翠盆栽的办公室里，与学生进行一次次欢快放松的交谈，把自己的亲身经历和心得体会与学生们分享。他关切学生的生活和情绪，为他们排解困苦，让独在异乡为异客的同学们感受到温暖与归属感。正是这种真诚质朴的待人方式，让他和许多学生结下了深厚的友谊。对于学生们来说，韩静涛是值得尊敬的恩师，更是畅所欲言的挚友。他给予学生安全感、自尊感、幸福感、充实感，进而激发了学生们追求自我实现的潜能。用韩静涛的话说，教学生无非就是言传身教，将自己的理念一点点地传递给他们。最重要的是相信学生们都是一颗颗种子，有的稍加培育很快就能绽放出艳丽的花朵；有的则需要经历更多的坎坷和辛劳才会长成；而有的虽未开出美丽的鲜花，但却是一棵棵参天大树。听到越来越多的学生在各自的岗位上传来鼓舞人心的喜讯，看到学生们取得的种种成就，韩静涛感到无比的欣慰和自豪。

在北京科技大学建校 70 周年之际，习近平总书记给北京科技大学的老教授回信，表达了对人才培养的殷切期待。作为从教 40 余年的北科大教师，收到回信的韩静涛欣喜不已。“高等教育的发展水平奠定了一个国家的国民科学素养，为国家钢铁和材料工业培养更多具有为国奉献、钢筋铁骨的高素质人才是我们肩上的责任。”

“胸中有沟壑，眉目作山河。”这是韩静涛的胸怀。他在那个一穷二白的年代勇挑大梁、肩负民族复兴重担。面对着一项项“卡脖子”技术，他硬生生开辟出一条路。向平凡的自我“亮剑”，相信潜能、不断超越；向未知的恐惧“亮剑”，为人类的进步而不懈奋斗。最重要的是，在收获成果与赞誉时韩静涛总是能拂去功名，以谦卑淳朴的姿态砥砺前行。

编辑　王进、许婧、戈誉阳

严谨治学矢志前进，润物无声甘为人梯

——记不忘初心的师者楷模　姚琳

姚琳，北京人，生于1959年8月，北京科技大学计算机与通信工程学院教授，硕士生导师，北京市教学名师，教育部（2006—2012年）非计算机专业计算机基础课程教学指导委员会理工分委员会委员，全国高等学校计算机教育研究会常务理事，全国高等院校计算机基础教育研究会常务理事，北京高教学会计算机教育研究会常务理事。曾获北京市教学成果奖一等奖、北京市教学成果奖二等奖、校级教学成果奖一等奖、校级教学成果奖二等奖、校级本科教学优秀奖一等奖等多项教学奖。2019年荣获首届“谭浩强计算机教育基金杰出教师”奖（全国仅四位，北京市仅一位），获评“中国大学生计算机设计大赛杰出评委”称号。主编国家“十一五”规划教材、工信部“十二五”规划教材、立项教材等多部教材。

扎根北科四十一载，不改初心硕果累累

1978 年，姚琳来到北京钢铁学院（现北京科技大学）求学。自那时起，姚琳就与北京科技大学结下了深深的不解之缘。毕业后姚琳留在学校的计算中心工作。90 年代初，姚琳由计算机中心调到计算机系当教师，正式开始了他三十多年的教学生涯，实现了儿时当老师的梦想。直到 2019 年退休，他依旧对“教书育人”这份平凡而伟大的工作怀抱着深切的热忱。

回顾姚琳在北京科技大学的从教经历，他既是三尺讲台上的一名教师、一名深耕本科计算机基础课程教学工作的建设者，也是一位立足前沿的教育教学改革者，同时还是一名科技工作者。最初，姚琳跟随原自动化系主任孙一康教授、计算机中心副主任孙民生教授一同研究自动控制，后来做一些数据库方面的研究。从计算机中心调到计算机系后，他便把精力主要放到了教学上。提起这个抉择，姚琳表示他并不后悔，“科研和教学都是高校教师的职责，但是当时确实有点无法兼顾，虽然不能将主要精力放在科研上肯定会影响我的个人发展，但我热爱教师这份事业。给学生上好课，甘为人梯，看着年轻人不断进步，走向更开阔的舞台，比我自身的发展有意义得多呀！”

随着计算机逐渐成为热门专业，基础教学研究向培养单位提出了更高更新的要求。在计算机专业教学领域和非计算机专业计算机教学领域，国内乃至国际上都在进行新的培养方法的探索，陆续出现了一批新思潮。在计算机与通信工程学院的计算机教育理念引导与推进上，姚琳成为这些新思潮的推广者和践行者之一。他先后承担了校级教学改革重点项目《大学计算机基础课程层次化培养体系的研究与实践》、校级教学改革面上项目《构建计算机基础教育大平台——〈计算机语言程序设计〉课程的改革与实践》、教育部

教指委教学改革项目《〈计算机应用实践〉课程的改革与实践》等多项教学改革项目，并主持校级精品课程“计算机程序设计语言精品课程”的建设，并负责高等工程师学院计算机基础课程体系的制定和教学改革建设工作。此外，姚琳参与的“流水线 CPU 冲突解决方法虚拟仿真实验”课程被认定为第二批国家级一流本科课程，取得了学院课程建设过程中的新突破。在教学制度管理上，姚琳通过多年的建设，形成了课程过程控制规范，对我校计算机课程设计的新方法、新方案起到重要作用，不仅对计算机专业人才培养发挥作用，也保障了计算机公共课的教学水平。此外，他还推动新教师培养制度改革，避免了因教师经验不足导致的教学质量差异。他将计算思维的内涵及影响向非计算机专业教学的老师进行了推广，通过国际合作推动计算机专业了解国际教学改革趋势。同时，姚琳预判到，随着计算机的普及和计算机技术的发展，线上教育资源会更加丰富，他对 MOOC（Massive Open Online Courses，即大量开放的线上课程）的前景非常乐观，在我校规模化地组织进行 MOOC 技术学习交流前，姚琳早已在教育部计算机教育指导委员会的一系列教学研讨中参与到 MOOC 技术的研究中，并和信息基础科学系的老师完成了计算机应用实践课程的 MOOC，已经上线在中国大学 MOOC，受到学生和老师的好评。

2019 年退休后，姚琳仍坚持在学校的一线工作，在计算机夏季学期实践过程中承担重要的指导任务。临退休时，隆克平院长语重心长地对他说道：“您的退休应是退而不休。”如今姚琳虽已退休四年，但是他依旧坚守在他无限热爱的三尺讲台上，培养了一届又一届的优秀计算机学子，引导学生走向更开阔的未来。

立足岗位无私奉献，服务学生兢兢业业

姚琳立足于自己的教学岗位，无私奉献，全心全意为学生服务，兢兢业业地履行教育使命。姚琳以其出色的教学成绩赢得了众多荣誉和奖项，包括国家级、市级和校级的各类奖项。其中，他最为自豪的是五次被评为校级“我爱我师——学生心中最优秀的教师”（以下简称“我爱我师”）的称号。

这一奖项在北京科技大学极为难得，尤其是能够分别获得过公共课、专业课和留学生等三个类别的“我爱我师”称号，可见姚老师独树一帜的教学风格与爱生如子的高尚品质。回想起这些获奖经历，姚琳深感不易。姚琳老师指导学生参加计算机大赛，多次获得国家级、省部级奖项，他也获得北京科技大学校级师德先进个人、校级先进工作者、校级优秀班主任等荣誉。然而，他最珍视的却是计算机与通信工程学院 2019 年首评的“计通之光—敬业工匠”，在颁奖词中提到的“三尺讲台育桃李，一支粉笔写春秋”是对他日常生活最凝练又真实的写照。“鹤发银丝、丹心不改，教书育人是他一生的事业”。他是学生心目中最喜爱的老师，能在学院的众多老师中首批获得这一奖项更加凸显了姚老师卓越的教学水平和个人魅力。

在任教期间，姚琳不仅注重专业育人，还非常重视学生的自我负责意识的培养。尽管教学工作已经相当繁重，他仍在不计算工作量的情况下分别担任了 2001 级、2005 级、2013 级三届班主任，承担了额外的班级管理工作。虽然距离第一次担任班主任时所带的 2001 级学生已经毕业二十余年，但是姚教授回忆起每一个学生、回忆起带队逛校园的经历，依旧如数家珍、历历在目。在班主任的角色中，他全方位、全过程、全面地指导和引导学生的成长，如今他的学生已经成为了独当一面的优秀计算机人才，例如国家信息中心信息化和产业发展部主任单志广、北京科技大学物联网与电子工程系系主任何杰等。在教学过程中，姚琳强调学生在任何时候都必须对自己的行为负责。他严格执行学校关于迟到、旷课以及考试中不遵守规定的处罚措施，让学生从错误中吸取教训。这种严格的过程管理规范帮助学生树立起自我约束和责任感，让学生明白每个人的行为都对自己和他人产生影响。通过这样的教育方式，姚琳希望学生在成长的过程中能够形成正确的价值观和行为准则。此外，姚琳也非常注重培养学生的细节关注能力。他不仅关注学生的学术表现，还注重培养他们在细节方面的洞察力。他要求学生书写报告时遵循正确的格式，在发送邮件时使用得体的称谓和礼貌用语。他希望学生不仅在学术上有出色的表现，更要具备全面的综合素质。通过这种关注细节的教育方法，姚琳帮助学生养成了良好的习惯和态度，为他们未来的发展打下了坚实的基础。姚琳以他的教育教学实践，以及对学生自我负责意识和细节关注能力的培养，

展示了他对学生全面成长的关心和呵护。他所倡导的教育理念和教学方法为学生们提供更加丰富的学习经验，并培养出具备优秀学术素养和综合素质的人才。

守住底线深耕讲台，坚持感恩树立榜样

三十余年的时间里，姚琳立足教学一线，潜心探索，不断摸索学生特点，创新培养方法，探索教学内容，为学校层次化人才培养积累了宝贵的经验。他秉着从严治教的原则，关注学生成长，教书更重育人。在多年的教学中，姚琳形成了自己的教学理念，即自身要做到有底线、懂感恩，还要教会学生有底线、懂感恩。

姚琳认为，作为教师要坚守的底线就是认真上好每一节课。他回忆到："当我知道第二天要上课时，前一天就会停下手头上所有的工作，专心备课，无论对将要讲授的内容有多熟悉，都要重新准备，这是我二十几年的教学中养成的习惯。"除了认真备好课以外，姚琳还强调上好课有两个关键：一是有深厚的学科底蕴，要让教师成为一部让学生读不完、读不透，而又能让学生受益无穷的书，因为真才实学、大学问会体现在他课堂上举手投足的每一个细节，这种思考问题的方式等会让学生受益终身。二是有教学智慧，即教师要对知识理解得很深、悟得很透，对稍纵即逝的教学时机能敏锐抓住，对学生暴露出的思维偏差能敏锐发现，有较强的驾驭课堂能力。在自身坚守教师底线的同时，姚琳还教育学生做人要把握住自己的底线。作为学生，不能忘记自己的责任。学生的底线是对所学知识的理解和掌握，不能随心所欲，对自己的学业要有明确的目标和标准，不求必须取得非凡的成绩，但至少要做到尽心尽力，这是对自己负责的表现，同时也是对自身潜力的尊重。姚琳的学生回忆起他的教导时感叹："姚琳老师不仅让我们明白了什么是对与错，懂得遵守纪律和规则，还帮助我们塑造自己的品格和价值观，为将来的发展打下良好的基础。"这种自律和严守规则的品质成为了学生们担当大任的基石。

除了坚守底线之外，姚琳在教学工作中还怀有感恩之心。他感恩那些支

持他工作的领导们，他们的信任和支持为他提供了施展才华的平台。他也感恩与他一同坚守在教学一线和科研一线的同事们，他们的合作与交流让他在专业上得以不断成长。此外，他还心怀感激地对待来听他课的同学们，他们的关注与信任是他教学动力的源泉。姚琳将这些感恩之情化为强大的工作动力，不断激励自己向前迈进。他明白感恩的力量可以帮助他克服困难、战胜挑战，保持对教学事业的热情和投入。作为一位教育者，姚琳时刻提醒学生要学会感恩。他强调学生不仅要感谢那些在成长过程中对他们有深刻影响的人，而且要感激国家和社会的支持。姚琳指出，我们国家的高等教育发展迅速，如今享有如此良好的教育资源和机会，是一个令人难以想象的进步。他认为我们每个人都应该意识到这一点，并以此为动力，在学有所成之后回馈祖国。他呼吁学生们要怀着感恩的心态，用自己的才能和所学，为国家的繁荣和社会的进步贡献自己的力量。

在毕生的奉献中，姚琳绘制了一幅壮丽的画卷，塑造了一位教育工作者的形象。他毫不犹豫地成为了他人成功路上的阶梯，无私奉献，凭借着他严谨的治学态度、高度的社会责任感和坦率的人格魅力，将学风严谨、不忘根本、懂得感恩的优良传统通过言传身教的方式传承下来。他谦虚地说，自己只是在平凡的高校教师岗位上尽自己最大的努力去做到最好，和那些在科研攻关领域作出杰出贡献的同事相比，自己只是普通的一员。然而，他的严谨治学、潜心育人为国家培养了许多的高层次计算机专业人才又何尝不是最杰出的贡献呢？姚琳以踏实的工作态度和专注的精神，对名利保持淡泊，对学生满怀深情，对教育倾注心力，对学校奉献力量。将爱融入行动，以默默的付出滋润万物。最后，姚琳深情寄语学生：“自信勇敢谋未来，感恩珍惜爱的人。不忘初心前行路，明日启程再辉煌！”

编辑　邵丽华、吴思婕、崔园昕

一颗丹心系国运，一生秉烛铸新人

——记气体分离与净化领域专家　刘应书

刘应书，湖南新化人，生于1960年，国内气体分离顶尖专家之一。1982年毕业于中国矿业大学数力系，获理学学士学位，1985年毕业于北京理工大学飞行器工程系，获工学硕士学位，1994年毕业于北京科技大学热能系，获工学博士学位。现任北京科技大学气体分离工程研究所所长，中国工业气体工业协会专家委员会委员，中国气体分离设备行业协会理事，《中国气体》《低温与特气》《气体分离设备》《气体分离》《医用工程》等杂志编委。曾获北京市师德榜样、北京市先进工作者、北京市优秀教师。主持和承担国家重大科技攻关课题、国家自然科学基金课题、国防科工委重点课题60余项，发表论文300余篇，出版专著4部，授权国家专利110项。荣获包含国家科技进步特等奖、国家科技进步奖二等奖在内的科技进步成果奖励20余项，多项技术成果实现产业化，创造经济效益200多亿元，为经济和国防建设作出了重要贡献。

求真力行弦歌不辍，潜心科研矢志报国

1960年，刘应书出生于湖南农村。靠着湖南人的干练和吃苦耐劳的精神，从小好学的他于1978年考入中国矿业大学学习力学，1982年本科毕业后，他又考取了北京理工大学的导弹发射技术硕士研究生。毕业后，他被分配到冶金建筑科技大学从事教学工作。6年的工作丰富了他的实践经验。1991年他继续深造，来到北京科技大学热能系攻读博士研究生，接着又到冶金学院做博士后，师从高仲龙和杨天钧，从事高炉富氧喷煤技术的研究，从此他聚焦国计民生中的重大问题，不畏困难、敢于攻坚。

作为国内气体分离最顶尖的专家之一，刘应书率领课题组成功研制和应用高海拔变压吸附制氧供氧技术，解决了世界铁路建设史上海拔最高、冻土区最长的高原永久冻土隧道——风火山隧道施工缺氧问题。该技术推广应用至青藏铁路建设全线，保障了施工的顺利进行，为创造5年15万人次建设大军高原病零死亡的世界奇迹奠定了技术基础，产生22余亿元经济效益。其事迹被中央电视台、人民网、光明日报等34家媒体多次报道，还被写进电视剧《雪域天路》和人教版小学生语文课本《把铁路修到拉萨去》中。

但其背后的故事鲜为人知。在世界海拔最高的青藏高原修建青藏铁路，其中最为艰苦的莫过于地处可可西里无人区被称为“生命禁区”的风火山隧道，其垭口海拔为5010米，气压低，空气稀薄，含氧量仅为内陆平原的50%，年均气温零下7℃，天气变化无常，温差常达50余摄氏度。“六月雪，七月冰，一年四季分不清”是风火山的真实写照。就是在这几乎不可能生存的地带，还要进行最为艰苦的铁路施工，其艰难程度可想而知。“在5000米高原上行走就像正常人担了上百斤的担子在平路上走动，到了晚上，由于缺氧几乎无法合眼，睡不成一个完整的觉。”这是在风火山施工的工人和技术人员的普遍感受。而隧道施工粉尘多，大型燃料由机械装载，运输设备耗氧大，局部通风效果差，工人施工环境含氧更少，生命在此随时受到高原病甚至死亡的威胁。

作为长期从事气体分离与净化技术研究的专家，当刘应书了解到风火山

施工工人和技术人员由于严重缺氧导致夜间无法入睡，白天食欲大减，体力不支，健康和生命安全面临极大威胁时，心情无比沉重。他深知当年为发展青藏高原经济，有数千英雄长眠在青藏公路两侧，科技发展到今天，再不能以牺牲工人的生命为代价来换取铁路的延伸。带着这种强烈的使命感，刘应书接下了攻克建立世界第一高原制氧站难题的“战书”。

2001 年 7 月，在极端恶劣的环境下，刘应书率领研发团队夜以继日地攻关，4 个月、2000 多组工况实验，克服重重困难，终于征服了高原缺氧世界难题，大型高原制氧机以及隧道掌子面弥散供氧装置和隧道氧吧车诞生了，一座高原医用氧站兀立在世界屋脊上，天下无双！可是，严重缺氧使得他的身体付出了巨大代价，落下了无法逆转的病根，但他无怨无悔，他更在意的是项目带来巨大的社会效益，挽救了不计其数的生命，并且把吸氧理念传播到高原上，当地越来越多的兵营、宾馆、写字楼等场所安装了制氧设备，受益人群多达一百多万。缺氧导致身体病痛，却挡不住满怀豪情，受青藏铁路建设精神感染的他写下这样的诗句——“昼捧红日夜踩星，世界屋脊驻长虹。宿冰餐风抗缺氧，当代愚公生天神。雪域冻土路基稳，风火山中任穿行。古今中外数风流，唯我高原天路雄！”

上风火山、下实验室，如今，虽已年逾花甲，刘应书仍每周工作超过 60 小时，呕心沥血开展着关系国计民生的重大科技攻关及教书育人工作，为国家经济建设、国防建设、人才培养贡献着自己的力量。

博学睿思求实鼎新，严谨治学甘为人梯

“求实鼎新，严谨治学”是刘应书始终坚持的治学理念，2002 年刘应书带领团队率先成功研发并推广贫煤、贫瘦煤高炉喷吹成套技术，大幅度提升了煤炭行业产品的优化升值，使国家能源资源得到科学合理地利用。针对突发应急安全问题，在 2003 年“非典”期间，刘应书团队研制的微型制氧机解决了 SARS 患者安全用氧的问题，并在学校的支持下建成我国唯一研究开发变压吸附制氧微型化技术的中心——“北京科技大学气体分离工程研究所”，为我国微型变压吸附制氧机产业的发展壮大奠定了理论和技术基础。2015

年，天津塘沽爆炸事件中为现场急救人员提供呼吸救生保障的应急式呼吸器，也是出自刘应书团队的创新性研究成果，目前该系列产品已成为消防、危化领域呼吸装备。

刘应书博学睿思，在国际国内气体分离与净化领域享有崇高声誉，不仅与美国密歇根大学、澳大利亚墨尔本大学、美国空气化工产品公司、中国台湾交通大学、中国台湾科技大学、吉林大学、中国矿业大学、北京工业大学等大学和机构进行长期合作和交流，还担任 *Chemsphere*，*Industrial & Engineering Chemistry Research*，*Process Safety and Environmental*，*Applied Surface Science*，*J. Petrol. Science and Engineering*，*Energy and Fuels*，*Adsorption*，*International Journalof Oil*，*Gas and Coal Technology*，*Arabian Journal of Chemistry*《化工学报》《煤炭学报》《安全与环保学报》《工程学报》《理工大学学报》《北京工业大学学报》等国际及国内期刊的审稿人。他担任《工程学报》《中国气体》《低温与特气》《气体分离》《医用气体工程》等期刊杂志的编委，同时还兼任中国气协团体标准委员会主任、中国气体分离设备行业协会和中华医学会高原医学分会委员。他每年审评中英文论文 100 多篇，主持和参加学术交流、标准编制、修订等会议 20 余次，为气体领域科技发展牺牲了大量休息时间、倾注了大量心血。

在科研和教学工作之余，刘应书还特别注重对青年教师的培养。为了促进青年教师的发展，刘应书在青年教师进入课题组之初便帮助和制定青年教师的人生发展目标，制定今后的发展规划，在科研工作和教学工作中，结合自身的经历进行指导。同时，还不定期地与年轻教师开展思想交流，解决青年教师在职业发展以及生活中的各项困惑。

刘应书经常就科研方向与学术问题与青年教师开展讨论与交流，并协助青年教师与海外知名学者建立联系。在青年教师的课题申请方面，刘应书会对选题方向进行指导，并对项目申请书反复修改，课题组青年教师共获得自然科学基金青年项目 2 项、博士后创新人才计划项目 1 项、北京市自然科学基金 3 项、国家重点研发计划课题 4 项、子课题 3 项。除了指导青年教师开展纵向课题、发表高水平论文外，刘应书还指导青年教师面向社会从企业的需求出发，开展研究和开发工作，做到科研成果用于解决实际的生产问题。

为帮助青年教师与社会需求接轨，刘应书亲自引荐青年教师与企业接触，签订横向课题，并在课题实施过程中进行指导，帮助解决项目实施过程中的遇到的沟通以及技术问题。刘应书常说："到了我们这个年龄，一个主要任务就是为年轻人建平台、搭梯子，把我们手中的科研像接力棒一样传递下去。"

春风化雨润泽学子，礼信勤洁铸魂育人

刘应书非常热爱教学，上课时总是提前 15 分钟到教室。他耐心听取学生对课件的反馈与意见，时时修正，不断创新，这样的做法，刘应书坚持了三十多年。刘应书常年坚持走在本科教学第一线，先后为本科生开设"创新思维及科学方法""气体分离与环保、能源及生命安全""工业生态学""气体资源学""热能工程前沿导论"等课程，注重学生创新思维发展，在实际案例教学中运用创新意识对学生进行创新思维的熏陶，用创新之力开创北科大教学新时代，教学效果受到一致好评，先后获得北京市师德榜样、北京市优秀教师等荣誉称号。

谦逊体现在刘应书教书育人的方方面面，在面对学生时，他春风化雨，付出"真感情"润泽学子心。即使工作再忙，他始终把学生放在第一位。只要学生提出问题，他随时给予答复。在刘应书所带领的科研团队，几乎每个学生都曾在凌晨两三点收到过他修改论文的意见，从选题把控到标点使用，对一篇论文，他通常要改好多遍才放心。在雾霾天，刘应书会提醒学生戴口罩，学生毕业后，刘应书依然会与学生保持密切联系，大到职业发展，小到关心生活，对大家关怀备至。同学们都说，刘老师既是老师，也是朋友，是长辈，更似亲人。为了给科研团队创造良好的实验条件，刘应书自筹经费，建设了价值过千万、世界一流的气体分离实验室。在他的努力与带领下，科研团队成长迅速，培养出一批又一批优秀的学生，成长为各行各业的技术骨干与排头兵。

在研究生培养方面，刘应书始终按照"礼、信、勤、洁"的要求培养研究生。具体包括做人要讲礼貌，比如等电梯时让老师先上、上课时不吃东西；感恩别人给予的合作机会，感谢对方的信任；领到的任务无论大小及时回信，

做学术讲诚信，不得有丝毫造假；做人要守信，对自己的选择要负责、要坚持；勤思考，勤动手；自身爱干净，工作台、实验台及实验室保持清洁……一条条规定看似不大，多为细节，却蕴含着他对青年学子无尽的期许，他不仅指导学生的学习，更教给学生处事的道理。“井下救生舱规定人在里面可以支撑7天，如果数据造假，他就不该进舱内进行为期7天的真人试验。”“你们能读研，说明智力都达标了，之后就是谁勤快谁能出成绩。比勤奋，你们不服的可以和我PK。”“一屋不扫，何以扫天下？”“要想把科研搞好，就要学会放弃很多东西，做科研的人心态一定要放平、放低。”这些都是刘应书经常教导学生们的话，而他也用自己的实际行动，对这些话做了最精准的诠释。

言传身教，仁者之心。刘应书从来不高高在上，摆出一副大教授的架子，而是更愿意去走近学生，俯下身来，鼓励学生，让学生自己发现并解决问题。为加强梯队内的学术交流，锻炼学生的表达能力，刘应书经常组织本团队老师和学生定期进行学术交流；为提高学生的写作能力，他不惜花费大量时间，对学生的论文从文章结构、内容表述、分析论述以及语法、修辞、标点符号等方面进行细致修改。当发现学生状态不好的时候，他会先放下手上千头万绪的工作，抽时间来和学生谈心，亲切地开导学生，帮忙分析问题，督促学生前行。他从不大包大揽，始终都尊重学生自己的想法。看学生忙到“癫狂”的时候，他也不忘提醒学生注意身体、按时吃饭。学生有了新的想法却患得患失的时候，他也从不约束，而是选择给学生支持，做学生的坚强后盾。

坚持以身作则，善于用自己的实际行动感染和激励团队人员，刘应书培养和打造了一支学风严谨、求真务实、勤奋刻苦、团结协作、战斗力强的科研与教学团队，他所带科研团队的研究生党支部多次被评为“优秀党支部”，团队学生多次获得三好研究生、国家奖学金、北京科技大学十佳学术之星等荣誉。

国家科技进步奖特等奖、二等奖、国务院政府特殊津贴、北京市先进工作者、北京市优秀教师、北京科技大学师德模范……在世人眼中，刘应书已经是功成名就了，而这一切，在刘应书的眼中，都只是他人生的一个又一个新起点。他并不在意这些，在他心里，过去的成就只是历史，他更关注青年

教师与学生的成长，更愿意与大家一起对聚焦国计民生的重大问题做研究、出成果。“三寸粉笔，三尺讲台系国运；一颗丹心，一生秉烛铸新人。”这就是刘应书。满怀赤子心、践行报国志，征服着一座又一座科研道路上的“风火山”，并成为学生心中“行走的教科书”，以一言一行诠释着“师德”的含义。

编辑　汪兴、杨志伟、杨乾振、俞浩博

心怀“国之大者”实干兴邦，育人“行之实者”桃李芬芳

——记粉末冶金领域专家　曲选辉

曲选辉，湖南澧县人，1960年生，粉末冶金专家、材料教育家。1981年和1984年在中南大学先后获得学士、硕士学位并留校任教。1986年赴加拿大英属哥伦比亚大学（UBC）金属材料工程系访问工作，1988年返回中南大学继续深造，1992年获得博士学位，同年破格晋升教授。2001年调入北京科技大学，曾任北京科技大学材料科学与工程学院院长、新材料技术研究院院长，现任先进粉末冶金材料与技术北京市重点实验室主任。先后主持国家自然科学基金、“973计划”“863计划”“国

家重点研发计划”等国家级重要项目（课题）40余项，获国家级教学成果奖一等奖1项、国家技术发明奖二等奖1项、国家科技进步奖二等奖1项，省部级科技成果奖一等奖14项、二等奖13项，在高水平专业期刊上发表论文710余篇（SCIE统计，他引12319次），授权主要发明专利160余项。获“何梁何利基金科学与技术奖”、世界粉末冶金大会（World PM2018）“中国粉末冶金贡献奖”“宝钢优秀教师特等奖”“中国青年科技奖”“全国优秀科技工作者”“北京市优秀教师”“首都劳动奖章”等荣誉。领衔团队先后入选“国防科技创新团队”“北京高校优秀本科育人团队”和“全国高校黄大年式教师团队”。

心怀远志敢为人先，独立自主勇攀高峰

曲选辉是1977年恢复高考后第一届高考生，成功考入中南矿冶学院（现中南大学）特冶系，师从我国“粉末冶金之父”黄培云院士。曲选辉求学之初，对所学专业并不了解，但他对学业和未知有着强烈的探索欲望。随着学习的不断深入，他了解到粉末冶金不仅能够制备其他方法难以制备的特殊材料，还能节省原料和资源，但仍有很多应用难题需要突破，核心技术在当时仍被国外封锁，这一困境深深影响和激励着曲选辉的内心，立志学有所成，突破国家在这一领域的技术瓶颈。

由于曲选辉出色的学习成绩和科研表现，学校派他前往加拿大英属哥伦比亚大学进行访问深造。访问期间他也同样努力学习勤于钻研，并拿到了攻读博士学位的资格，曲选辉给国内导师黄培云院士写信希望能在国外取得博士学位后再回国。而当时黄院士正准备在中南大学筹办粉末冶金国家重点实验室，希望他能尽快回国协助开展筹办工作。曲选辉当即决定回国并立即投入实验室的筹备当中。

回国后，曲选辉沿着在国外学习和了解到的粉末冶金前沿性的方向，开展了粉末注射成形技术的研究。粉末注射成形不仅可以解决一些高性能难加工材料零件的制备难题，还可以大批量生产各类复杂形状的精密零件，在国

防和民用高技术领域有非常广阔的应用前景。当时国内在该技术方面的研究还是一片空白，实验室需要从日本引进粉末注射成形机，日本公司因为担心中国不具备使用该设备的能力，最终没有投标。这件事再次刺痛了曲选辉，他暗下决心，一定让世界看看“中国制造”的能力。

自此，曲选辉在这一专业领域躬耕三十余年，从基础研究到关键技术攻克再到产业化建立了系统的理论和应用技术，使我国粉末注射成形技术走在了世界前列，我国金属粉末注射成形产业总的产销量占到世界50%以上，并解决了我国核装备、新型战机、航母、北斗等许多重大国防型号装备发展的“瓶颈”问题。他以战略家的远见卓识，居安思危，不断通过各种渠道，建议和倡导粉末冶金行业要瞄准国家重大战略，及时转型，为低碳绿色发展作贡献。在企业大力推进生产过程智能化，开发新的材料体系，在电动汽车、机器人、无人机、5G 通信以及新型功能材料领域开辟新的应用。他以科研工作者的责任与使命，不遗余力地为粉末冶金行业绘就更加宏伟的蓝图，开辟更加广阔的天地。

坚守初心为国铸剑，勇担使命经世济用

“九五”期间，在曲选辉的建议下，金属粉末注射成形技术研究被列为国家“863 计划”重点项目，曲选辉主持了该项目的研究工作。二十多年来，相关研究先后得到国家自然科学基金、“863 计划”“973 计划”、国家重点研发计划和多个国防军工项目的支持。他带领团队创立了粉末射成形系统理论，发明了多种特种材料的粉末注射成形新工艺。首次将混沌和两相流理论应用于充模过程研究，阐明了两相分离机制，为模具设计和成形工艺确定提供了理论依据；突破了近球形细粉制备、精密成形和组织性能调控等难题。权威专业期刊 *PIM International* 主编在 2017—2021 年先后 4 次发文，对曲选辉团队的成果进行亮点推介。相关成果先后获得国家技术发明奖二等奖 1 项、省部级政府和全国行业科学技术奖 12 项。

曲选辉团队坚持强化校企合作，积极推动科研成果转化落地。先后与上海富驰高科技股份有限公司、江苏精研科技股份有限公司合作建立了产学研

创新平台，引领和推动了我国粉末注射成形产业的形成和发展。此外，还在厦门设立氮化铝粉末生产线，打破日本德国公司几十年的垄断，该成果获2017年第六届中国创新创业大赛一等奖。近几年，该团队研发和生产的产品已广泛应用于高端装备、智能手机、光纤通信、笔记本电脑、医疗器械、电动工具、汽车等高技术领域。相关技术还推广应用于其他20余家企业。

曲选辉团队还承担了“复兴号”动车组闸片材料的研发任务。闸片是高速列车制动系统的核心部件。过去，我国高速列车闸片完全依赖进口，不仅价格高、供货周期长，且存在磨耗大、环境适应性差等问题，严重影响我国高速列车运营安全及高铁产业的自主发展。他提出了发挥粉末冶金工艺特色，研发新型复合摩擦材料的新思路。发明了一系列具有完全自主知识产权、可适应不同应用环境的新型闸片，实现了“复兴号”动车组制动闸片技术的自主可控。高寒闸片用于哈大线动车组，解决了制动盘异常磨耗难题，为实现高寒地区冬季不减速运行提供了安全保障。开发的静音型闸片，成功应用于京张高铁“奥运版”智慧动车组，助力了北京冬奥会。闸片随首列出口动车组，应用于印度尼西亚雅万高铁，为推动“一带一路”建设贡献力量。“复兴号”350km/h级动车组闸片获世界粉末冶金大会“杰出创新产品”奖。相关技术成果先后获得2021年度中国有色金属工业科学技术奖（发明）一等奖和2022年度教育部科技进步奖一等奖。

教书育人辉光满园，提携后学甘为人梯

曲选辉不仅是一名勇于创新的科研工作者，更是一名传道授业的“大先生”。他始终葆有一份教书育人的赤诚之心，将“材料报国、钢铁强国”的红色基因融入人才培养全过程。

在担任材料学院院长期间，曲选辉瞄准社会和科技发展需求，积极推进材料专业的教育教学改革。曲选辉还组织制定了我国首部《材料类本科专业教学质量国家标准》，提出了“启发创新思想、强化创新基础、培养创新能力”的人才培养理念，创立了“四阶递进、三体并举”的材料学科本科人才培养体系，并组织实施，在国内外产生了广泛影响。成果获2014年国家级教

学成果奖一等奖。

曲选辉统筹多方资源开设名师课堂“材料科学与工程导论”，由院士、“杰青”等知名学者围绕材料专业进行系统性、前瞻性解读。该课程大大激发了新生的专业兴趣和学习热情，被教育部评为“精品视频课程”。曲选辉先后指导了本科毕业生 160 余名，研究生 300 余名，其中有很多已经成为高等院校、科研院所和企事业单位的教学、科研骨干和公司高管。对待学术，他一丝不苟，不放过论文中的一个标点符号错误；对待学生，他和蔼可亲，即使工作再忙，也会及时为学生答疑解惑。学生在评价他时说道：“曲老师学识渊博，德高望重，不仅是我的学术导师，也是我的人生导师。”他注重培养学生的动手能力和科研素养，启迪在校学生参加创新创业活动，引导毕业学生赴国家最需要的基层、国防系统和西部地区建功立业。

曲选辉善于识才、育才、用才，甘做提携后学的铺路石和领路人，他领导创建了“青年领航工作室”，为青年教师配备“政治+学术”双导师，培养青年教师的政治素养和学术能力。团队成员中 4 人入选国家级人才，1 人入选全国五一巾帼标兵，先后有 9 位教师成为材料学科相关研究方向的“首席教授”，6 名青年教师入选“北京市科技新星”和“教育部新世纪优秀人才培养计划”。

曲选辉一直以师者的奉献精神和战略家的发展眼光，重视青年学术带头人的培养。他向中央组织部提交《加强 70 后人才队伍建设，防止出现新的人才断层》的建议书，被中央人才工作协调小组办公室和中央组织部人才工作局选为单项《专家意见建议》，直接呈报给习近平等中央领导同志。曲选辉在建议书里分析了人才流失是造成新的人才断层的主要原因，提出要尊重人才成长规律，大力加强青年人才培养，制定科学的激励制度和政策，确保青年科技人才积极开展创新工作。他在建议书中呼吁，“给予他们宽松、平等的工作气氛；公正、公开的报酬与晋升制度；关心青年科技人员的个人生活”。

一分耕耘，一分收获。至今，曲选辉已在科研工作岗位上辛勤耕耘 39 年。作为致力于用粉末改变世界的科学家和教育者，曲选辉不忘报国初心，牢记强国使命，围绕学科前沿和国家重大需求，数十年如一日，励精图治，

攻坚克难，将科学研究、教育教学与人才培养有机结合，为我国粉末注射成形产业的形成和壮大提供了不可或缺的技术和人才支撑，为我国粉末冶金行业的发展作出了重大贡献。

编辑　高晓丹、张德印、杨雨月、袁正臣

勇攀科研高峰，俯首甘为人梯

——记矿物材料学领域专家　倪文

倪文，河北香河人，生于1961年10月，矿物材料学领域专家。1982年7月毕业于中南矿冶学院矿产普查及获勘探专业学士学位，1985—1988年在北京钢铁学院（现北京科技大学）攻读硕士学位，1992年7月获英国伯明翰大学地质学博士学位。1992年至今，在北京科技大学任教，长期从事矿物材料学和固废资源化的研究工作。1996年被评为北京市高校优秀青年骨干教师，1998年被评为北京市高校青年学科带头人，2003年获教育部跨世纪优秀人才基金，2016年被聘为北京科技大学终身教授，兼职担任中国硅酸盐学会工艺岩石学分会理事长、国家发改委发展循环经济工作部际联席会议专家咨询委员会委员。先后主持国家、地方政府和企业重点、

重大项目10余项，其他省部级及校企合作项目100余项，研究成果先后获得省部级科技奖9项。主编地方标准3项、团体标准1项，授权发明专利66项，发表论文400余篇，出版中英文专著4部。

求学结缘系钢院，学成归来志报国

倪文出生在河北香河农村，小学、中学都是在“文革”中度过的，1978年他考入中南矿冶学院（现中南大学）。

进入大学后，倪文一心扑在学习上。他回忆道：“基本上中南矿冶学院图书馆文科类的书我都看过。除了去上课，其他大部分时间我都在图书馆。除非闭馆，我一天能在图书馆待十三四个小时。从图书馆出来在路灯底下继续看书，看到十一点半再回宿舍睡觉。”正是在这种废寝忘食、求知若渴的研学精神影响下，倪文展开了对科学理性以及客观真理的不懈追求，也培育了自身关于信息、观念、论证、学说辨伪求真、砥砺创新的思维能力，树立了成为创新意识与创新能力兼备的学术型人才的目标。

1982年大学毕业后，倪文进入核工业部直属606地质大队工作。在工作期间他一边努力工作，一边刻苦准备考研。功夫不负有心人，他在1985年顺利考上北京钢铁学院矿物学专业硕士研究生，师从我国最著名的包体矿物学奠基人何知礼先生。

研究生学习期间，在全校400多名一年级硕士研究生中，仅有4人被选拔推荐申请首届中英友好奖学金，倪文幸运地成为其中之一。为了弥补自己专业英语的不足，他把整本《中英地质词典》的单词全部背诵下来，这份努力得到了回报，1992年7月倪文获得了英国伯明翰大学矿物学博士学位，并同时出版了英文专著。这些成就是他卓越的才华和勤奋刻苦的研学精神的最好见证。

倪文在博士毕业后回到北京科技大学工作，恰逢国家教育体制深度改革，大学科与跨学科紧密结合。1994年，学校成立第一批以学院为单位的二级教学科研机构，倪文被选拔推荐进入了资源工程学院（后更名为土木与环境工程学院、土木与资源工程学院）第一届领导班子，并作为主管本科教学、研究生教学、学科建设和实验室建设的副院长，成为当时全校最年轻的副院长。倪文是一位出色的行政管理工作者，每周要花费40多个小时在学院的日常工作上。然而，作为一名“双肩挑”的基层干部，他更加注重成为一名优秀的教育工作者和勇于创新的青年科研骨干，为学校人才培养作出贡献。为了兼顾好教学科研和行政管理工作，他牺牲了很多自己的休息时间。每天工作超过14个小时，每年工作超过350天，这已经成为了他的工作常态。在学校的大力支持、倪文及其他学院领导的共同努力下，资源工程学院成为全校一级学科最多、博士点最多、硕士点最多的学院，并建设了全校第一座单一学院使用的教学科研楼宇。倪文不辞辛苦、兢兢业业的工作态度和精神为年轻一代树立了榜样，他的勤奋和坚持也成了学院的一面旗帜。

倪文心系北京钢铁学院发展，在海外留学深造，最终学成归来，矢志科技报国，默默奉献，成为一代代矿物材料学子的人梯。他的言行举止，仿佛一座巍峨的山峰，高耸入云，令人仰望。他立志于用自己的才华和知识，为祖国的教育与科研事业尽绵薄之力，激励着一代又一代的青年为祖国的繁荣而奋斗。

博学睿思严谨治学，求真吃苦勇攀高峰

倪文始终贯彻“严谨认真、求真吃苦”这一治学思想。1992年，倪文刚参加工作，就赶上了北京科技大学学科大幅度调整，曾经开设的5门本科课程他自己都从未学过，要想将这些课程理解透彻，并与相关的所有分支领域进行融会贯通，获取大量实践工程经验，这其中要克服的困难难以想象。“基本上每上好一节课，需要花费至少100个小时进行充分准备。”但他在这样异常艰苦的教学准备工作中勇敢尝试、积极创新，摸索出一套行之有效的教学和科研的思维与工作模式。在这期间，他编写出版了全球第一版《矿物材料学导论》，成为矿物材料学领域的主要奠基人之一。他首先在中国提出了纳米孔超级绝热材料和纳米孔真空绝热材料等概念，并立即组织团队进行深入的科学技术探索。如今这一类材料已广泛地应用于我国国之重器“高超音速超

低空飞行器”，以及其他军工及民用领域中，倪文也培养了一批在此领域作出突出贡献的青年专家。

倪文认为，“治学严谨”是一个包含范围非常广的概念，严谨不等于死板，严谨不等于教条。在他看来，严谨性是建立在对科学规律的尊重与创新精神的追求的基础上。他教导学生说：“学习中最大的问题是语文水平比较低，第二个问题是阅读经典的专业书籍、期刊太少，这就造成了表达能力差和不注重细节的问题，这是严谨治学中最基础也是最重要的问题。”他常常叮嘱学生一定要严格要求自己，看任何一篇文章，尤其是专业相关的期刊论文，绝对不能抱着100%相信的眼光去看，即使是大众已经接受的原则和观念，把它们从深处翻出来看一看，再问一问为什么。发现推理所依赖的根本观念，了解知识和论证的理论基础，会有助于深入理解推理的根源。文章中的数据不仅仅局限于近代科学家做出的实验数据，还有对于几十年甚至上百年前的研究数据，对此不仅要敢于质疑，更要善于运用，前人的经验与现在做的很多实验数据息息相关。

倪文强调，严谨的治学不仅要求学生牢固掌握基础知识，还应该深入了解相关领域的新知识，而获取这些新知识的最佳方式，则是通过不断的思考。作为一名教师，更是要将所学知识融会贯通，才能创造出新的思路和创新点，进而取得重大的科研突破。

倪文带领团队经过多年的创新思考与研究，所提出的“复盐效应”理论和“硅的四配位同构化”理论，已经被写入以徐匡迪院士作为主编，其他27位院士为编委的《中国大百科全书》(第3版 矿冶卷)，这两个理论概念已经逐步被国内外同行所接受和认可。十多年来，在这两个理论的指导下，数十位博士研究生、硕士研究生和一大批青年科技工作者所开发出的全固废胶凝材料和全固废混凝土，以及具有超级固化重金属能力的地下采矿充填胶结剂都已进入工程技术实用阶段，并分别被相关全国性行业学会或协会以及一大批院士和学者评价为国际领先水平。目前，这些产品的应用与传统的普通硅酸盐水泥技术应用相比，每年可减排数百万吨的二氧化碳。随着这些理论的深入、技术的逐渐成熟以及相关标准体系的建立，未来预期可促进水泥-混凝土产业链、地下胶结充填等领域与使用普通硅酸盐水泥相比，减排二氧化碳70%以上。

循循善诱亦师亦友，甘为人梯默默奉献

倪文一直教导学生踏实做人，踏实成长。甘为人梯，淡泊名利是他一生的追求，一路走来，他默默奉献的精神一直感召着每一个学生。

“甘为人梯主要有两个方面。首先，这个‘梯’得足够硬、足够高。有了硬度，有了高度，还得默默地承载更多的人，踩着你这个梯子爬上去。其次，想做好一名大学教师，要把‘奉献’这两个字分分秒秒都要记在心里。”这些都是倪文一直铭记在心的理念与准则。

作为教师，他一直坚持用启发式的方式教育引导学生。每次要教授一些深奥的知识时，他会先从学生非常熟悉的、浅显的东西开始讲起，通过一步一步的逻辑推理，推理出复杂的科学技术问题，由浅入深带领学生探索知识的奥秘。此外，他认为作为教师必须要对学生负责，既要为学生解答学业上的困惑、带他们走进科研的世界，更要关心关爱学生的成长成才。对于学生学习、生活、生涯规划等方面遇到的问题，他都会耐心倾听，悉心指导。正是这种甘于奉献的精神，潜移默化地影响了一批又一批学生，他们也在科研上渐渐成为行家里手。

在倪文的团队，经常会出现“零年级研究生师弟、师妹”这样的称呼，所谓“零年级研究生”就是已经取得研究生录取通知书还未正式入学的学生。倪文会自费给“零年级研究生”在学校附近租房子，让他们充分利用入学前的暑期提前进入国家重点项目和企业重大项目团队参与研究工作，提前熟悉本领域的最新理论、最新知识和最新实验技能，为正式进入研究生阶段的学习和科研打下坚实的基础。倪文指导研究生围绕国家重点项目和重大需求，确定研究生期间的科研方向，进行研究生论文选题。他致力为研究生搭建科研平台，使研究生在学期间有机会前往企业实验室开展实战性科研和生产实践工作。倪文团队的研究生往往在毕业前就被企业提前“预订”，毕业后大多进入企业关键技术或管理经营等岗位。

倪文不仅以言传身教的方式培养学生努力奋斗、勇于创新、勇于担当的精神，还引导学生在创新创业、成为国家发展所急需的栋梁之材方面砥砺奋

进。2019 年，他指导李文娟同学获得第五届“互联网+”大学生创新创业大赛金奖，并被共青团中央授予“2020 年全国向上向善好青年”称号和第 24 届“中国青年五四奖章”，同时，倪文被福建省授予金牌创业导师称号。近年来，倪文共指导学生参加“互联网+”大学生创新创业大赛以及“挑战杯”全国大学生课外学术科技作品竞赛 20 余人，获省部级以上奖项 12 项。

成功没有捷径，理想信念引航，勤奋实干为桨，日复一日的刻苦钻研是他攻克一个个科研难题的秘诀。身体力行地教导学生不驰于空想，不骛于虚声，在奋斗中释放青春激情，为民族复兴铺路架桥，为祖国建设添砖加瓦。他的言传身教为莘莘学子在实现中国梦和实现民族复兴这场历史接力赛中作出了表率。

编辑　于宝库、王奕文、李云云、张思奇、周道敏

深耕卅载功不唐捐，宽严相济玉汝于成

——记 CVD 金刚石领域专家 李成明

李成明，1962 年生，山西孝义人，CVD 金刚石领域专家，北京科技大学碳基材料与功能薄膜研究室首席教授。1983 年、1995 年、1999 年先后在北京钢铁学院（现北京科技大学）取得学士、硕士、博士学位，之后在中国科学院力学研究所从事博士后工作，2001 年回母校任教。致力于金刚石膜与金刚石单晶制备及其功能应用的研究，主持和参与国家重大专项（子项目）、国家重点研发计划、国际政府间合作项目欧洲地平线计划 2020、国家“863 计划”、国家自然科学基金等研究项目 60 余项。参与起草国家标准 2 项，审查国家标准 20 多项。在国内外具有广泛的学术影响力，在国际学术会议做邀请报告 20 余次，担任多家国内外杂志编

委、专题主编，在相关领域发表学术论文300余篇，参与撰写专著4部，授权国家发明专利60余项。曾获教育部技术发明奖一等奖1项，省部级科技进步奖3项。

抱朴守拙朝益暮习，心之所向素履以往

1977年，国家宣布恢复高考。这个好消息犹如一记春雷，让成千上万的人激动不已。那时，李成明刚刚成为高中生，还在田间地头忙于秋收，看到了知识改变命运的希望，他迅速重拾书本，全身心投入学习中。

1979年，李成明参加高考，取得了比本科线高出70多分的好成绩，考入北京钢铁学院材料系。李成明分外珍惜这来之不易的学习机会，再加上对材料专业产生了浓厚的兴趣，他废寝忘食地学习，恨不得把书都背下来。当时材料系的系主任是章守华，章守华学识渊博、德高望重，给李成明留下了深刻印象。李成明暗暗把章守华当作人生标杆，希望能像章守华那样为国家作更多的贡献。

1983年，李成明从北京钢铁学院毕业，被分配到长治钢厂工作。由于喜欢思考琢磨，善于动手操作，各项工作完成得十分出色。在工作之余，他一直坚持学习外语的习惯，自己买书、听磁带，这个习惯他保持至今，为后来的科研工作奠定了坚实的基础。1988年，李成明被调入太原铝材厂工作。在太原，李成明结识了人生中的伯乐——太原理工大学表面工程研究所所长徐重。徐重素有爱才之心，得知李成明毕业于北京钢铁学院，还具有大量的工程实践经验，就向他抛出了橄榄枝。1989年4月，李成明被调入太原理工大学表面工程研究所，正式走上科研之路。一次偶然的机会，课题组的同事发现金刚石在国外特别火，并且从日本带回了很多资料，李成明被安排完成相关综述的撰写，自此与金刚石结缘。1990年，李成明在国外金属热处理期刊上发表了学术生涯的第一篇文章，正式迈入金刚石研究领域。

1992年，李成明回到北京科技大学，跟随CVD金刚石研究领域专家吕反修攻读硕士。硕士毕业后，李成明继续攻读博士。当时谢锡善与徐重有“863

计划”项目的合作，李成明就成为了两位导师的联培生。硕博期间，李成明十分刻苦，在图书馆阅读真空物理领域的书，一站就是两三个小时，还经常前往北图查阅资料，凡问题必深究钻研，直至得到满意的结论。

博士毕业后，李成明进入中国科学院力学所从事博士后工作，师从力学所第三任所长薛明伦和曹尔妍。2001 年，李成明博士后出站，又回到母校工作，加入吕反修科研团队，继续从事 CVD 金刚石研究。

金刚石领域研究在 20 世纪 80 至 90 年代进入高潮，2010 年左右落入低潮，之后又慢慢回温，再次成为研究热点。虽然行业起伏、困难重重，但是李成明三十年如一日地始终坚守在这个领域。他先后主持和参与国家重大专项（子项目）、国家重点研发计划、国际政府间合作项目欧洲地平线计划 2020、国家“863 计划”、国家自然科学基金和 JP 配套项目等研究项目 60 余项，参与起草国家标准 2 项和审查国家标准 20 多项，发表学术论文 300 余篇，参加编写专著 4 部，授权国家发明专利 60 余项。

深耕细耘专致学问，砥砺攻关突破难题

开始工作的前几年，实验室条件很简陋，李成明不得不趴在设备上看电弧，有时看得入神，连看半小时以上，对眼睛造成了很大的伤害；实验室里噪声又很大，对听力也造成了损害。有一次李成明正在做实验，中途被别人叫走办手续，到了办事窗口却把工作人员吓一跳，因为当时耳朵被震得有点聋，说话声音特别大。虽然困难重重，但是李成明始终坚守在金刚石研究领域，没有设备就从零搭建，经费不足就东拼西凑。因热爱而执着，因使命而坚定，对于李成明来说，在金刚石领域里的奋斗已经成为“长久以来的习惯”，是“一件很幸福的事”。

2012 年，李成明接到解决“北斗”系列卫星散热难题的任务。这是一项“卡脖子”技术，既要求极高的散热效率，又必须做到尽可能小而轻，但国内已有的散热器件很难达到要求。当时，卫星发射迫在眉睫，这项任务时间紧、任务重、风险高，对李成明提出了严峻的考验。李成明带领团队集中精力攻关，日夜奋战。正值冬天，实验室制冷机因为结冰快要胀裂，李成明带

着两个学生用盆子接热水，忙了一上午才把制冷机的冰化掉，这时三个人已经被冻得瑟瑟发抖。凭着强烈的使命感和责任感，大家日夜赶工，终于达到了预期效果。北斗卫星上天后，大家都悬着一颗心，担心冷却效果不好，温度降不下来。而最终的结果是效果特别好，一下子降了十几度。团队里每个人悬着的心终于放下来，脸上都充满了喜悦与振奋。之后，李成明团队在生产工艺、产品加工、表面修饰等方面不断调整提高，最终成功交付数百套产品，装备多颗卫星，为中国航天领域提供了一种解决极高热流密度热排散的最佳方案。这一研究成果被誉为 CVD 金刚石应用的行业里程碑，荣获教育部技术发明奖一等奖、北京市科学技术奖三等奖。

李成明始终坚持守正创新，服务产业升级。在国外对我国金刚石关键材料严禁管制的背景下，李成明团队围绕第三代半导体散热用大尺寸金刚石材料、金刚石光学组件以及金刚石半导体等方向开展自主创新研究，先后突破了 4 英寸金刚石的批量化制备技术、金刚石红外/微波/X 射线多波在段光学窗口的制备技术以及高性能金刚石硅终端增强型金刚石电子器件制备技术。其中 4 英寸金刚石的批量化制备的技术成果，面向第三代半导体产业升级，服务第三代半导体功率器件产业链，获批各类重点项目。从事金刚石材料研究 30 年来，李成明领导团队发展了大面积、无裂纹超厚金刚石膜等离子体喷射法制备技术，开展了微波等离子体技术装备和应用研究，率先在国内拓展金刚石多晶和单晶电子学的研究，使金刚石膜热学应用在国际上处于领先水平，推动了 CVD 金刚石自支撑膜的工业化应用。

除了深耕研究外，由于李成明本身就有长期的企业工作经验，他深刻地明白企业需要支持，核心技术才是生产力。他的团队与广州奔朗新材料有限公司、河南飞孟金刚石股份有限公司、河南厚德钻石科技有限公司先后搭建了校企联合平台，展开深入交流合作，服务行业与产业升级制造。他始终坚信并践行着中国制造大有可为，正在走向世界，终将引领世界。

学为人师谆谆教诲，行为世范桃李芬芳

李成明团队多年来只专注于金刚石这一种材料，这在全世界都是极少见

的。对于李成明来说，做学问首先要学做人，要“用心、专注、耐心”。不管是科学研究工作还是青年人才培养，他都秉承一颗赤诚之心。在学生的成长记忆中，总是有李成明辛勤耕耘、呕心沥血的身影，或是废寝忘食地批改学生的英语报告，或是不厌其烦地解疑释惑，他从不缺席学生成长的每一阶段，全力以赴对待每一个学生。

每年毕业季，李成明都会为毕业生送上一份特殊的礼物——一枚雕刻着学号、姓名的专属钻戒。这颗钻石承载着李成明对学生的殷切期望，“希望每一位学生都能像钻石一样承受住压力，即使在恶劣的环境中也能坚强刚毅、璀璨夺目。”

有学生说，对李老师的初印象是严肃的。每年招收学生时，李成明都会对学生提出明确要求：第一是能吃苦，能耐得住寂寞，坐得住冷板凳；第二是关键时刻扛得住，困难面前不退缩；第三是为人正直，做事踏踏实实，实验中不能作假。为人师表者，必先以身作则。李成明是这样要求学生的，更是这样要求自己的，对自己的要求甚至更严。他每日早出晚归，穿梭于各个实验室，关注各台实验设备的运行情况，指导学生开展实验，探讨实验难题解决方案。担心学生忙于实验吃不上热饭，他为学生配上了微波炉；看到学生生活中遇到了难题，他侧面了解情况，尽自己所能帮助学生解决各类问题、处理各类矛盾。他每周都督促学生去体育馆锻炼，培养学生健康的体魄和良好的心态。节假日里，他常带学生出游、聚餐，使学生劳逸结合。三十多年来，李成明始终坚持以德为先、立德树人，严谨治学、甘为人梯。春风化雨，润物无声，他的言行举止深刻影响着每一位学生，在他培养的 200 余名研究生中，不少人已经成为各行各业的顶梁柱，多名学生毕业后选择留校任教，为实验室的接续发展贡献力量。

李成明深知国际交流能力对科研工作的重要性，他要求每个学生每周都要精读一篇顶尖英文文献，提交翻译后的中文版及阅读报告，并在组会上用英语讲解，其余学生用英语提问，通过英文汇报、外语交流等形式使学生在了解科研前沿动态的同时提升英语综合能力。为了充分了解学生的学习情况，李成明每天早上起来七点半到了办公室以后，都会花一个小时仔细查阅学生提交的文件。李成明还注重搭建国际交流平台，提升学生国际视野，他的团

队与英国莱彻斯特大学、日本早稻田大学、爱尔兰科克理工大学、美国德州农工大学、美国阿贡国家实验室、日本国家材料科学研究所等研究机构开展紧密的国际合作，持续性接收国外中长期访问学者和交换留学生，团队学生参加境外国际会议十余次，多名团队成员赴国外高校科研院所进行访问交流，数十名学生先后前往英国、日本、爱尔兰等国家深造学习。

“人材者，求之则愈出，置之则愈匮。”李成明不仅是科技创新的开拓者，更是提携后学的领路人。他格外重视青年人才培养，把发现、培养青年人才作为自己的一项重要责任，尽可能为青年人才施展才干提供更多机会和更大舞台。李成明致力于营造亦师亦友、温馨和睦的团队氛围，为青年科技人才脱颖而出铺路搭桥。团队的教师每天中午都一起吃饭，氛围和谐融洽，彼此之间分工明确，互相帮助，默契十足。在科研工作中，李成明充分发扬学术民主，鼓励年轻人大胆创新、勇于创新，积极支持年轻人在科研工作中挑大梁、当主角。

碳是地球上普遍存在的元素，而碳组成的金刚石，却是世界上最美丽、最坚硬的天然材料之一。三十多年来，李成明一直在研究金刚石，而金刚石也成为李成明三十多年来立德树人历程的写照。一个个学生，犹如稚嫩而普通的“碳”，在李成明谆谆教诲、言传身教下，最终成长为坚强靓丽的“金刚石”。金刚石璀璨夺目的背后是高温、高压条件下的坚守，恰如丰硕的科研和育人成就背后，是胸怀国家的责任、废寝忘食的刻苦、敢为人先的勇气和甘为人梯的奉献。

编辑　高晓丹、杨雨月、肖怡娴、袁正臣

一生师者父母心，一生为国育桃李

——记炼钢工艺技术及工程化应用研究领域专家　朱荣

朱荣，江西萍乡人，生于1962年，长期从事炼钢工艺技术及工程化应用研究，是该领域主要学术带头人之一。1983年毕业于江西理工大学，毕业后到江西新余钢铁公司（原江西钢厂）工作，1996年自北京科技大学冶金系博士毕业后留校从教，现任北京科技大学碳中和研究院终身教授、博士生导师，高端金属熔炼及制备北京市重点实验室主任，北京科技大学二氧化碳科学研究中心主任，中国金属学会专家委员会委员，中国电工技术学会委员，全国专业标准化技术委员会委员。曾获何梁何利科学与技术进步奖、首届全国创新争先奖、全国科技先进工作者、北京市师德榜样（先锋）等荣誉。主持、参与多项国家“973计划”重大基础项目、国家科技支撑计划、国家自然科学重点及面上基金、省市重

大攻关等项目，获国家科技进步奖二等奖3项、冶金特等奖1项、省部级一等奖8项，出版专著8部，授权发明专利100余项，发表论文200余篇，相关技术推广到国内外百余家钢铁企业。

怀揣梦想集智创新，躬身而行鼎力实践

朱荣出生于江西省萍乡市，1979年，在社会急需人才的改革开放初期，有志青年必怀报国丹心，浩浩荡荡投入改革发展的洪流。朱荣也同样怀着一颗报国之心刻苦学习，终于考上了大学。受家庭影响，曾怀揣当一名火车司机梦想的他，却阴差阳错地被录取到江西理工大学冶金系学习炼钢，自此与钢铁冶金领域结缘。朱荣回忆，在大学期间让他印象最深的就是实习经历，当时的生产实习和现在一样，一般都是在炎热的夏季，天气恶劣，又是在冶炼工厂的炼钢炉前，需要在克服很多身体上不适应的同时完成好每一项技能的学习和练习，这样的条件下，朱荣始终把自己当作“小学徒”而不是大学生，甩煤锹、取样、跑腿，以工人为师，在实践中求学。毕业实习选择课题时，他选择了电炉炼钢，跟随导师与工厂的工程师学习实践5个月，最后在工厂进行毕业答辩，成绩优异。转眼来到1983年，不满21周岁的朱荣一毕业就被分配到江西新余钢铁公司（原江西钢厂）工作，他将大学阶段学习的理论知识运用到生产实践中来，边做边学，多次攻坚克难。在工作期间，朱荣多次受到表彰晋升，为厂里培养出一大批优秀的工人。那时，很多人觉得进机关、坐办公室是个好差事，但独具慧眼的朱荣父亲却要求他到生产一线长硬本领。在工厂的7年里，朱荣当过炉前工、炉长、技术员、工段长、车间主任，工作虽然辛苦，但却培养了他坚强的性格。可以说朱荣在最需要自己的岗位上圆满出色地完成了工作任务，但人生的轨迹不是一成不变的，一次因工伤带来的休假培训给了朱荣赴北京科技大学交流学习的机会。20世纪80年代末，正值中国发展上升期，国家极为重视钢铁行业，钢铁的需求量也在急剧增长，来到北京后的朱荣进入全国高级工程师培训班，接触到国内钢铁冶金领域顶尖的教授，目睹了当时中国钢铁工业的落后，朱荣的热血丹心

再次燃烧，与此同时他也明显感受到了自己的知识储备不足。外国企业来厂里技术交流时，朱荣发现一些发达国家的技术要比我国生产实际先进得多。这让他认识到，要想为国家作更大的贡献就要革新工艺技术，要想发展工艺技术就要掌握更多知识。于是在1990年，抱着开拓创新、为国争光的决心，朱荣考入了北京科技大学钢铁冶金专业，先后攻读硕士、博士研究生，开始了他的二度求学之路。在北科大六年求学期间，朱荣深受硕士导师和博士导师的影响，不仅深入钻研专业知识，还学到了如何发现问题、解决问题，这些方法一直被他沿用至今。朱荣说有一句话让他一直受益匪浅，“任何科学的艰难阻碍都是一面盾，我们要用创造的矛来攻破这个盾。”1996年，朱荣博士毕业后，很多企业向朱荣发来邀请，并且提出了较好的待遇，但是朱荣毅然选择留在学校任教。一方面是朱荣认为自己对冶金技术的发展有一些想要完成实现的想法，希望继续留在学校从事科研；另一方面是朱荣认为培养学生，为祖国输送专业人才是促进冶金技术发展的关键。7年基层工作的锤炼，6年研究生的学习，为他走产学研相结合的学术道路，奠定了良好的基础。

心怀笃志报国热忱，永葆真心传承钢魂

朱荣长期从事炼钢节能减排技术及工程化研究工作，是该领域主要学术带头人之一。他在电炉炼钢关键技术取得了重大突破，研发的新一代绿色高效电炉炼钢技术及装备，已在国内外数百座电炉使用，经济及社会效益巨大，显著提升了我国电炉工艺及装备制造水平，引领了中国电炉炼钢技术发展。

朱荣认为，科研离开了实践就是无源之水，实践缺乏了创新就是一潭死水。多年的科研中，他始终坚持科学研究结果要经得起实践的检验，要符合生产实际的需要，还要能够推动工厂的技术革新和升级改造。朱荣认为要实现自身的价值，首先要为社会发展贡献力量，他有针对性地在自己所擅长的领域进行创新，与社会需求相结合，并不断将新的研究成果进行转化，使校园更好地与企业和社会对接。他说：“一个创新的出现，需要百分之百放到生产实际中去验证结果的正确性。”在对于科研态度上朱荣曾多次这样形象地要求他的研究生：既要学会在实验室里“穿针引线”，又要学会在生产现场

"舞刀弄枪"，进入实验室是潜心科研的学生，走进生产现场必须是能独当一面的工程技术人员。从实践中发现问题，在实验室里解决问题，再到实践中检验科研成果的有效性，在不断优化参数的过程中发现更多问题，逐一解决，以此来实现科研项目的全生命周期闭环控制和良性循环，培养自己从整体去看待和解决科研问题的能力。

科研离不开实践，实践离不开现场。针对生产现场的技术需求，朱荣从留校工作起便集中大量精力开展"电弧炉炼钢"方向的研究工作，瞄准电弧炉炼钢高效、低耗、节能、优质生产的目标，坚持深入现场发现问题，围绕实际解决问题，投入生产验证效果，历经二十余年的探索研发出新一代电弧炉冶炼技术——"电弧炉炼钢复合吹炼技术"，该成果已推广至国内外钢铁企业百余座电弧炉，覆盖国内电炉钢产能的30%以上，推动了国内外电弧炉炼钢技术的进步。2016年度，该技术获得国家科学技术进步奖二等奖。

教学、科研和生产实践相结合，是朱荣教书育人的一大法宝。他以开创开启学生的创造性思维为主题，培养学生的兴趣，最典型的案例当数二氧化碳在钢铁冶金中的资源化应用。朱荣说："我在课堂教学中和学生互动比较多，我也经常出一些选题让学生上台来讲，主要是想拓展学生的思路。"2003年，在讲"钢铁冶金学"这门课的过程中，有同学提出一个问题：为什么转炉炼钢的烟尘如此大，难道就没有办法解决吗？当时这一问题成了朱荣技术突破的灵感火花。在那以后的几个月时间里，他查阅了大量文献资料，针对转炉炼钢烟尘的产生展开了深入的研究，最终得出了烟尘的产生原因是转炉熔池火点区温度过高导致铁元素快速蒸发氧化，随烟气排放形成大量炼钢粉尘的初步结论。2005年，朱荣就此问题申请了国家自然科学基金。在基金的支持下，朱荣带领一届又一届学生做实验、下工厂、搞研究，历经15年的探索研究，最终发现将自然界中最主要的温室气体二氧化碳应用于炼钢喷吹过程可有效解决这一问题。因为二氧化碳是弱氧化性气体，在炼钢温度下与碳、硅、锰等元素可发生氧化反应，并伴随吸热或微放热效应，将二氧化碳应用于炼钢过程可实现温度及气氛控制，达到降低烟尘、净化钢液、减少有价金属损失、节能降耗等效果，这是一项既节能环保，又有经济效益的发明创造。目前相关科研成果已在首钢京唐等公司实现了工业化应用，取得良好的实际成效。

冶金行业在蓬勃发展，冶金技术一直在革新，朱荣深耕钢铁冶金行业的初心不变，对冶金领域的研究也在与时俱进，常为常新。朱荣如同所有奋战在一线的科研工作者们一样，始终怀揣满腔报国热忱，将个人理想与国家命运紧密结合起来，肩负起了“钢铁强国”的时代使命，为钢铁行业革新、国家科技发展作出了巨大贡献。

因材施教循循善诱，春风化雨教导有方

教书育人27年，他坚守“为党育人、为国育才”的教育初心，始终把立德树人根本任务作为自己的价值追求和实际行动。朱荣长期承担“炼钢学”和“钢铁冶金概论”等课程的教学任务，每年授课5门次以上（含企业工程硕士），150学时左右。结合他的实践知识及经验，朱荣主讲“钢铁冶金学（炼钢部分）”课程20余年。他坚持“理论+实践”教学模式，坚持把好教学环节的每一关，通过对炼钢过程典型案例分析，对课程内容深入讲解，举一反三，改变了传统的单一课堂授课模式，启发学生创造性思维，积极发挥学生的创造力和想象力，持续开展实践案例、工匠精神和道德教育的有机融合使课程更加深刻与生动，将课程教学与科学研究相结合。2013年，他主讲的“钢铁冶金学（炼钢部分）”获评北京市精品教材及北京市精品课程；2014年，他讲授的“百炼成钢”入选国家级精品视频公开课“钢铁是怎样炼成的”。2017年，他将10年来研究生案例教学讲稿和科研项目实践系统整理，出版了专门针对冶金院校研究生和钢铁行业工程人员的《炼钢过程典型案例分析》教材，他也当之无愧地成为首批“全国高校黄大年式教学团队”核心成员。

走进朱荣的办公室，书有“集智创新，鼎力实践”8个大字的座雕赫然立于工作台上，这八个字既是朱荣多年科研工作凝练出的经验，也是朱荣所带领的科研团队多年科学实践的座右铭。朱荣说：“创新是推动民族进步和社会发展的不竭动力，一个学科要想走在学术界的前列，就一刻不能没有创新思维，一刻不能停止创新。”他认为，冶金学科是一门富有创造性、交叉性的

学科，培养学习能力最好的方法就是互动交流、创新与集智相辅相成，现代工程科学技术需要大智慧，需要多学科的交叉以及大量的实验验证，要实现更加有效的创新，办法之一就是“集智”。“集智”实际上是属于开放式创新的范畴，不仅要开动自己的大脑，更要集合团队的智慧，要善于听取他人的意见，通过“集智”实现创新，取得 1+1>2 的效果。在互动交流中巩固知识，拓宽思路，锻炼思维，形成智慧结晶。

有了创新精神，再将理论与实践并举，才能提高动手能力，等日后走向社会，才能够更好地适应多变复杂的环境，比如朱荣团队在昌平建立的实验基地，学生们就可以根据自己的想法去做一些研究，有了很多实践机会。同时朱荣还要求团队里每个研究生都要进实验室，都要产出研究成果。在朱荣的教育和培养下，团队很多学生在研究生期间获得国家级、省部级奖项，拥有自己的专利。

朱荣认为，成为一名合格的教师，既要用心，更要用情。“刚入校门的学生起点相差不大，之所以经过一段时间的学习出现优良差等差别，一定和教育教学密切相关。教学过程中，学生由不知不懂到活学活用，由不感兴趣到认真听讲，才是教学成功的所在。”朱荣一直秉承“师者父母心”的教育理念，把学生看成自己的孩子。多年的教学一线工作经历和经验以及坚定的“立德树人”信念，让朱荣形成了独特的教学理念：公平、公正地对待每一位学生，绝不只以成绩论断学生，实施“成才”加“成人”的教育模式。在教学的同时，他还十分注重培养学生的职业道德和个人修养，以人格魅力影响学生踏实做事、诚实做人。

二十多年来，朱荣把教书育人落实在课堂上，带入实验室里，走进项目中，教学相长，教学促进科研，科研带动教学，将教学和科研有机融合为一体，走出了一条自己的教书育人、教学科研的独特成功之路。

朱荣以新发展理念引领钢铁冶金行业进步作为毕生追求，用热血挥洒爱国之情，用奋斗书写报国之志，始终怀着“钢铁报国”的初心探索真知灼见，着眼钢铁冶金的命运前景，用自己恢宏的理想点燃一个个冶金新星的理想，用自己坚定的信仰引领一个个钢铁精兵的信仰，保持崇高的国家荣誉感和民族自豪感，将科研报国的使命牢记在一言一行，谦虚严谨，甘为人梯，以言传身教为学生扣好人生的第一粒扣子，以大爱锻造英才，以热忱传承“钢魂”。

编辑　王斌、李福龙、霍文堉

坚而不腐勇担使命，卓而不蚀薪火相传

——记腐蚀与防护领域专家　李晓刚

李晓刚，湖北广水人，生于1963年10月，材料腐蚀与防护领域专家。1984年在武汉钢铁学院（现武汉科技大学）冶金系取得学士学位，1994年在中国科学院金属研究所获工学博士学位，1997年10月进入北京科技大学工作至今。现任国家材料腐蚀与防护科学数据中心主任，国家材料环境腐蚀野外观测研究平台负责人，中国腐蚀与防护学会理事长、会士，"海洋腐蚀973项目"首席科学家，国际腐蚀理事会理事，美国国际防腐蚀工程师协会会士，欧洲腐蚀联合会会士，冶金类顶级期刊 *Corrosion Science* 首席顾问编委，Nature 系列 *Materials Deg-radation* 主编。长期从事材料腐蚀理论研究与耐蚀新钢种开发工作，主要研究方向为材料自然环境腐蚀机理与耐蚀钢研究。发表包括 SCI 论文 860 余篇，引用超过 30000 次，近 3 年连续入选全球高引用作者；出版专著 24 部，获授权发明专利 88 项，为 207 家企业提供了直接技术服务。获国家科技进步奖二等奖 2 项、省部级科技进步奖一等奖 6 项和二等奖 4 项、行业科技奖一等奖 5 项，获 NACE 国际杰出工程贡献奖和最高研究奖、全国杰出工程师奖、全国优秀科技工作者、北京市师德模范、先进工作者等荣誉称号。

追光而遇初心如磐，循梦而行此志不懈

1980 年，我国科学春天到来，我国工业发展史进入激情澎湃的 20 世纪 80 年代，刚刚高中毕业的李晓刚响应号召学自然科学和技术，毅然选择进入武汉钢铁学院冶金系学习，立志要研发高性能新材料。在刚接触材料学科，特别是钢铁材料时，他有些迷茫，觉得这并不是他想从事的自然科学领域。随着逐渐深入的接触，他逐渐明白材料科学是自然科学应用方向最前沿的研究，而钢铁材料是所有材料里边综合性能最好、最大类的一种材料。铁元素是所有元素中最稳定的一种，由其制备的金属材料使用性能和加工性能是最优化、最容易控制的，同时自然特性加持，钢铁材料就成为最优解，因此他越学越热爱，越学越认可。

1984 年，李晓刚进入西北工业大学材料系学习，取得硕士学位后进入抚顺石油学院（现辽宁石油化工大学）工作，当时我国石油化工领域科技实力比较落后，高级人才极其缺乏，李晓刚刻苦钻研，奋斗在工程一线，几乎到遍我国所有大型石油化工企业，并对所有装置的腐蚀情况都了如指掌。虽年纪轻轻，但已小有名气。1991 年，由于出色的工程应用背景及对专业的热爱，他顺利考入原中国科学院金属腐蚀与防护研究所，成为了我国著名材料科学家、两院资深院士师昌绪最早的“腐蚀”博士生之一。在师昌绪和中国工程院院士柯伟的指导下，李晓刚顺利取得博士学位并留在金属所从事博士后工作。在学期间，两位导师始终教诲他科学研究要结合工程实际，所学要所用，特别是腐蚀的问题，不能用是不行的。柯老师更是经常和学生一起到

抚顺、辽阳、锦州等地现场调研，从工程实际找寻研究方向和课题，帮助洽谈合作，这些经历至今回想起来仍历历在目。

从本科开始，李晓刚的心中就充满了对北京钢铁学院（现北京科技大学）的向往，当时课程所用教材均来自这里，授课的老师、领域的大师们也多出自这里。在博士后出站之后，他义无反顾地从航空部门、石油部门回到钢铁行业，通过人才引进调入北京科技大学。进入北京科技大学后，李晓刚见到了许多学生时代的偶像们，认识了许多好同事、好朋友、好学长，大家相处融洽，志趣相投，学校学术氛围浓厚，交流自由而热烈。虽然当时学校的建筑物和实验设施破旧老化严重，腐蚀领域的人才队伍也处在低谷时期，特别是归国人才比较少，整个腐蚀中心只有 3 位教授，博导只有 2 位，力量整体较弱。但如今，在柯俊、肖纪美、张文奇、余永宁等老一代先生们的奠基下，在新一代钢铁人的奋斗下，无论是硬件设施还是人才队伍都发生了翻天覆地的变化，腐蚀领域也已走向更高的水平。

2022 年是北科大建校 70 周年，回望征途，李晓刚认为北京科技大学是中国材料科学理论和材料教育理论的发源地，支撑了中国钢铁工业和材料工业的发展。“既然选择材料腐蚀，就得终身从事这个方向，无论走到哪里，大家要永远怀揣着不变的‘腐蚀心’。”这些叮嘱是从师昌绪和柯伟院士那里就一直传下来的，是成为李晓刚宝贵的人生财富，并传给了代代后辈“腐蚀人”。

踵事增华专一立基，肩鸿任钜不负使命

早期国内对钢的需求量庞大，产能远不能满足市场的“胃口”，当时的共识是“有就不错了”，没人考虑腐蚀问题。一些隐患也就此埋下，随着时间的推移，不少工程开始出现问题，材料腐蚀造成重大经济损失、人员伤亡和环境灾难。一时间，材料腐蚀问题成了各种工程的“癌症”，倘若不解决，就是无数个“定时炸弹”。深受导师对材料腐蚀重视的影响，李晓刚耕耘耐蚀材料，想要实现补“旧”建“新”。但由于材料腐蚀性数据的长期缺乏，使得我国常用材料一直无法很好地解决耐蚀性问题。“材料腐蚀数据积累十分重要，它是我们开发新材料的‘敲门砖’。”为此，他开始了大量的数据积累

工作。材料腐蚀数据积累是一个时间跨度很长的过程，需要长期坚守并持续投入，这种不能立即出成果的工作在大多数科研人员眼里是“吃力不讨好”。但是，李晓刚凭借着对腐蚀研究的痴迷坚持了下来。

2010年初春，“天宫一号”决策团队经过精挑细选，决定由李晓刚带队承担“天宫一号”环控生保系统关键部件环境可靠性评价这一重大攻关任务。由于距离发射仅有半年时间，时间紧任务重，接到任务后，李晓刚始终奋战在实验一线，成功按时解决了飞行器关键部件可靠性评价的技术难题。

2014年，习近平主席在对马尔代夫进行国事访问期间，商定援建中马友谊大桥，这座桥在2018年正式建成，全长2千米，震惊世界。马尔代夫是最早响应“一带一路”倡议的国家之一，是我国南海至西印度洋波斯湾及红海地区的必经之地，这里是旅游的天堂，却是基建和材料的地狱。高温、高湿、高盐、高辐照，海洋性气候的马尔代夫是地球上海洋腐蚀最严重的地区之一，防腐蚀工程是整桥建设的关键。“风光”背后是数不尽的艰难险阻，越具挑战，李晓刚越是“较劲”，“迎难而上才是科研人员的基因”。他极为重视此项工作，立即组织骨干人员展开相关工作，分别就水下管桩、钢筋、桥梁钢和护栏等典型结构防腐课题开展了全方位研究并分别制定了针对性的防腐蚀设计方案。利用长期积累的科学数据，项目组联合国内优势制造单位开展了系列关键材料重防腐体系设计-制造攻关课题，制定了整个桥梁的工程防腐蚀设计方案，圆满完成设计任务，为大桥的准时通行和长寿命安全服役“保驾护航”，实现了重大装备“走出去”。

我国的材料自然环境腐蚀试验及数据积累工作始于20世纪50年代末，60年来，腐蚀网站工作经历了国家科委腐蚀学科组、“文革”中断、恢复建设、国家自然基金会全国腐蚀网站建设、科技部科技基础条件平台建设、科技部科技资源共享平台建设运行等阶段。基于腐蚀网站多年的腐蚀试验及数据积累研究基础，由李晓刚主持建设的“国家材料环境腐蚀野外科学观测研究平台”于2011年被科技部和财政部认定为首批国家科技基础条件平台。随后经过二十多年的辛苦建设，室内数据管理部分又发展成为“国家材料腐蚀与防护科学数据中心”，李晓刚被科技部直接任命为主任，继续守护着导师挚爱的事业。时光荏苒，他亲眼见证这个领域和行业从最开始的弱小到蒸蒸日

上，成为百年中国科技华丽转身的典型代表之一。

国家材料腐蚀与防护科学数据中心目前重点围绕国家重大工程建设及战略性新型产业发展，构建了由 30 余个国家野外试验站和分布式腐蚀大数据观测试验站点构成的长期的国家级材料环境腐蚀和防护数据生产积累平台体系，建立了由 47 项行业团体标准和 28 项规范构成的环境腐蚀试验与评价技术新体系，发明了系列化的基于室内外相关性的室内腐蚀加速试验谱技术与新装备，持续开展了黑色金属、有色金属、建筑材料、涂镀层材料及高分子材料等 5 大类，600 余种材料，最长达 35 年的野外试验数据和连续观测数据。每年为上千家单位提供试验和数据服务，出版了国内外首部《材料腐蚀信息学》专著，并在 *Nature* 期刊发表了评述性研究论文，系统提出了“腐蚀大数据”概念及其理论框架与技术模式。至今，“腐蚀大数据”理论和技术已经得到广泛应用。

近年来，平台承担了几乎所有涉及材料及装备自然环境腐蚀研究相关课题的野外试验及数据获取任务，持续为“大型飞机”“载人航天与探月工程”等国家重大专项以及“973 计划”、自然科学基金等百余项科研项目提供数据支撑；通过长期系统的材料土壤环境腐蚀试验与数据积累，为“三峡工程”“西气东输”“南水北调”等国家重大工程建设及运行维护提供重要支撑；大气环境腐蚀数据在“大飞机”“高速铁路”“国家电网”以及武器装备等领域关键材料选材及寿命评价作出了重大贡献。材料海洋环境腐蚀数据与防护技术在“潜艇”“辽宁舰”“舰载机”以及 30 余座海洋大型石油平台和“201 铺管船”等重大装备中获得直接应用。

在三代人的努力下，我国材料腐蚀科技力量开始在国际上崭露头角，而以李晓刚为代表的这一支防腐队伍更是在国际上声名显赫。他还是国际顶级刊物《腐蚀科学》的首席编委顾问，这也是首次由中国人担任该职务。在国际腐蚀界，这是最高学术地位的象征。

鉴往知来博览兼善，书传余香春风化雨

老一代学者们留下写作、思考、读书的习惯，虽然受市场经济的影响好

像薄弱了，但实际上还是在传承的。在大家的印象中，写书是李晓刚的最大爱好。每逢寒假、暑假，他就把平时做研究的心得以及一些新成果整理出来，编写成书。由于团队已逐渐发展壮大，形成了很多方向和知识，他希望通过这种方式把知识串在一起。比如5个博士毕业了，他们的博士论文里就会形成一定的学术思想和技术路线，但各是各的方向，是没有人总结归纳的，他就会把这些成果总结出来，进一步升华和连接，并在书中对博士生们进行致谢或署名。在出差途中、与学生讨论后，甚至一些会议期间，他充分利用碎片时间去思考、阅读、逐渐积累。他认为，科研工作者一定要有类似这样逼自己学习的方法，否则就会逐渐沉沦，退到二线，思想老化之后就没有自己的学术思想了，所以他始终坚持用写作来强迫思考。就这样，他每年都会产出1~2部专著，这也是让他觉得很有成就感的事情，虽然内容过于专业化，出版之后并不赚钱甚至赔钱，但他始终认为这是一个学者、一个大学教授给社会最大的回报。李晓刚说年轻时觉得自己最大的人生目标就是做自然环境腐蚀，写三本书在科学出版社出版，一本《大气腐蚀》，一本《土壤腐蚀》，一本《海洋腐蚀》，现在这三本著作早就完成了，而且他围绕这个方向，逐步扩展至信息学、大数据、耐蚀钢、标准规程等。至今，他已经写了20多部专著，里面每个字都是由他亲自纂写，在行业内影响甚广。他也将利用写作规范碎片时间的理念与思想身体力行地传授给青年教师们。

对于团队所有老师，李晓刚始终坚持一视同仁，公平对待，他会根据每个人的个性进行分工及合作，鼓励大家不断提升。目前他的大团队已分为5个独立团队，研究方向、经费管理、设备使用等均各自独立，不做干预，项目分配也总是合理安排，明确主导，劳有所得。思想独立自由是李晓刚给青年教师的最大教诲，他说，“学科发展需要靠教授，教授是学科发展过程每一个问题的最终极的决策者，要有独立的心态和人格，科学思想不能为人所管，否则就没法决策了。”他特别重视培养年轻学者独立的学术思路和风范、独立的创新思维方式和独立的人格魅力。当青年教师成为教授，特别是博导之后，他几乎不再做任何干预，只帮助解决困难。他对学生的培养始终一丝不苟。学生将来生活好、工作好，成为材料腐蚀领域领军人才，为国家发展作出贡献，是他对学生的最大期待。他始终坚持到一线做科研，组织学生分组开会

讨论课题难点、重点等，关心具体的细节问题，并逐一提出自己的想法和意见。培养好“继承者们”是李晓刚最大的心愿。对于自己的学生，他总是抱着许多期许，他觉得研究生要热爱自己的专业，要有专业自信，同时要刻苦钻研，要有本事，打牢基础，握住自己吃饭的本钱，在专业领域做深做透，科技日新月异，时间不等人，稍微不努力就会落后。另外很重要的是要有目标，要知道自己想做什么样的工作，想成为什么样的人。他坚持传统的中华办学文化，重视教书育人，遵循孔夫子“有教无类”思想，他的课堂往往笑声不断，掌声不断，下课同学们还围着问个不停。科研之外，李晓刚还对研究材料学科史、大学发展史和材料腐蚀研究史等非常感兴趣，主讲相关研究生课程及相关党课，颇受好评，被学生亲切称之“宝藏教授”。

情怀筑梦，终身坚守一苇以航；科技强国，一生奉献无怨无悔。已到花甲之年的李晓刚，仍在腐蚀与防护领域中奋斗着，为培育学生，为科技研发，为促进国际学术交流而奔走忙碌。他是严谨治学、淡泊名利的典范，是坚持不懈、无私奉献的践行者。无论走到哪里，永远怀揣着不变的“腐蚀心”。他坚信“一代又一代的学子传递着火炬，新的一代会更加朝气蓬勃”。面向未来，李晓刚将坚守报国初心，勇攀科研高峰，发扬严谨治学、甘为人梯的精神，为培养具有为国奉献钢筋铁骨的高素质人才作出更大贡献。

编辑　高晓丹、杨雨月、李晓彤

做“上天入海”的新一代材料

——记非晶合金与高温结构材料专家　惠希东

惠希东，山东日照人，生于1964年11月，非晶合金与高温结构材料专家。1985年、1988年和1997年分别在山东工业大学（现山东大学）获得学士、硕士和博士学位。1998—1999年在中国科学院金属研究所博士后流动站从事快速凝固技术研究，1999年进入北京科技大学新金属材料国家重点实验室工作至今，现任非晶合金及亚稳金属材料梯队负责人。长期从事非晶合金结构、性能与应用以及高温结构材料设计和金属材料计算模拟研究，先后主持和参加了国家“863计划”、国家“973计划”、国家自然科学基金重点项目、国家重点研发计划项目、国家科技重大专项和国防科技重点项目等10余项。已发表学术论文230余篇，出版学术

专著1部，授权发明专利30余项，荣获国家自然科学奖二等奖1项、国家科学技术发明奖二等奖1项、省部级一等奖2项和省部级二等奖3项，被评为教育部跨世纪优秀人才。

敏而好学，孜孜追求锻造钢筋铁骨

改革开放以来，随着我国经济的不断发展和市场的不断开放，钢铁产业得到了迅速的发展。在那个以钢铁产量衡量国家发展水平的时代，17岁的惠希东怀着满腔报国之志踏入了大学校门，也由此迈入了材料学科之门，他立志以学而立、学以致用，以专业所学为国家作出自己的贡献。

四年的本科生活转瞬即逝，在铸造专业四年的学习不仅给惠希东带来了知识的沉淀，更坚定了他继续探寻材料奥秘的信念，怀着对材料的热爱，他继续攻读了硕士学位和博士学位，也将材料科学与工程专业作为自己一生追求的事业。

北京钢铁学院是我国乃至世界钢铁冶金材料领域的著名学校，能到北京钢铁学院学习和工作是20世纪许多青年人的荣耀，向往北京钢铁学院的种子也就这样埋下。1999年，在导师胡壮麒院士的推荐下，惠希东如愿进入北京科技大学任教，从事块体非晶合金研究。选择这个研究方向，既是个人兴趣，更是源于国家需求，顺应时代和世界科技发展。北京科技大学是国内首批承担国家非晶合金项目“863计划”的学校，惠希东作为项目的负责人，尽管时间紧任务重，但他依旧带领团队顶住压力、攻坚克难，在学校的鼎力支持下，出色地完成了任务。

“我得去学习国外的东西，去学习世界先进科学技术，去理解、去掌握，去研究如何把国外的东西用在我们自己的研究上，这样出国才有意义。”2005年，惠希东怀着这样的想法，远赴美国宾夕法尼亚州立大学访学。到达美国之后，惠希东做的第一件事就是“观察”，观察美国的先进理念和技术。他所前往的课题组在材料计算、热力学计算方面居国际领先地位，“为什么不能把他们的长处和我们的工作做结合呢?”在一段时间的观察后，他专注于将学到的新思想新方法与自己的工作结合在一起，他将学习到的材料热力学计算方法应用在非晶合金的结构研究和新合金设计上，这种基于第一性原理的分子动力学方法为非晶合金研究开辟了一个新途径，新方法的掌握也为他回国后在非晶合金研究领域取得突破打下了坚实的基础。

惠希东秉持学习的初心，实现了出国访学前许下的诺言。回国后，“真正学到了一些新的知识才有意义”也成为了他在学生外出交流前常叮嘱的话。

源于对科研的热爱和初心，肩负着服务国家需求的使命，他坚持着“一步一个脚印”的刻苦精神，对科研孜孜追求，让他在求学和成长的道路上始终保持执着和坚定，勇攀高峰。

治学严谨，砥志研思深耕科研土壤

“一流大学的老师在科研工作方面一定要紧跟世界科学发展的前沿，要把服务好国家、社会和人民的需求作为科研的目标。”惠希东进入北科大任教以来，始终秉持这样的初心潜心科研。作为非晶合金及亚稳金属材料梯队负责人，他时常在教学和交流中谈及自己选择非晶合金的原因，“非晶合金是在我学生时期新兴的、热门研究方向。它是一种重要的物质形态，有许多特殊的性能，可以运用到国防军工、先进制造、信息和功能材料等领域中，所以西方发达国家当时格外重视，都开始着手开展相关研究。这么重要的核心材料，我们国家当然要牢牢掌握在自己手里!”

惠希东扎根非晶合金的研究转眼就是几十年的时间，他不仅坚持材料科学的基础研究，也响应国家的需求和号召积极开展新材料的应用基础研究，带领团队一次次研制出能够“上天入海”的材料。

为发展新一代航空发动机和重型地面燃机，惠希东团队与中国航发北京航空材料研究院等国内高温合金研发重点单位一起，针对高温合金承温能力、铸造性能和焊接性能三方面需求，开发了具有更高承温能力的新型高温合金。为将铁基非晶合金作为涂层应用于海洋工程和石油化工领域，惠希东团队对标美国开发 SAM2X5 非晶合金涂层，成功开发了具有更优异成形性能、结构稳定性和抗腐蚀性能的新型铁基非晶合金涂层材料，并进行真实海洋环境应

用验证。

2003 年，惠希东负责的“863 计划”项目中的“大块金属玻璃功能结构材料”通过验收，同年入选了教育部跨世纪优秀人才培养计划，获得 2003 年茅以升北京青年科技奖；2004 年，惠希东申请的国家自然科学基金重点项目“超大本征过冷度金属材料纳米亚稳相的基础问题”获得了批准，这是当时国家自然科学基金委设立的为数不多的重点项目之一；2008 年，他与团队成员在非晶合金的原子结构研究方面取得了突破，相关研究结果发表在国际知名期刊，在国际上获得了广泛认可。

国家科学技术发明奖、中国高校科学技术奖、国家教委科学技术进步奖、教育部跨世纪优秀人才、茅以升北京青年科技奖……每一个奖项都是惠希东深耕科研土壤的见证。科研是教学的源泉，教学是科研的延伸，在科研与教学相辅相成的漫漫之路上，惠希东除了做研究，也拉上了莘莘学子的手，共同迈进材料学科之门。

“写书的人很多，写出来的书也很多，但写书要写得有意义。”20 世纪 90 年代，非晶合金的研究刚刚兴起，国内没有合适的教材，大家都是通过阅读文献来学习的。当时国内已经有多个高校和研究单位开展了这方面的研究，没有教材，不利于学生打下扎实的基础和形成系统的认识，在指导研究生的实际工作中，惠希东发现了这样的问题，更看到了学生眼里对于启蒙书籍的渴望。2007 年，惠希东和陈国良院士共同编撰、出版了块体非晶合金领域的第一本学术专著《块体非晶合金》。这部专著不仅能吸引学生、启蒙学生，让学生“知其然知其所以然”，更让学生“知大者远者”，真正入好非晶合金的门，脚踏实地走进材料之门。越来越多的研究生因《块体非晶合金》而逐步进入非晶合金领域，更有已经走上工作岗位的学子和惠希东笑谈，“惠老师，我们都是读你写的专著学习的非晶合金，现在我都有娃了，真的可以说是读你的书长大的啦！”

科研之路上，惠希东以求真启程，心系家国、志存高远、脚踏实地，将思想的深度镌刻在论文纸间，用“钻下去”的精神把科研“搞上来”。多年来，惠希东坚持以严谨的态度来治学，以实事求是的科学精神开展科研工作，博观约取、厚积薄发，跨越了一座又一座科研之巅。

身正为范，育人培才呵护桃李芬芳

“天行健，君子以自强不息；地势坤，君子以厚德载物”，这句话是惠希东求学和科研道路上一直坚持的座右铭，也是几十年教书育人过程中不断向学生传达的人生态度。作为“北京科技大学2016年师德先锋”获得者，他以实际行动践行了“严谨治学、甘为人梯”的精神，努力为党和国家培养更多“听党话、跟党走、有理想、有本领、具有为国奉献钢筋铁骨的高素质人才”，为全面建成社会主义现代化强国筑牢人才基础、建设人才高地。

惠希东育人过程中始终将理想信念教育放在首位，引导学生树立实现中华民族伟大复兴的中国梦的信心，促进学习科研和成长发展的内在动力，贴近科技和生产的新要求新使命，让学生明白“为什么学习”“要学什么”和“怎么学”，以科学研究作为发展根基、以创新突破作为根本任务、以解决“卡脖子”问题作为内生动力、以报效祖国作为最高追求。惠希东经常对学生说“青年人得有一个目标，目标要高一点、眼光要看得远一点，否则遇到一点或几个小的挫折就不知道怎么办。”他带领学生将“高一点的目标”落在一线工作当中，紧跟科技革命和产业变革带来的新变化新趋势，充分利用国家重点实验室平台，指导学生参加航空航天、国防军工等密切关系国家发展和社会进步的科研项目，让学生亲自参与、亲身经历、亲眼见证个人的奋斗成果在重大项目中的贡献。“学生看了以后就了解飞机是怎么做出来的、哪些零件是他要研究的，让学生知道他要研究的这个零件在装在飞机的哪里。一架飞机有几万个零件，每一个零件都很重要，让学生搞清了他们研究工作的意义和价值，就是把个人的理想信念和实际的科研工作结合起来。”“不需要苦口婆心地说一些空洞的大道理，让学生亲力亲为，他们就能感受得到。”这是惠希东始终践行的育人理念。

惠希东始终坚持做好“精通专业知识”的“经师”，他坚持扎根实验室为学生排疑解难，和学生共同讨论数据、启发思路，在灯火通明的实验室里，他有时和学生共同钻研科研难题至凌晨，为学生的探索和研究保驾护航。惠希东也坚持做关爱学生、涵养师德的“人师”，他从教至今最欣慰的事情就

是所指导的学生都能够顺利毕业、获得硕士或博士学位，这些学生来自天南海北、性格各异，在他的带领下共同组成了一个融洽和谐的集体，他以包容、仁爱和宽厚诠释着“甘为人梯”的奉献精神，践行了热爱学生、尊重学生、成就人才的育人使命。

几十年来，惠希东门下一批批优秀学子逐步走出校门、走入工作岗位。他们勇担时代重任，做实事、干事业，为社会发展贡献青春力量，以热血和激情在工作岗位上绽放光辉，以专业所学为祖国建设添砖加瓦。他们或扎根生产一线，专注技术创新，或与惠希东老师一样把热血奉献给科研和教育事业，传承育人精神，为祖国培养更多“具有为国奉献钢筋铁骨的高素质人才”。

种得桃李满天下，心唯大我育青禾。惠希东在培养社会主义事业建设者和接班人的道路上身正为范、言传身教，以高尚的人格发挥好学生的“引路人”作用，培养了大批高水平科技人才，为科研领域的繁荣发展作出贡献，为推进社会主义现代化国家建设提供有力人才支撑。

惠希东身上“严谨治学，甘为人梯”的精神，是他为学为师道路上的真实体现，他始终坚持在非晶合金和高温材料领域辛勤耕耘，以实际行动做到将“经师”和“人师”相统一，坚持知识传授与价值引领“双塑造”，培养担当民族复兴大任的时代新人。惠希东坚持知行合一，牢记为党育人、为国育才的使命责任，培养一批批北科学子服务国家战略需求，在世界发展格局变化和中国式现代化带来的机遇与挑战中，为实现教育、科技、人才的三位一体高质量发展贡献自己的力量。

编辑　王佳、赵高闻璐、强珺

参编人员

（以姓氏笔画为序）

李　娟　李晓彤　宋雨秋　张子敏　陈　睿

周道敏　赵　倩　赵子晨　俞浩博　袁正臣

贾怡芳　曹　震　董　赫　强　珺　霍文堉